»Richtig reisen«
Los Angeles

Carnation
Company

»Richtig reisen«

LOS ANGELES

Hollywood ⋆ Venice ⋆ Santa Monica

Horst Schmidt-Brümmer

Unter Mitarbeit von Gudrun Wasmuth, Stephen O. Lesser
und Andreas Schulz

DuMont Buchverlag Köln

Im Gelben Info-Teil →

Umschlag Vorderseite: Wohnmobil Venice (Foto: Horst Schmidt-Brümmer)
Vordere Innenklappe: Wandmalerei in Venice (Foto: Horst Schmidt-Brümmer)
Hintere Innenklappe: Altes »Label« einer kalifornischen Apfelsinenfirma
Umschlag Rückseite: Disco-Roller, Venice (Foto: Horst Schmidt-Brümmer)

Frontispiz: Wilshire Boulevard mit Blick auf Downtown Los Angeles, Foto: John Pastier

5., überarbeitete Auflage 1988

Reproduktion: offset repro zentrum, Düsseldorf und Litho Köcher, Köln
Satz und Druck: Rasch, Bramsche
Buchbinderische Verarbeitung: Bramscher Buchbinder Betriebe

Printed in Germany ISBN 3-7701-1208-3

Los Angeles-Informationen

ALLGEMEINE LOS ANGELES-INFORMATIONEN

DOWNTON-L.A.-INFORMATIONEN

HOLLYWOOD-INFORMATIONEN

BEVERLY-HILLS- UND WILSHIRE DISTRICT-INFORMATIONEN

WEST L.A-INFORMATIONEN

PASADENA/GLENDALE-INFORMATIONEN

SAN FERNANDO VALLEY-INFORMATIONEN

SOUTH BAY-INFORMATIONEN

Inhalt

Phone
Phone
Phone

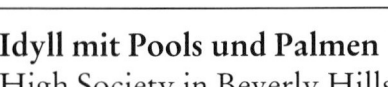

»Coming into Los Angeles ...«

Los Angeles ist nicht zu fassen. Darin liegt wohl das Faszinierende dieser Superstadt, die ihren neun Millionen Einwohnern so viel Raum gibt, daß ganz Berlin gleich fünfmal hineinpassen würde.

Doch nicht nur die Ausdehnung spottet jeder Beschreibung. Auch die Lebensverhältnisse tun es. Denn es steht außer Frage, daß sie in jeder Hinsicht aus dem Rahmen fallen. Und vor allem aus denen der Bilder, die Los Angeles von sich geliefert hat. Rund um die Welt. Vom »77 Sunset Strip« bis »Starsky & Hutch«, von den Romanen Raymond Chandlers bis zu den Songtexten der »Doors« oder »Eagles«: unzählige Male sind Los Angeles oder Hollywood, Santa Monica oder Beverly Hills ins Bild oder zu Wort gekommen. Nie fehlten dabei die Stars und ihr Glamour, die Palmen und Pools, der blaue Himmel, kurz: die Versatzstücke von Kalifornien. Los Angeles ist ihr Produzent.

Auch die Schattenseiten des sonnigen Glücks am Pazifik zogen nach, die Horrorvisionen von den Grenzen des Wachstums und der prompten Rache der Natur: die Autos und der Smog, die Buschfeuer und Termitenplagen, die Erdbebenängste. Stets regte Los Angeles Mahner und Moralisten zu apokalyptischen Alpträumen an. Zwischen Paradiesvorstellungen und Panikmache – selten haben sich Ruf und Verruf einer Stadt so widersprochen wie bei Los Angeles.

Wer zu solchen Bildern die Realitäten sucht, gerät in Schwierigkeiten, denn die handelsüblichen Klischees sind einfacher gebaut als die Stadt. Die Auseinandersetzung mit ihr muß deshalb zwangsläufig zum Testfall werden, um Gewußtes zu überprüfen, vorher Gesehenes möglicherweise zu korrigieren.

Tatsächlich eröffnet Los Angeles einen ungewöhnlichen Erfahrungsraum, ein Vexierspiel zwischen Masken und Menschen, »rush hour« und Romantik, Tagtraum und Wirklichkeit. Unversehens kann sich ein grüner Rasen hier als künstlicher entpuppen, ein zünftiger Surfer am Strand als Universitätsprofessor, eine schattige Baumgruppe als nur gemalt. Und viele Straßenzüge sehen so aus, als hätte man sie in Filmen schon dutzendfach als Kulisse für eine Verfolgungsjagd gesehen. Manchmal gewinnt man den Eindruck, als sei ganz Los Angeles so geschickt gefilmt und vertextet worden, daß daraus am Ende eine fotogene Umwelt zweiten Grades wurde, die jetzt als riesige Theaterdekoration weiterlebt. Verwechslungen, irritierende Doppelbelichtungen bleiben da nicht aus.

Auch sonst wird der Wahrnehmungshaushalt des unvorbereiteten Besuchers noch gelinde erschüttert. Schon durch die ganze Stadtanlage. Der grenzenlose Häuserteppichboden, der nur im Namen kurz und bündig L.A. heißt, enttäuscht jede Erwartung von einer Stadt im üblichen Sinn. Was an ihre Stelle gerückt ist, hat Marshall McLuhan, der kanadische Medienspezialist, vor Jahren bereits auf eine lapidare Formel gebracht: »Die Stadt existiert nicht mehr – es sei denn als kulturelle Geisterstadt für Touristen. Jede Autobahnraststätte mit Fernseher, Zeitungen und Zeitschriften ist heute genauso weltbürgerlich wie New York oder Paris . . . Die Großstadt ist veraltet.«

Los Angeles hat das längst wahr gemacht und ihre Zukunft mit dem begonnen, was McLuhan als Grund für die Verjährung überkommener Stadtvorstellungen andeutet: mit der Ausbreitung der Medien, dem gigantischen Netzwerk der Kommunikationstechnologien, den Kunstwelten neuer Vergnügungsindustrien. Sie alle prägen Los Angeles unverkennbar, haben es als »Stadt« aufgelöst und als elektronisches Verbundsystem neu gegründet. Alles ist darin in dauernder Bewegung und unterwegs. Menschen, Informationen, Autos. Ja, sogar die Häuser und Gebäude entstehen und verschwinden hier schneller als irgendwo sonst.

Und wo herkömmliche Siedlungsmuster nicht länger die Lebensbedingungen bestimmen, werden viele gängige Unterscheidungen hinfällig. Telefon, Fernsehen, Radio und Auto entfernen das Naheliegende und verpflanzen Fernes in die Nähe. »Stadt« und »Land« sind eins geworden. Los Angeles, Prototyp der mobilen Stadt, ist deshalb auch Südkalifornien. Seine Küsten und Strände, seine Wüsten, Canyons und Bergseen sind ebenso »Stadtteile« wie Pasadena, Venice oder Long Beach – leicht erfahrbar und verfügbar.

»L. A. ist Wahrheit, ob man sie nun mag oder nicht«, hat ein amerikanischer Architekt einmal gesagt. Das merkt der Besucher bereits daran, daß ihm die Stadt keinen roten Teppich bei der Ankunft ausbreitet. Im Vergleich zu San Francisco zum Beispiel, das seine besten Seiten auf Anhieb als ansehnliche Fassaden und Brücken vorzeigt, wirkt Los Angeles eher rücksichtslos. Jeder, der hierher kommt, wird nicht in touristische Watte verpackt, sondern gehört sofort dazu und wird auch so behandelt. Er muß selbst so zurechtkommen wie die Menschen, die hier leben. Das bringt Anpassungsschwierigkeiten, aber den Vorteil, den Alltag unverfälscht zu erfahren.

Was dabei zum Vorschein kommt, sind Kontraste und Unvereinbarkeiten, die sich gegen einhellige Urteile sperren. Wer nur die bekannten Bilder vom kalifornischen Glück sucht, wird über die unzähligen Praxis-Schilder der Psychotherapeuten entsetzt sein. Wer gekommen ist, das Ferienblau des Himmels zu pachten, wird von den gelegentlichen Smogdünsten über Downtown verbiestert sein. Und ähnlich ergeht es dem orthodoxen Kulturkritiker, der sich durch einen Besuch vor Ort beweisen möchte, Benzin sei in Los Angeles wichtiger als Sauerstoff und die westliche Zivilisation stände damit vor dem Ruin. Solchen Düstersehern kann Los Angeles auch die Augen öffnen: für Alternativen. Sie betreffen nahezu alle Lebensbereiche als Suche nach neuen Wertvorstellungen: das wirkt sich auf die gesündere Ernährung aus, auf mehr körperliche Bewegung, auf die Erprobung neuer Möglichkeiten der Selbsterfahrung und der sozialen Umgangsformen. Experimente, Entwicklungsprozesse und Risiken sind die bestimmenden Kräfte dieser Stadtregion. Vieles, was hier passiert, ist praktisch dem schon weit voraus, was theoretisch noch bemängelt wird. Denn bedenkenloser Fortschrittsglaube und alternative Lösungen, Umweltbelastungen und neue Ökologien hängen hier untrennbar zusammen. Auflösen läßt sich diese Wechselbeziehung nur durch einseitige Blickrichtungen: wenn man ausschließlich darauf pocht, was man wiedersehen und bestätigt finden möchte. Entzieht man sich den aktuellen Erfahrungsmöglichkeiten jedoch nicht, kann es geschehen, daß vor allem Europäer, die mit Geschichtsbewußtsein und Prinzipien im Reisegepäck hier landen, als Futurologen wieder nach Hause fliegen.

Der Transfer nach L. A., mit seinen kulturellen Schockeffekten, gleicht durchaus einer Zeitmaschine. Der folgende Reiseführer gibt dazu eine Art Bedienungsanleitung.

Los Angeles International Airport

Los Angeles
Hauptstadt der Illusionen

von John Pastier

Die Bedeutung von Los Angeles ist immer schon überschätzt worden, aber in diesem Augenblick der Zeitgeschichte besteht kein Zweifel, daß es sich um eine Stadt von Weltklasse handelt. Das Herzstück einer Region mit mindestens neun Millionen Menschen ist das zweitgrößte Bevölkerungszentrum in den Vereinigten Staaten. Entsprechend groß ist seine Bedeutung als Mittelpunkt der Wirtschaft, der Kunst, der Unterhaltungs- und der Kommunikationsindustrien. Wer sagt, daß es nur noch von New York übertroffen würde, hat recht, ist aber ungenau. Denn Los Angeles ist die dominierende Stadt in der westlichen Hälfte des Landes und außerdem noch Grenzstation zwischen Amerika und den bevölkerungsreichen Nationen des Pazifiks.

Bevor Los Angeles diesen Status erreichte, besaß es schon einen hervorragenden Platz in der amerikanischen Mythologie. Das Wachstum der Nation vollzog sich zunächst durch die zielstrebige Wanderung nach Westen, die sich erst in den letzten Jahren zu einer ruhelosen Absetzbewegung nach Süden verschoben hat. Für beide Richtungen liegt Los Angeles günstig. Für die, die nach Westen blicken, ist es die Endstation. Das gilt geographisch und erst recht psychologisch, denn diese Stadt repräsentiert seit Jahrzehnten den Ort der letzten Hoffnung und Erfüllung für Menschen, die mit ihrem Leben woanders aus diesem oder jenem Grund unzufrieden waren. Ob und wieweit sich ihre Träume erfüllten, bleibt fraglich. Aber zweifellos hat Los Angeles stets heftige Fantasien und weitverbreitete Mißverständnisse ausgelöst – schon lange, bevor es überhaupt zu einer Stadt wurde.

Deshalb ist der Besucher auch in keiner Weise benachteiligt, sind doch die meisten Einheimischen selbst gar nicht in der Lage zu sagen, was ihre Stadt eigentlich ist. Sie akzeptieren den alltäglichen Gang der Dinge und halten für normal, was Reisenden eher exotisch vorkommt. Die Stadt ist zu groß und komplex, um einfach begriffen zu werden. Zudem beherrscht Los Angeles meisterhaft die

Pomp am Freeway: Reifenfabrik

Tricks und Kunstgriffe der Illusionsbildung.

Wie immer man sich der Metropole nähert – ob im Auto über einen Bergpaß oder im Flug in noch größerer Höhe –, die physische Größe und Ausdehnung dieses Stadtgebiets ist unfaßbar und kaum zu glauben. Bei allem Erstaunen über eine so weite, bebaute Fläche muß man sich auch noch klarmachen, wie schnell dies alles aus dem Boden gestampft wurde und wie unwahrscheinlich es ist, daß daraus überhaupt einmal eine Stadt wurde.

Entwicklungsgeschichtlich kann man Los Angeles als Vorläufer der amerikanischen Konsumkultur sehen. Wie die Werbung die Nachfrage nach Waren und mehr oder weniger unnötigen Dienstleistungen weckt, indem sie Unzufriedenheit mit dem Bestehenden schürt und statt dessen sofortige und trügerische Befriedigung verspricht: genauso ist auch Los Angeles Generationen von erwartungsvollen und ehrgeizigen Neuankömmlingen angeboten worden.

Am Anfang war nicht für viel mehr als für das Klima und das offene Land zu werben. Das Wasser war knapp, einen brauchbaren Hafen gab es nicht. Bergketten und Wüsten trennten die kleine Siedlung vom Rest der Welt nahezu hermetisch ab. Aber so wenig vielversprechend diese Situation war: es gab eben Land im Überfluß. Während des letzten Viertels des 19. Jahrhunderts wurde es auf unzähligen Auktionen spekulativ gekauft und wiederverkauft. In dieser Zeit wetteiferten die neugegründeten Eisenbahngesellschaften nicht nur um die Passagiere, sondern auch um die Käufer für die Millionen Hektar Land, die ihnen die amerikanische Regierung überlassen hatte. Zu diesem Zweck wurden die Fahrpreise immer wieder gesenkt, und zwar so weit, daß man eine Zeitlang durch die halbe Nation – von Kansas City nach Los Angeles – für einen einzigen Dollar fahren konnte.

Diese Art der »Förderung« wurde zum Lebensstil in Südkalifornien. Lange vor den berühmten Freeways bauten reiche Spekulanten örtliche Straßenbahnlinien und ein Netz elektrischer Nahschnellverkehrszüge in einer Länge von insgesamt 1000 Meilen. Sie dienten weniger dem dringend benötigten Personen- und Güterverkehr als vielmehr der Verkaufsförderung. Die Bahnen sollten entlegene Grundstücke den potentiellen Käufern zugänglicher und damit verkäuflicher machen. Anfangs richteten sich die Angebote an Touristen, die hier die Winterferien verbrachten, an neue Zitrus-Farmer, kränkelnde Immigranten aus dem Osten, die sich Heilung durch das wohltuende Klima versprachen und an Optimisten, die vage hofften, in diesem so gelobten Land reich zu werden. Um die Jahrhundertwende hatte die Region so viele Menschen angezogen, daß sich eine städtische Wirtschaft zu entwickeln begann.

Um sie zu fördern, begann die amerikanische Regierung mit dem Bau eines künstlichen Hafens. Und die Stadtväter, die die weitere Ausdehnung der Bodenspekulation sichern wollten, investierten in die Wasserversorgung. Sie holten das Wasser aus einem 240 Meilen entfernten Tal und brachten es in einem Aquädukt nach Süden, damals der längste der Welt.

Die Stadtentwicklung verlief für Los Angeles also keineswegs in üblichen historischen Bahnen. Während Städte normalerweise dort gegründet wurden, wo es Transportwege und Trinkwasser gab, suchte und bekam Los Angeles beides erst, nachdem es sich dort etabliert hatte, wo Wasser und Wege rar waren. Und während andere Städte für Dienste und Infrastruktur sorgten, um mit dem laufenden Wachstum schrittzuhalten, entwickelte Los Angeles sie sozusagen im voraus, um sein Wachstum zu fördern. Diese Strategie verriet schon in diesem frühen Entwicklungsstadium ein Vertrauen auf technologische Voraussetzungen, die bis heute der Stadt ihren Stempel aufdrücken.

Um 1920 hatte Los Angeles als bevölkerungsreichste Stadt an der Pazifikküste San Francisco überflügelt. Ungefähr zu dieser Zeit erlebten drei Technologien ihren Aufschwung, die für die Stadt besonders bedeutsam waren. Zuerst die Filmindustrie. Sie wuchs zunächst noch selbstgenügsam vor sich hin, wurde dann aber zum Magneten für andere Medienverbund-Industrien wie Radio, Tonaufzeichnung, Fernsehen und Vergnügungszentren. Sie konzentrierte sich in Hollywood,– nicht nur wegen der Sonne, sondern vor allem, um den Patentgebühren für Geräte und Filmausrüstungen zu entgehen, die fest in Händen der Unternehmer an der Ostküste waren. Hinzu kam die Flugzeugherstellung – Vorläufer der heutigen Raumfahrtindustrie. Sie erhielt Auftrieb durch die günstigen Wetterbedingungen und die Mentalität einer Stadt, die für technische Innovationen stets zu begeistern war.

Es stellte sich jedoch heraus, daß eine dritte Technologie die eigentlich prägende wurde: das Auto. Erst war es kaum mehr als ein Kuriosum und Spielzeug für die Reichen. Dann aber, nachdem Henry Ford die Massenproduktion begründete und dadurch die Kosten sanken, wurde die Verwendungsfähigkeit des Autos für diese ungewöhnliche Stadt offenkundig. Los Angeles hatte sich in eine Metropole landverschlingender Einfamilienhäuser verwandelt, und das Auto war das einzig angemessene Transportmittel für ein solches nicht-städtisches Siedlungsmuster. Allerdings beschleunigte das Auto die Zersiedlung noch mehr. Es war als Verkehrsmittel viel bequemer zu handhaben als die aufwendigen Systeme der Straßenbahnen und elektrischen Züge. Es erlaubte außerdem die Erschließung neuer Wohn- und Geschäftsbezirke, die von den Strecken der öffentlichen Verkehrsmittel weit entfernt lagen. Neue und breitere Straßen wurden erforderlich. Privatgaragen, Tankstellen und Reparaturwerkstätten, Geschäftsparkplätze mußten her.

Während der 30er und 40er Jahre tauchte ein neuer Typus von Architektur in Gestalt von Drive-In-Restaurants auf, die die Kunden in ihren Autos bedienten. Es entstanden Geschäftsstraßen, an denen immer größere Parkplätze den Ladenlokalen vorgelagert wurden und – später dann – Autokinos, Drive-In-Banken und selbst eine berühmte Drive-In-Kirche. Vollautomatisierte Autowaschanlagen schossen aus dem Boden, um die Autos von dem Smog zu reinigen, den sie selbst verursachten. Der Bau von Freeways sollte die Verkehrsstaus abbauen helfen, aber sie produzierten nur noch mehr Verkehr. Auf der Suche nach bes-

Alte (1939) und neue Drive-Ins

serer Luft und freierem Land zogen die Menschen immer weiter stadtauswärts. Nur, das Resultat war, sie fuhren noch weitere Strecken und machten die Luft noch schlechter.

Als die Freiheit und Beweglichkeit, die der Autobesitz ursprünglich zu versprechen schien, durch überfüllte Straßen an Grenzen stieß, suchten die Angelenos ihre Befriedigung im Auto als Objekt. Heute spiegeln die Autos die Identität ihrer Besitzer genauso deutlich wider wie Kleidung oder Wohnhäuser. Da sie nicht mehr nur als Transportmittel fungieren, werden sie zu Abzeichen des Reichtums (es scheint in Beverly Hills mehr Porsche- und Mercedes-Benz-Autos zu geben als irgendwo auf der Welt) und zu Mitteln der Identitätsfindung (Jugendliche der Mittel- und Unterschicht etwa versuchen, Standardmodellen durch Tüfteleien eine persönliche Note zu geben). Das Wageninnere ist für viele fast so wichtig wie der Arbeitsplatz und das Zuhause geworden. Los Angeles

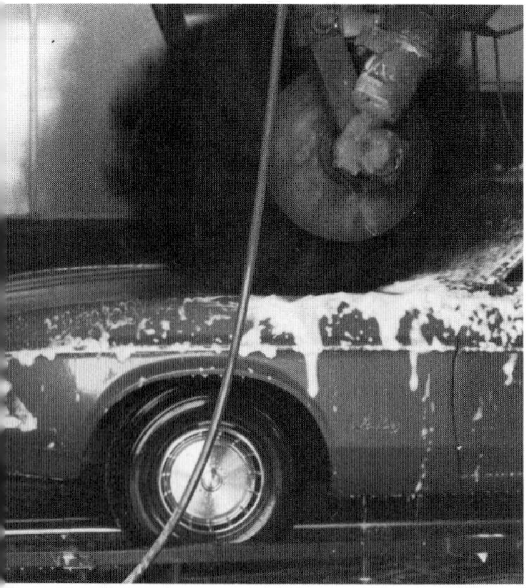

Autofernsehen. Entwurf von Philip Garner

hat beinahe 100 Radiostationen – mehr als jede andere Stadt der Welt – und zwar hauptsächlich deshalb, weil ein so großer Prozentsatz seiner Bevölkerung seine Zeit im Auto verbringt, wo Lesen, Fernsehen, Telefonieren und andere Ablenkungen nicht sehr praktikabel sind. Lieferwagen, die beliebte Alternative zum konventionellen Auto, verraten oft am deutlichsten die Anzahl der Stunden, die in ihnen verbracht werden. Sie sind zu kleinen Wohnungen oder Büros auf Rädern geworden: durch ständiges Umbauen, Möblierung oder andere Zutaten des persönlichen Geschmacks.

Alle diese Fahrzeuge sind verkapselte Umwelten – genauso wie die Einfamilienhäuser, für die die Stadt so berühmt ist. Los Angeles ist deshalb in vieler Hinsicht eine private Stadt. Seine öffentliche Architektur – Verwaltungs- und Geschäftsbauten, Schulen, Museen, Kirchen und Kaufhäuser – erfreut sich beim typischen Einwohner keiner großen Aufmerksamkeit, und ihr Erscheinungsbild spiegelt in der Regel diesen Sachverhalt auch wider. Öffentlich-städtischer Raum, etwa Bürgersteige, Parks und Plätze, wirkt eher dürftig und wird im Vergleich zu anderen Städten wenig benutzt. Statt am kommunalen Leben der Stadt teilzuhaben, neigen Angelenos mehr zu privaten Rollen. Vor allem scheinen sie sich zur fantastischen Welt besonders hingezogen zu fühlen.

Dieses Phänomen hat schon früh sichtbar Form angenommen. Denn obwohl Los Angeles eine der ersten Städte war, die »moderne« Architektur europäischer Herkunft baute, war die Stadt seit jeher ein Treibhaus exotischer Baustile. Auch heute gibt es noch ägyptische Wohnhäuser in den älteren Teilen der Stadt, und alte wie neue Privathäuser oder Apartmentbauten verstecken sich hinter baulichen Anspielungen auf englische, französische, Mittelmeer-, Hänsel-und-Gretel- oder selbst polynesische Wohnformen. Die Stadt ist außerdem wegen Gebäuden berühmt, die die Form bestimmter Objekte haben. So sieht zum Beispiel das Brown Derby Restaurant wie ein riesiger Hut aus, ein Hot-Dog-Stand wie ein Frankfurter Würstchen – quergelegt in einem Brötchen und mit Senf komplett (vgl. Farbtafel Nr. 63).

Diese Bühnenbildtradition hat durch eine neue Bezeichnung Auftrieb bekommen: »thematisierende« Architektur (»theming«). Ein »thematisierendes« Restaurant zum Beispiel versucht, eine künstliche Umwelt zu schaffen, die mit dem realen Südkalifornien nichts zu tun hat. Das kann etwa ein französisches Landgasthaus sein oder eine Bahnstation im Stile des Mittleren Westens. Es gibt auch »thematisierende« Einkaufszentren, aber der absolute Gipfel (und übrigens auch der Ursprung) liegt in den Imitationsarchitekturen der großen Vergnügungsparks – etwa in Disneyland und Knott's Berry Farm (vgl. Farbtafeln Nr. 65–67). Als natürliche Ausläufer der Filmindustrie (ein Vergnügungszentrum, Universal Studios, macht das

Hard Rock Café, Beverly Center

Filmgeschäft sogar selbst zum durchgängigen Thema) zerlegen diese Schauplätze Los Angeles, indem sie Teile der Stadt so aussehen lassen, als seien sie woanders. Dieser Kunstgriff ist ein authentisches Merkmal von Amerikas Hauptstadt der Illusionen.

Die größte Illusion liegt allerdings in der Tatsache, daß die Stadt trotz ihrer Unwahrscheinlichkeit durchaus real ist. Ihre Szenerie und Monumente sind nicht bloß bewußte Architektur-Zitate, sondern unmittelbarer Ausdruck ihrer besonderen lokalen Kultur. Sie umfaßt die gewaltigen Einkaufszentren in den Vororten: kleine Städte in sich selbst und als Innenräume die Entsprechung zum (alten) städtischen Marktplatz unter freiem Himmel. Da sind die unterschiedlichsten Wohngegenden: mal protzige Villen, mal bescheidene Bungalows aus dem Kalifornien um 1910 oder einzelne Baukunststücke von Frank Lloyd Wright, Richard Neutra und R. M. Schindler.

Auch die alten Friedhöfe gehören dazu, vor allem der grandios wirkende Forest Lawn. Zu erwähnen sind auch die prächtigen Kinopaläste der 20er Jahre (vor allem in Downtown und Hollywood), die Autowaschanlagen, die an nahezu jeder Hauptstraße zu finden sind und die vielbelästerten Reklametafeln. Auch sie sind charakteristische Denkmäler von Los Angeles – besonders die extravaganten am Sunset Strip. Als Anzeigenraum erscheinen auch die Rückflächen der Bänke an den Bushaltestellen: sie alle tragen Werbezeichen. Kleinformatiger noch, dafür aber durchschlagender, ist die Los Angeles Times, die mehr Anzeigenseiten als jede andere amerikanische Tageszeitung hat. Der Inhalt der Inserate ist ein genauerer Index für das Leben in Südkalifornien als die redaktio-

Fox Westwood Village Theater (1931). Vgl. auch Farbtafel 1

nellen Textbeiträge, die man neben, unter und über ihnen lesen kann.

Die eindrucksvollsten Bauwerke der Stadt aber sind die Freeways. Und zwar einmal als gigantische, statische Skulpturen aus Beton und Stahl; und dann als flüchtige, körperliche Erfahrungen von Bewegung und Tempo. Als Nervenstränge einer versprengten Stadt könnten sie die dauerhaftesten und unentbehrlichsten aller Bauwerke sein. Aber heute denkt man bereits anders über sie als noch vor zehn Jahren. Denn im oppositionellen Licht der Umweltschützer, der rückläufigen Investitionen für Streckenerweiterung und -reparatur ist es gut vorstellbar, daß die Freeways von Los Angeles langsam bedeutungsloser werden. Also ist jetzt die beste Zeit, sie sich anzusehen: diese selbstbewußten Symbole der Mobilität in einer Stadt, die sich rühmt, im Grunde die ganze Welt erfunden zu haben.

J. Paul Getty Museum, Malibu

Stadtchronik:
Vom Pueblo zur Metropolis

Main Street, Los Angeles, 1880

1769 Eine spanische Forschungsexpedition unter der Führung von Don Gaspar de Portolá sichtet das Halbwüstengebiet des heutigen Los Angeles. Pater Crespi, Chronist der Gruppe, notiert am 2. August: »Die Gegend erfüllt alle Voraussetzungen für eine große Siedlung.«

1771 Missionare des Franziskanerordens gründen die Mission San Gabriel, die erste Siedlung von Weißen in Los Angeles County. Ihre Aufgabe: die Christianisierung und handwerkliche Ausbildung der Indianer. Man schätzt, daß es zu dieser Zeit in Südkalifornien etwa 10000 Indianer gegeben hat, hauptsächlich solche aus der Sprachfamilie der Uto-Azteken. (Um 1910 waren es nur noch 1300. Heute zeugen noch viele Orts- und Straßennamen vom indianischen Erbe: z.B. Malibu, Pocoima, Cucamonga usw.) Die Mission San Gabriel, eine Stadt in sich selbst, war die vierte Niederlassung in der kalifornischen Mission-Kette und eine ihrer größten. (Sie liegt am 537 West Mission Drive in San Gabriel.)

Mission San Gabriel

La Brea Teergruben

1781 Am 4. September wird Los Angeles als spanisches Pueblo von 44 Siedlern gegründet, die aus Mexiko kamen. Der Treck der Farmer und Kolonisten legte auf seiner siebenmonatigen Reise 1000 Meilen zurück. Name der Siedlung: »Our Lady the Queen of the Angels of Porciuncula«, später einfach: »El Pueblo«. Die Siedlung im Zuge der Kolonialisierung Kaliforniens war als Schutz gegen die zaristischen Russen gedacht, die von Alaska aus nach Süden vorstießen. Außerdem sollte das Pueblo die Missionssiedlungen wirtschaftlich unterstützen und von Importen unabhängig machen.

1784 Der Provinzgouverneur im Militärstützpunkt San Diego beginnt mit der Vergabe von »ranchos« an pensionswillige Soldaten und Veteranen. Die Viehherden grasen außerhalb des Pueblos in einem Gebiet, das heute Los Angeles- und Orange County heißt. Unter den »Rancheros« wurde die Viehzucht wirtschaftlich einträglicher, als es bis dahin die Farmprodukte waren.

1790 Im Pueblo leben jetzt 139 Siedler.

1792 Ein spanischer Wissenschaftler besucht die La Brea Teergruben (»Tar Pits«) und entdeckt verstreute Skelette. Später erweisen sich diese prähistorischen Funde aus dem Pleistozän als sehr bedeutsam.

Rancheros bei der Arbeit: beim Zusammentreiben der Herden, beim Brandmarken der Kälber

1795–1798 Der Anbau von Weintrauben und Oliven beginnt.

1818 Die heutige Plaza von Los Angeles bekommt ihren Platz zugewiesen.

1820 Der Bevölkerungsstand des Pueblos erweitert sich auf die Zahl 600.

1835 Los Angeles erhält durch die Regierung in Mexiko den Status einer Stadt (»ciudad«).

Erstes Siegel von Los Angeles 1850–1905

Heutiges Siegel der Stadt (seit 1905)

1845 Los Angeles wird Hauptstadt von »Upper California«. In den Rathausakten findet sich die Eintragung eines Stadtverordneten: »Ich habe mich in der Stadt der Engel umgesehen. Sie ist das mexikanische Paradies.«

1846/1847 Krieg zwischen Mexiko und den Vereinigten Staaten. Zwei Monate lang verteidigen sich die Kalifornier erfolgreich gegen die US-Truppen. Dann kapitulieren sie.

1848 Durch den Friedensvertrag von Guadalupe Hidalgo wird Kalifornien Teil der Vereinigten Staaten, Los Angeles eine amerikanische Stadt.

1850 Los Angeles wächst nur langsam (1600 Einwohner im Vergleich zu San Francisco: 35000), weil nur wenig neue Siedler kommen. Auch die Gold-Rush-Bewegung geht am Süden des Staates vorbei; der Hauptstrom zieht nach Norden.

1860 Das Wirtschaftssystem der »ranchos« bricht zusammen: wegen Dürreperioden, Verschuldungen, Gesetzesverletzungen. Die Ära der neuen Landwirtschaft beginnt, unter anderem durch die systematische Anlage von Apfelsinenplantagen. – Los Angeles oder Los Diablos, Stadt der Teufel, wie sie jetzt in einigen Stadtvierteln genannt wird, durchlebt eine der traurigsten Phasen ihrer Geschichte. Desperados aus dem Norden, mittellos gewordene Indianer, abgetakelte Soldaten und arbeitslose Cowboys machen die Stadt unsicher. Die Einwohnerzahl erreicht jetzt 4400.

1876 Die Southern Pacific Eisenbahn kommt in die Stadt und beendet damit die topografische Isolation.

1885 Ein Blasorchester und ein großes Menschenaufgebot begrüßen den Santa-Fe-Express, der zum ersten Mal Los Angeles erreicht. Hunderttausende von Siedlern strömen jetzt in die Stadt und ihre Umgebung. Viele von ihnen haben mit der Zugfahrkarte bereits Grundstücksoptionen gekauft. Die »Gringos« dominieren kulturell über die hispanische Tradition. Der prominente Historiker Südkaliforniens, Carey McWilliams, schreibt dazu: » ... um 1885 war aus den Mexikanern eher ein malerisches Element als ein funktionierender Teil des gesellschaftlichen und wirtschaftlichen Lebens geworden.«

1887ff. Höhepunkt des Grundstücks- und Landspekulationsbooms. Massenweise folgen Immigranten (»land rush«) dem vielversprechenden Füllhorn-Image Südkaliforniens, das jetzt als das »Italien Amerikas« angepriesen wird. Über 60 kleine Städte entstehen allein zwischen 1877 und 1889, entwickeln ihr lokales Geschäftsleben und profitieren vom landwirtschaftlich erschlossenen Umland.

Werbung für den Landkauf: eine typische Zeitungsannonce der Eisenbahngesellschaft Southern Pacific

Windward Avenue in Venice, um 1905 ▷

1890 Die Einführung der Sortier- und Verpackungsmaschine für Apfelsinen wird von der südkalifornischen Obstindustrie als Revolution gefeiert, die für ihre Branche so wichtig sei wie die Erfindung des Aufzugs für die Architektur.

Öltürme, Beverly Glen und Santa Monica Boulevard, um 1908

1892 Mit einer Spitzhacke und einer Schaufel entdeckt Edward L. Doheny in Downtown Los Angeles Öl. Nach den ersten Bohrungen verändert das Ölfieber bald völlig das Gesicht der Stadt. Tausende von Bohrtürmen bewalden die Küste, die Felder und Ortschaften – wo selbst in Hauskellern und Gärten nach Öl gebohrt wird. Innerhalb von 6 Jahren nicken 3000 Pumpen in Los Angeles auf und ab.

1905 Der reiche Zigarettenfabrikant Abbot Kinney macht seinen Traum von einem kalifornischen Venedig wahr. Mitten in ein Gebiet von Sanddünen und

salzigem Marschland setzt er am Pazifikstrand einen Komplex aus Hotels, Vergnügungszentren und Eigenheimen. Er importiert Originalgondeln samt Besatzung und setzt die Flotte auf künstlichen Kanälen in Bewegung. Venice, Kalifornien, wird bald zur einträglichen Touristenattraktion.

1906 Los Angeles betreibt den Auf- und Ausbau eines eigenen Hafens in San Pedro. Ermöglicht wurde er durch die sogenannte »Schnürsenkel-Annexion«, d. h. den Kauf eines – von Downtown aus gesehen – 30 Meilen langen Landkorridors zum Ozean. Erst dadurch, daß der weit entfernte Hafen de facto mit der Stadt verbunden war, konnten städtische Gelder in das Bauprojekt fließen. – Ein Zeitungsreporter berichtet, daß in der Region Los Angeles mehr Autos fahren als in jeder anderen amerikanischen Stadt vergleichbarer Bevölkerungsdichte.

1901–07 Der Grundstücksmakler Henry E. Huntington entwickelt und finanziert das Streckennetz für elektrische Straßenbahnen, um entlegene Grundstücke zu vermarkten.

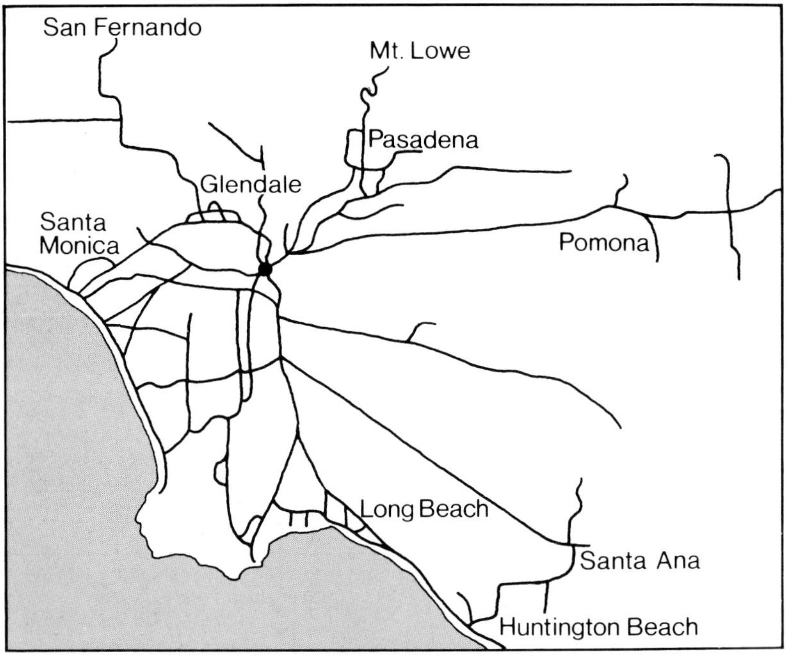

Streckennetz der Pacific Electric Bahnen, um 1920

1910 Hollywood wird Teil von Los Angeles. Im gleichen Jahr entsteht hier der erste Film. Drehort: Ecke Sunset Boulevard und Gower Street.

1907–1913 Los Angeles importiert sein erstes Wasser über einen Aquädukt aus dem Owens Valley. Später dann kommt noch zusätzliches Wasser aus dem Mono Basin, dem Colorado und dem Feather River Project.

1916 In Los Angeles County fährt jeder 13. Einwohner ein Auto.

1920 Das Schienennetz der Pacific Electric Gesellschaft umfaßt 1200 Meilen. In den nächsten Jahren erreicht eine Welle mexikanischer Immigranten Los Angeles und Südkalifornien.

1925 In Los Angeles enfällt jetzt auf drei Einwohner ein Auto, doppelt so viel wie im nationalen Durchschnitt.

Blick auf Westwood, 1937

Broadway, Downtown, 1930

1940 Der Pasadena Freeway wird eingeweiht: die Stadt hat mit dem Bau eines Freeway-Netzes begonnen.

1943 Die erste Smog-Meldung.

1981 L.A. feiert seinen 200. Geburtstag.

1984 Sommerspiele der XXIII. Olympiade.

Auf den Superhighways:
Fahren und Leben im Auto

Wie in keiner amerikanischen Stadt sonst, bestimmt das Auto in Los Angeles den täglichen Lebenslauf der Menschen. Die Stadtanlage zeigt das auf einen Blick. Und die Spielregeln des gesellschaftlichen Verkehrs sind ebenfalls aufs engste mit dem Auto verknüpft. Essen und Trinken, Arbeit und Wohnen, Einkaufen, Geselligkeit und Freizeit: sie alle sind von der Mobilität genauso geprägt wie die Art zu sehen, zu hören, zu erleben. Was im praktischen Autogebrauch nicht sofort erfahrbar ist, macht sich in anderen Ausdrucksformen Luft. Musik, Filme, Malereien und gebaute Umwelt – es gibt kaum ein Medium, in dem Autos nicht mitspielen. Mal als Lieblingsspielzeuge, mal als Sündenböcke.

Für den Neuankömmling ohne Führerschein ist Los Angeles mit Sicherheit das falsche Urlaubsziel. Es sei denn, jemand hat den Erwerb dieses Scheins gleich mit ins Ferienprogramm eingeplant. Aber auch, wenn er ihn schon hat, muß er mit ein paar Anfangsschwierigkeiten rechnen. Sieht man aber von den Umstellungen ab, die schließlich jede Stadt dem Ortsfremden beschert, findet sich erfahrungsgemäß jeder fahrgeübte Europäer in Los Angeles erstaunlich schnell zurecht.

Der leichte Einstieg ins Verkehrsleben gelingt zunächst deshalb, weil die Stadt über ein Straßen- und Schnellstraßensystem verfügt, das in puncto Ausdehnung, Qualität und Beschilderung einmalig in den USA dasteht. Ein bißchen muß man sich allerdings zuerst an die hier üblichen Richtungsangaben gewöhnen, die, wie überall in Amerika, »north«, »south«, »east« und »west« lauten. Man sollte sich also vor Antritt der Fahrt die jeweilige Strecke auf der Karte gut ansehen, einprägen und dann die »rush hours« meiden, d.h. die Zeit zwischen 7 und 9 Uhr morgens und die zwischen 15.30 und 18.30 Uhr. Das Autoradio informiert über gelegentliche Staus; im übrigen auch die elektronischen Anzeigetafeln auf den Freeways.

Günstig auf die Ferienfahrpraxis wirkt

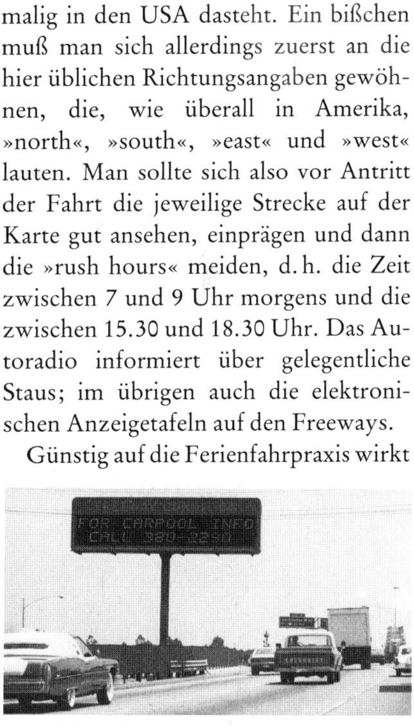

»Spaghetti-Look«: Freeway-Kreuzungen südöstlich von Downtown

sich auch die Tatsache aus, daß die Verkehrsregeln praktisch nirgendwo erheblich von denen abweichen, die in Mitteleuropa üblich sind. Eine kleine, aber sehr angenehme Sonderregelung hat Los Angeles (und Kalifornien) allerdings zu bieten, an die sich auch Besucher aus verschiedenen anderen amerikanischen Bundesstaaten gewöhnen müssen: man darf bei einer roten Ampel rechts abbiegen. Bedingung freilich: erst nach einem vollen Stop; wenn keine Fußgänger auf dem »crosswalk« oder Autos auf der Fahrbahn sind; wenn kein Schild zu sehen ist, das ausdrücklich Rechtsabbiegen verbietet.

Bei gebührend defensiver Fahrweise dürfte es nach kurzer Eingewöhnungszeit eigentlich keine Probleme geben, wenn man außer den Tempolimits (schwarze Schrift auf weißem Grund) einige Dinge von vornherein beherzigt. Fußgänger, wo immer sie auf der Straße erscheinen, genießen absolutes Vorrecht. Darauf wird streng geachtet. Brennende Zigaretten (oder überhaupt etwas) aus dem Auto zu werfen, gilt als ein schlimmes Vergehen an einer Um-

welt, in der Brandgefahr lauert und zu katastrophalen Folgen führt. Die Einfädelung in die Freeways fällt anfangs vielleicht schwer, weil zu vorsichtiges Fahren hier gar nichts bringt. Im Zweifelsfall (und der herrscht meistens) sollte man zügig auffahren. Links und rechts zu überholen, ist erlaubt. Protokolle gibt es auf den Freeways nicht nur wegen Rasens, sondern auch wegen zu langsamen Fahrens.

Neben den vorzüglichen Straßenverhältnissen und den leicht zugänglichen Verkehrsregeln befreit auch die in Los Angeles übliche Fahrweise den Zugereisten von Belastungen, die der Autogebrauch in europäischen Großstädten nur zu oft mit sich bringt. Autofahren, vor allem mit funktionierender Klimaanlage und eingebautem Stereo, bedeutet heute in Los Angeles zwar nicht das, was viele Angelenos noch immer glauben möchten: ein Riesenspaß, ein Gefühl, sein Leben in Eigenregie zu steuern, ein gelinder Rauschzustand. Aber es ist eben auch kein mühseliges Fortkommen, kein Fahren in ständiger Alarmbereitschaft für die Tücken des Straßenverkehrs. Kei-

»Ein Mensch, zu Fuß, ist verdächtig.«
(Jean Cocteau)

Beverly Hills: den Rolls Royce für die Großen, den Mercedes für die Kleinen

ne Straßenbahn kreuzt hier plötzlich den Kreisverkehr und auch kein Kinderwagen schiebt sich unerwartet auf die Bildfläche vor der Windschutzscheibe und verursacht Panik. Fahren, auch bei der augenblicklichen Höchstgeschwindigkeit von 55 mph (88 km/h) auf den Freeways, ist eher ein ruhiges Gleiten, begünstigt durch ein immer noch recht diszipliniertes Fahrverhalten, eine auf Sicherheit und Übersicht angelegte Straßenführung und Verkehrsregelung. Abgesehen von einigen Hexern, die gelegentlich rasante Einlagen im Stil von Fernsehkrimis zum Besten geben, muß man den Verkehrsteilnehmern (wie den meisten Amerikanern) hier bescheinigen, daß sie ganz einfach autofahren können. Und zwar so gut, daß es manchmal scheint, sie seien alle bereits hinter dem Steuer zur Welt gekommen und hätten den mechanischen Lebensgefährten dann auch noch geheiratet. Verständlich, daß deshalb Benzinkrisen, wie Ehekrisen, gleich den ganzen Gefühlshaushalt der Nation durcheinanderbringen.

Die Vertrautheit mit dem Auto zeigt sich in Los Angeles aber nicht nur an der oft traumwandlerischen Sicherheit mit seinem Umgang im Straßenverkehr. Das Automobil ist hier ein Lebensmittel, ein Garant für vielfältige Gewohnheiten und Verrichtungen mit laufendem Motor. Da sieht man im Auto Leute, die sich rasieren, kämmen, schminken, die Haare aufdrehen, Babys wickeln oder einen Mittagsschlaf halten. Clevere Motoristen führen auf dem Rücksitz oder im Kofferraum stets ein ganzes Kleider-Sortiment mit sich, um mit zünftiger Jogging-Kluft, korrektem Anzug fürs Büro und elegantem Party-Dress an verschiedenen Orten zur rechten Zeit modisch gerüstet zu sein. Auch die vielen Drive-In-Architekturen kommen dem Autokult entgegen.

Vor diesem bewegten Hintergrund ist das Einfamilienhaus auf einem fahrbaren Untersatz, das plötzlich auf dem San Diego Freeway daherkommt, keine Überraschung mehr. Es bestätigt nur den Hang, Mobilität zum Dauerzustand zu machen. Vierzehnmal im Leben, ist errechnet worden, ändern Amerikaner im Durchschnitt ihren Wohnsitz. Aber

Los Angeles liegt stolz und weit über dieser Zahl: 85 % der rund 9 Millionen Einwohner ziehen hier jedes zweite Jahr einmal um. Und ungezählt sind diejenigen, die sich diese Mühe erst gar nicht machen, sondern gleich ins Auto ziehen.

Ein ständiges Leben im Transit führen beispielsweise alle, die, wie Jim Rockford, lebenslänglich einen Wohnwagen ihr eigen nennen; meist zusammen mit anderen ruhelosen Fahrensleuten in Wagenburgsiedlungen, den »trailer camps«. In Los Angeles, vorzugsweise am Pacific Coast Highway entlang, gibt es davon eine ganze Menge. Und es ist anzunehmen, daß bei weiter steigenden Miet-

She:
"Do you know the
Coconut Beach Club?"

Marlowe:
"No, I am a drive-in-type"

(R. Chandler: Farewell, My Lovely)

U.S.MAIL

Your
BANKAMERICARD
welcome here

CREDIT TERMS
I SAID
square wheeL
NOT
square meaL

PRIVATE
ROAD

E CENTER
TIRE

und Grundstückspreisen diese Form des preisgünstigeren Autowohnens noch populärer wird.

Aber die Wohnmobile sind nur ein Weg unter anderen, dem Auto einen ästhetischen und häuslichen Mehrwert zu geben. Seit Jahren nämlich hat noch eine weitere autobezogene Umbau- und Lebenslust Auftrieb bekommen. Ihre Resultate sind von Leo Carrillo- bis Laguna Beach auf den Parkplätzen am Strand zu besichtigen: die »vans«. Diese glänzend lackierten und oft reich bemalten Lieferwagen sind seit etwa 1975 zur modischen Attraktion einer vorwiegend männlichen Freizeitbewegung geworden. Die Fahrzeuge kommen in Standardtypen auf den Markt; Zutaten und Ausbau sind Hobbysache. Angereichert wird vor allem die Bequemlichkeit im Innern. Bar, Stereo, TV inmitten von Polster-, Teppich- und Samtbeschlag sind keine Seltenheit. Hydraulische Betten auch nicht. Die Vorteile solcher Inneneinrichtungen liegen auf der Hand: Intimes ist im Einzelfall billiger als im Motel, bequemer als auf störrischen Rücksitzen und ungefährlicher als im Zimmer der Freundin. Der üppige Luxus der »vans« macht sie zu mobilen Vergnügungsmaschinen erster Klasse, geradezu ideal fürs Kleinlasterleben am Wochenende.

Die Kostendämpfung zahlt sich freilich erst auf Dauer aus. Denn immerhin kostet der billigste Ausstattungstyp um die 6000 Dollar. Das Grundmodell für den Kleinfamilienmarkt unterkühlt den Sex-Appeal der jugendlichen Version, ist aber teurer. 8000–9000 Dollar sind nötig für Kleinküche mit Eisschrank und Hausrat, Wasserspülung, Couch, Bett und Toilette.

Weit entfernt vom Image und Gebrauchszweck der gelackten Kombikultur sind die verrückten Trickkisten der Autobastler. Ob in Westwood oder Venice, rollend oder parkend, tanzen diese Vehikel optisch sofort aus der Reihe ihrer biederen Autogenossen ringsum. Oft lassen sie die Herkunft ihrer baulichen Bestandteile nur ahnen – so geschickt sind verschiedene Karosserieteile neu montiert, um Platz und Licht für ein nomadisches Leben auf der Straße zu schaffen. Besonders geläufig ist das

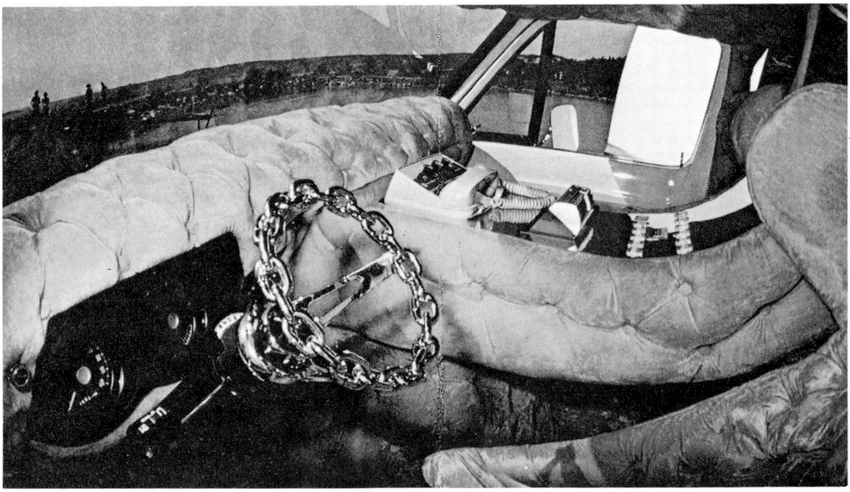

Huckepack-Verfahren, d.h. die Verarbeitung von zwei Karosserien zum Doppeldecker. Gängig sind auch ein- und ausklappbare Bretter (als Balkone), Zeltaufbauten und Plastikkugeln (als Sonnendächer). An Einfällen aus Abfällen herrscht hier kein Mangel. »Truckitecture« nennen sich diese improvisierten Kunststücke auf Rädern, eine Wortkreuzung aus »truck« und »architecture«.

Ihr Mut zur Häßlichkeit hält sich mit dem Hang zum Praktischen meist irritierend die Waage. »Das Leben in einem Kombi oder Bus ist eine Alternative zum Haus und Apartment«, schreiben Jodi Palladini und Beverly Dubin, selbst erfahrene Autoren eines 200seitigen Ratgebers für das Dasein unterwegs, zum »living on the road«. Titel ihres Buches: »Roll Your Own«. Unabhängigkeit: vom heimischen Herd, von monatlichen Ratenzahlungen, von dauernder Verantwortung und Karriereverpflichtung – das scheint der Treibstoff vieler Autoarchitekten zu sein. Beweglichkeit beim Erwerb des Lebensunterhalts ist deshalb genauso gefragt wie die Fahrtüchtigkeit der eigenwilligen Hauslastwagen. Die meisten versuchen mit kurzfristigen Teilzeitjobs zurechtzukommen. Erntehilfe, Möbeltransporte, Entrümpelung und Farmarbeit sind beliebte Einnahmequellen. Einige bauen ihren Wagen gleich als Straßentheater- oder Puppenbühne: als einen mobilen Wanderzirkus. Von Fall zu Fall sind sie schnell spielbereit: in abgelegenen Ortschaften, Erziehungsheimen, Gefängnissen und Krankenhäusern. Wieder andere entwerfen ihr Gefährt als Malstudio, Bücherei oder Fotolabor. Ab und zu sieht man sogar ein fahrbares Dampfbad in Aktion. Nebenher laufen kunsthandwerkliche Eigenprodukte, die die Leute verkaufen,

um auf ihre Benzinkosten zu kommen. Jedenfalls dort, wo niemand meckert.

Denn die Bemühungen der ambulanten Selbstversorger verlaufen nicht immer ohne Pannen. Ordnungsämter und Polizei mißtrauen den Autopilgern gründlich. Und sie rühren sich auch: durch Kontrollen der Fahrzeugsicherheit, der sanitären Umstände, der Parkerlaubnis. Außerdem erregt, was da so gewagt und kriegsbemalt umherzieht, oft Argwohn und Ärger bei den Anliegern. Sie halten diese bunten Wandervögel schlicht für PS-Zigeuner – was deren Umzug nur beflügelt.

»Ich träumte, es gäb' eine Autobahn von Kalifornien nach Hawaii«, diese Autovision eines jungen Nomaden im Führersitz seines Fantasiemobils verrät noch etwas: den Zusammenhang von Tramp-Romantik und Neuzeitkomfort. Erst der macht den Traum von Freiheit und Abenteuer so amerikanisch.

Zukunftsperspektiven:

Downtown Los Angeles im Umbruch

Wo in vielen europäischen Städten eine Kathedrale steht, in der Stadtmitte, stapeln sich in Downtown Los Angeles die Freeways vierstöckig. Deuten auch sie auf ein Zentrum hin? Kaum. Eher auf das Gegenteil. Denn was die Mammutkreuzung sinnfällig macht, heißt Verkehr. Der aber fördert Dezentralisierung, dient nicht der Innenstadt, sondern den Vororten. Die Ausdehnung von Los Angeles läßt daran wahrlich keinen Zweifel. Sie hat zu dem berühmten Spruch geführt, da seien ein paar Dutzend Vororte auf der Suche nach einer Stadt.

In der Tat hat die Siedlungspolitik gemeinsam mit dem Auto dem alten spanischen Stadtkern hart zugesetzt und ihn über lange Jahre hin verkümmern lassen. Ein Stadtbild, eine imposante Skyline im Format New Yorks, Chicagos oder selbst noch San Franciscos mochte sich in Downtown Los Angeles nie profilieren. Der alte Turm von City Hall war eben nie ein Empire State Building. Aber nicht nur das architektonische Image tat sich schwer, auch die Lebensverhältnisse in Downtown waren lange Zeit nicht dazu angetan, den Stadtkern zum freiwilligen Aufenthaltsort zu machen. Wer dort arbeitete, überwiegend Verwaltungsbeamte, Banker und Rechtsanwälte, tat es, weil er es mußte. Pünktlich nach Geschäfts- oder Büroschluß kehrte er diesem Arbeitsplatz den Rücken, um sich über einen der Freeways schnell in lebenswertere Gegenden abzusetzen.

Gegenläufig zu dieser Stadtflucht wurde Downtown mehr und mehr zum Sammelbecken für Arme, Minderheiten und sozial Deklassierte. Ruinöse Wohnbedingungen, billige Läden, vergammelte Kinos und öde Parkplätze bildeten für sie die schäbige Kulisse.

Seit einigen Jahren wird das anders. Ich fand es sehr bezeichnend, als mir kürzlich ein befreundeter Maler sagte, daß er ein Studio in Downtown suchte. Die Mieten seien dort viel niedriger als im Westteil der Stadt, und er denke daran, aus einer alten Lagerhalle ein geräumiges Studio zu machen. »Recycling« nannte er sein Vorhaben, ehemalige Nutzbauten zu neuen Zwecken wiederzuverwerten. Und er ist, wie ich mittlerweile weiß, kein Einzelfall. Was man aus New Yorks Soho-Viertel und anderen amerikanischen Großstädten schon länger kennt, hat seit einiger Zeit auch Downtown Los Angeles erfaßt. Fabriken und Lagerräume werden zu Ateliers und Werkräumen renoviert – mal zu Provisorien von Eigenbrödlern und Arbeitskollektiven, mal zu schickeren Inszenierungen einer neuen Bohème. Auf jeden Fall aber sind diese sogenannten »lofts« billiger als Quadratmeterpreise sonstwo.

Allein würden diese Neuzugänge einer heruntergekommenen Innenstadt wohl kaum wieder auf die Beine helfen. Aber es sind eben nicht nur Individualisten, die sich zurück auf den Weg in die Stadt machen. Immer mehr folgen ihnen, weil der alte Traum vom Leben in Suburbia schütter geworden ist, weil sich neuerdings ein gewisses Unbehagen am Leben in den homogenen Wohnvierteln verbreitet, das die alten Innenstadtbereiche wieder anziehender erscheinen läßt. Einzelne Szene-Cafés, Restaurants, Galeriebetriebe und sehenswerte alte Bausubstanz fügen sich langsam zu einer Art städtischer Kultur zusammen, die in Suburbia kaum zustandekommt. In L.A. schon gar nicht.

Hinzu kommt ein dauerhafter Investitionsfluß in Baukomplexe. Das prägt sich am sichtbarsten in zahlreichen neuen Wolkenkratzern aus, deren Höhe City Hall längst zu einem baulichen Zwerg gemacht hat (vgl. Farbtafeln Nr. 11 und 12). Mit den Bunker Hill Türmen fing es an, und viele gigantische Kästen folgten – bisweilen auch architektonisch gefällige wie zum Beispiel der Vierblättrige-Klee-Bau mit bronzefarbenen Glasscheiben: das hypermoderne Bonaventure Hotel. Der Zuwachs an repräsentativen Geschäftsbauten hat Downtown neuen Auftrieb gegeben; er hat viele gähnende Parkplätze und das Steuersäckel der Stadt gefüllt und auch eine beachtliche Steigerung des Arbeitsplatzangebots gebracht.

Weil aber bekanntlich Büros und Geschäfte allein noch keine Stadt ergeben, bleibt es für Downtown nach wie vor ein Problem, wie auch die Wohn- und Lebensbedingungen verbessert werden können. Sicher ist zwar, daß die innerstädtischen Wiederbelebungsversuche, das sogenannte »urban renewal«, langsam dem Zersiedlungstrend, dem »urban sprawl«, entgegenwirken. Aber mit dem Zuzug vornehmlich junger und weißer Angelenos werden weder die existierenden Probleme von heute auf morgen gelöst, noch ist auszuschließen, daß wieder neue entstehen. Es ist klar, was die (vorerst noch zögernde) Rückkehr der weißen Mittelschicht für diejenigen bedeutet, die notgedrungen hier wohnen, also für die Minoritäten und die sozial Schwachen: Läden und Supermärkte heben die Preise an, die Mieten steigen, die Parkuhren werden teurer und so weiter. Nicht nur in Downtown Los Angeles, sondern in vielen älteren Großstädten des Landes ist diese fatale Wechselwirkung von innerstädtischem Aufschwung

Der Eingangsbereich des neuen Museum of Contemporary Art (MOCA) in Downtown – ein weiterer Schritt auf dem Weg L. A.'s zur Kunsthauptstadt der Westküste

Neben ehrgeizigen Neubauten kommt auch die Denkmalpflege neuerdings zu ihrem Recht – wie hier bei diesem Straßenzug an der Carroll Avenue, wo gleich eine ganze Reihe viktorianischer Häuser ansehnlich herausgeputzt wurden.

Bonaventure Hotel, Downtown

und erneuter Diskriminierung ein schwerwiegendes Problem geworden.

Jeder, der sich heute längere Zeit im Zentrum von Los Angeles aufhält, spürt die Umbruchsituation und deren Widersprüche deutlich – besonders an den Kämpferzonen: die Erinnerungsstücke des alten Pueblos ecken an die tristen Spuren der Slums, die optimistischen Bausteine einer wiedererstarkenden Metropolis stehen neben den alten Fassaden aus der Stummfilm-Ära der »Golden Twenties«. Auch den Menschen sieht man Unvereinbares an: die mexikanische Frau, die ein Kofferradio in einem Second Hand Shop am Broadway ersteht, geht auf der Straße mit dem weißen Manager, der mit Schlips (trotz Hitze), Zweireiher und lässigem Gang unterwegs zum Lunch ist.

Für den Besucher reihen sich solche Impressionen leicht auf einem oder mehreren Erkundungsgängen zu Fuß. Im Sommer unternimmt man sie am besten morgens, wenn es noch nicht so heiß und die Luft noch erträglicher ist. Von China- und Japantown einmal abgesehen – sie kommen in diesem Buch in eigenen Kapiteln zur Sprache –, vermittelt zunächst der spanische Stadtrest um die Plaza einen ersten Eindruck von den kulturellen Einflüssen, die diese Stadt prägen – auch dann, wenn Olvera Street zum Beispiel eher ein folkloristisches Bild der mexikanischen Bau- und Lebensweise bietet und nicht im entferntesten eins, das die tatsächlichen Existenzbedingungen dieser Minderheit anschaulich macht (vgl. Farbtafel Nr. 15).

Eine realistischere Einsicht ermöglichen da schon die Beobachtungen, die

Sheriffs auf dem Broadway

man etwa am Broadway gewinnen kann. Denn hinter den prächtigen Fassaden, die sich aus den 20er und 30er Jahren hier noch erhalten haben, tut sich noch eine Menge. Die Broadway Arkaden lohnen einen Besuch und erst recht die alten Kinos, die keineswegs ungenutzte Museumsstücke aus den alten Tagen sind, als der südliche Teil des Broadway das Mekka der Kinogänger war. Viele von ihnen spielen heute mexikanische Filme in spanischer Sprache und entsprechend lebendig geht es im Saal zu – bei den mexikanischen Familien mit Kind und Kegel, Picknickvorräten, Popcorn und Cola. Auch wer kein Spanisch versteht, sieht hier nicht nur einen Film, sondern sonst noch einiges (vgl. Farbtafeln Nr. 25 und 28).

Unterkühlter, wenn auch nicht im Sinne des Thermometers, geht es dagegen im Umkreis des Civic- und Music Center zu, zwei Baukomplexe, die in den 60er beziehungsweise frühen 70er Jahren als städtebauliche Akzente gedacht waren, die Downtown aufwerten sollten. Einen Rundgang ist die Los Angeles Mall sicher wert: eine mehrstöckige Fußgänger- und Naherholungsanlage, deren gestalterischer Höhepunkt eine imposante Brunnenplastik ist.

Gemütlicher, im europäischen Verständnis von Innenstadtgestaltung, ist auch der alte Pershing Square, der früher einmal Central Park hieß. Parallelen zu seinem New Yorker Namensvetter sind allerdings nicht angebracht, aber Taubenfüttern, sitzen und sich ausruhen läßt es sich hier ganz gut. Und wer Downtown zu Fuß durchquert hat, wird das zu schätzen wissen.

Passage mit Glasdach: die Broadway Arkaden

Alte Kinofassaden in Downtown

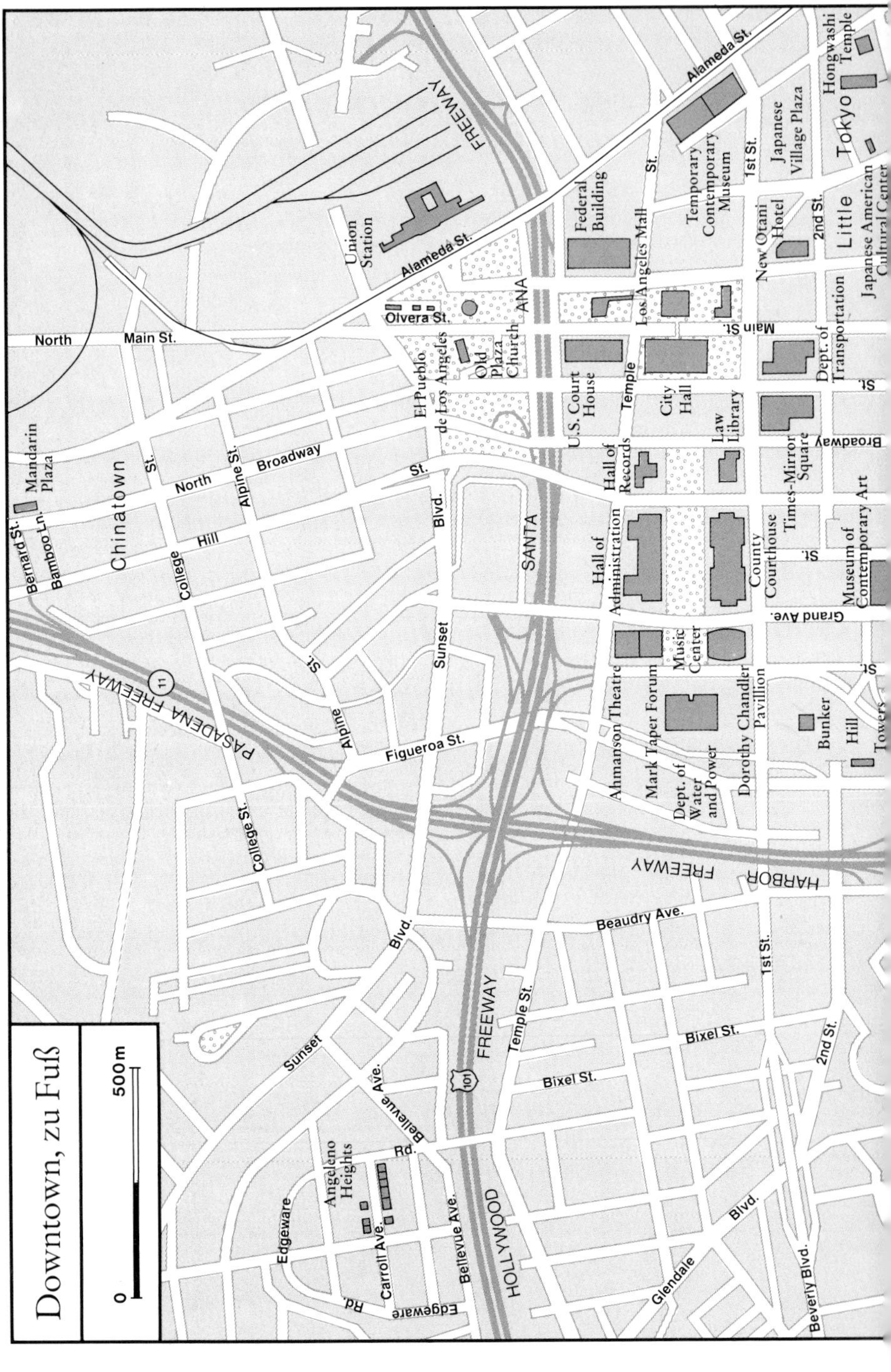
Downtown, zu Fuß
0
500m
Union Station
Alameda St.
FREEWAY
Federal Building
Temporary Contemporary Museum
1st St.
Japanese Village Plaza
Hongwashi Temple
Little Tokyo
New Otani Hotel
2nd St.
Japanese American Cultural Center
Los Angeles Mall
Olvera St.
Old Plaza Church
El Pueblo de Los Angeles
ANA
SANTA
Main St.
North
Main St.
U.S. Court House
Temple St.
City Hall
Dept. of Transportation
Hall of Records
Law Library
Times-Mirror Square
Broadway
Mandarin Plaza
Chinatown
North Broadway
Alpine St.
College St.
Hill St.
Bernard St.
Bamboo Ln.
Hall of Administration
County Courthouse
Museum of Contemporary Art
Grand Ave.
Music Center
Ahmanson Theatre
Mark Taper Forum
Dorothy Chandler Pavillion
Dept. of Water and Power
Bunker Hill Towers
Sunset Blvd.
Figueroa St.
PASADENA FREEWAY
11
HARBOR FREEWAY
Beaudry Ave.
1st St.
Temple St.
Bixel St.
2nd St.
HOLLYWOOD FREEWAY
101
Bellevue Ave.
Angeleno Heights
Carroll Ave.
Edgeware Rd.
Glendale Blvd.
Beverly Blvd.

Tokyo Tower
San Pedro St.
4th St.
5th St.
6th St.
7th St.
Greyhound – RTD Depot
8th St.
California Apparel Mart
11th St.
12th St.
Pico Blvd.
St. Joseph Church
Los Angeles St.
Main St.
Bradbury Building
Spring
Spring St.
Pacific Stock Exchange
Finney's Cafeteria
Palace Theater
Broadway Cafeteria
Broadway Arcade Building
Grand Central Market
Theatre
L. A. Theatre
Los Angeles Athletic Club
Broadway
Hill
St.
Blvd.
Pershing Square
Olive
Olive St.
California Plaza
Crocker Bank
Biltmore Hotel
Oviatt Building
Crocker Plaza
One Wilshire Building
Grand Ave.
Transamerica Center
9th St.
Hope
Hope St.
Crocker Center
Wells Fargo Building
Central Library
California Club
Security Pacific Plaza
Broadway Plaza
Olympic
Flower
Flower St.
World Trade Center
Bonaventure Hotel
L.A. Visitors & Convention Bureau
ARCO Plaza
Hilton Hotel
Figueroa
Convention Center
Wilshire Blvd.
11
Beaudry Ave.
HARBOR FREEWAY
3rd St.
6th St.
7th St.
8th St.
9th St.
Olympic Blvd.
11th St.
12th St.
Wilshire Blvd.

Hinter L.A.'s Bambusvorhang: Chinatown

洛杉矶

von Stephen O. Lesser

Sicher war es auch die Nähe der Hollywood-Studios, die Polanski dazu brachte, für seinen Film »Chinatown« Los Angeles als Schauplatz zu wählen. Denn von Amerikas chinesischen Stadtvierteln erwischte er das vergleichsweise glanzloseste und unrühmlichste. Nicht Chinatown in New York oder San Francisco, sondern Chinatown Los Angeles.

Dennoch sollte der Besucher diesen Teil der Stadt nicht links liegenlassen. Von allen ethnischen Vierteln ist Chinatown sogar noch am meisten auf Touristen eingestellt. Das zeigen die Märkte, Restaurants, Andenkenläden und Buchhandlungen, die übrigens Lesestoff sowohl aus Taiwan als auch aus der Volksrepublik China führen.

Am besten gehen Sie den North Broadway entlang, sehen sich die Auslagen der Geschäfte an oder probieren die chinesische Küche in einem der zahlreichen Lokale. Aufschlußreich – für die chinesisch-angelsächsischen Beziehungen – sind hier manche Poster, etwa eins in einer Buchhandlung, das den »Hamlet« in chinesischer Sprache ankündigt, oder ein anderes, das auf den Schönheitswettbewerb zur Krönung der »Miss Los Angeles Chinatown« hinweist.

Die Mandarin Plaza, 970 N.Broadway, ist ein modernes Einkaufszentrum mit Anklängen an chinesische Baustile. An der Westseite der Plaza steht die Büste von Dr. Sun Yat-sen, dem Begründer der Chinesischen Republik. Nicht

Mandarin Plaza, North Broadway

weit von ihr liegt ein Zauberbrunnen, in den man Münzen werfen kann. Dabei geht es darum, auf Schalen oder Tassen zu zielen, die unterhalb von chinesischen Gipsfiguren aufgestellt sind. Trifft die Münze eine solche Schale und bleibt sie in ihr liegen, bedeutet das Glück. Welcher Art es ist, steht auf den Täfelchen bei den Figuren geschrieben: »Reichtum«, »Berufliches Weiterkommen«, »Große Freude«.

Das Glücksspiel an dieser Stelle ist aber nicht ohne bittere Ironie. Denn vom Glück verfolgt waren die Chinesen selbst in den USA noch nie. Das zeigt ihre Geschichte in diesem Land und auch in dieser Stadt.

Vor allem vom südlichen chinesischen Festland kamen sie zuerst an die Westküste, um in den Goldminen zu arbeiten. Das war um die Mitte des vorigen Jahrhunderts. 1860 gab es in Kalifornien ungefähr 45000 Chinesen. Die Hälfte arbeitete in den Minen, der andere Teil beim Aufbau der transkontinentalen Eisenbahn, eine kleinere Gruppe betrieb kleine Geschäfte und Restaurants in San Francisco.

Von Anfang an begegneten die Chinesen in Kalifornien Haß und Vorurteilen. Sie waren die Zielscheibe für jeden. Vor Gericht hatten sie keine Rechte, so daß es leicht war, sie jederzeit zu verprügeln, zu bestehlen oder einfach auf der Straße niederzuschießen. Während der folgenden 40 Jahre war das an der Tagesordnung. Als billige und willige Arbeitskulis waren die Chinesen den anderen ein Dorn im Auge. So wurden sie zunächst von anderen Arbeitern aus den Minen vertrieben. Und als dann 1869 die Eisenbahnstrecke fertig war, verloren wieder 10000 Chinesen ihren Job – den sie bis dahin auch nur deshalb hatten, weil sonst

Figuren im Brunnen auf der Plaza

niemand diese harte Arbeit tun wollte. Viele von ihnen verteilten sich auf die Küchenbetriebe der neu entstehenden Touristenhotels, arbeiteten als Koch auf den Ranches oder fanden in der Fischerei und auf den Zitrusfarmen Unterschlupf. 1886 waren fast 90% aller Arbeiter hier Chinesen. Aber es dauerte nicht lange, bis sie wieder Arbeitsplatzneid weckten – diesmal bei den kleinen Farmern. Eine neue Vertreibung setzte ein. Auch die Chinatowns waren für sie nicht sicher. In San Francisco zum Beispiel versuchten Gangs und Prügelkommandos die Chinesen aus der Stadt zu jagen. Jedes Jahr, das war die Regel, wurden Dutzende von ihnen ermordet. In Los Angeles, wo es 1871 überhaupt nur 200 Chinesen gab, kamen allein in diesem Jahr 19 von ihnen durch solche Horden um. Sie wurden erschossen, erstochen oder aufgehängt. Dieser düstere Zeitabschnitt ist in einem alten Sprichwort aufgehoben: »He doesn't stand a Chinaman's chance«– was soviel heißt wie: Er hat auch nicht die Spur einer Chance. Die Konsequenz, die die Chinesen daraus zogen, ist und war, sich in ihren Wohnvierteln zu verschanzen und es aufzugeben, mit anderen zu konkurrieren. Noch um die Jahrhundertwende wurden chinesische Restaurants von Amerikanern selten besucht. Sie behaupteten, die Chinesen würden Eichhörnchen essen und Hähnchen bei lebendigem Leib braten, um ihnen so leichter die Federn ausrupfen zu können.

In Los Angeles gab es im 19. Jahrhundert lange so gut wie gar keine eigenständige chinesische Gemeinde. 1890 war dann die Bevölkerung auf ca. 2000 angewachsen und Chinatown lag dort, wo heute die Bahnstation Union Station steht. Hier blieben die Chinesen vierzig Jahre lang. Dann, um 1930, wurde der ganze Bezirk abgerissen, weil man Platz für den Bahnhof brauchte. Wieder waren die Chinesen im Weg. Man verpflanzte sie: 1938 entstand das neue Chinatown ein paar Blocks westlich vom alten Standort entfernt.

Auf den ersten Blick sieht es hier heute so aus, wie eingangs angedeutet. Aber was sich hinter den exotischen Fassaden abspielt, bleibt dem Besucher ebenso verschlossen wie den meisten Einwohnern von Los Angeles, die hierher kommen. Wer von ihnen achtet zum Beispiel auf das unscheinbare Gebäude am Straßenrand, das sich sinnigerweise »Lucky Hotel« nennt? Es ist eines von Dutzend Unterkünften, die eine Mischung aus Wohlfahrtshotel und Altersheim darstellen. Seine rund 30 Bewohner, alte Frauen und Männer, von denen 24 von der Wohlfahrt leben, verbringen den größten Teil ihres Lebensabends in den schäbigen Räumen. Die Mehrzahl von ihnen ist nie US-Bürger geworden, weil sie kein Englisch gelernt haben. Abgeschlossen in ihren Zimmern, gehen sie ab und zu zum Chinesischen Seniorenzentrum und dienstags abends sitzen sie vor der einzigen Nachrichtensendung in chinesischer Sprache im Kanal 22 des lokalen Fernsehens. Der Verfall der traditionellen Familienstrukturen hat sich besonders für die alten Chinesen im Viertel ungünstig ausgewirkt, und auch die kommunalen Selbsthilfeorganisationen können die fehlenden Bindungen nicht wieder ausgleichen.

Unsichtbar für den Besucher bleiben auch Hunderte von Arbeiterinnen, die in den etwa 100 Kleiderfabriken in Chinatown als billige Arbeitskräfte tätig sind. Die Tätigkeit in den Nähfabriken wird von den meisten als Schweiß- und Knochenarbeit bezeichnet. Bezahlt wird in der Regel pro abgeliefertes Stück. Das erbringt meist weniger als das Minimaleinkommen in den USA von $ 2.65 pro Stunde – bei einer Arbeitszeit von oft 10–12 Stunden pro Tag an Bügelbrettern und Nähmaschinen, in überfüllten Werkhallen ohne Klimaanlage oder andere Annehmlichkeiten. Und weil die Zeit ganz für die Arbeit draufgeht, sprechen die meisten Arbeiterinnen überhaupt kein Englisch. Auch dadurch bleiben sie an ihre Arbeitsbedingungen gefesselt, um wenigstens ihren Kindern eine Erziehung zu ermöglichen.

Chinatown ist ein Getto. Die Sprachbarrieren halten die meisten der insgesamt auf 15000 geschätzten Bewohner hier eingesperrt. (Im Gebiet von ganz Los Angeles leben gegenwärtig ca. 100000 Chinesen; neue chinesische Gemeinden entstanden außerhalb von Chinatown: etwa in Monterey Park und Palos Verdes.)

Die Herkunft vieler Familien geht zurück bis auf die erste chinesische Generation, die in Kalifornien zur Zeit des Gold Rush eintraf. Bis 1965 wurde die Einwanderungsquote staatlich niedrig gehalten: 105 Chinesen pro Jahr. Als das Limit aufgehoben wurde, kamen jährlich mehr als 20000 Chinesen legal in die USA. Die meisten der heute in Los Angeles lebenden Chinesen sind solche Neuankömmlinge mit den typischen Anpassungsproblemen der ersten Generation.

Die Wohnqualität in Chinatown ist im Durchschnitt schlecht. 20 % aller Wohneinheiten haben nicht ausreichende oder keine sanitäre Anlagen. Und weil der Wohnraum in diesem vergleichsweise dicht besiedelten Gebiet knapp ist, wohnen mehrere Familien oft in einer Wohnung zusammen.

Zugleich aber ist Chinatown auch eine Stadt im Boom. Millionen Dollars fließen als ausländische Investitionen ein – aus Hongkong ebenso wie aus anderen asiatischen Hauptstädten. Allein im ersten Halbjahr 1978 gingen mehr als 11 Millionen Dollar in Entwicklungsprojekte in Chinatown, und der größte Anteil davon kam aus Hongkong. Die Bodenpreise sind deshalb inzwischen so gestiegen, daß sie bereits die in manchen Wohlstandsgebieten von Los Angeles übertreffen. 1978 lagen sie bei rund 120 Dollar für einen Quadratmeter – also etwa so hoch schon wie an der begehrten Geschäftsstraße des Wilshire Boulevard. Ein chinesischer Bewohner aber kann sich solche Preise nicht leisten: also zieht er, wenn möglich, weg von hier. Andererseits, so behaupten zumindest viele chinesische Geschäftsleute, bieten die neuen Einkaufszentren und Geschäftsbauten neue und bessere Arbeitsplätze. Aber: die teuren Grundstücke sortieren auch die Art der Nutzung des Gebiets, denn sie ziehen wiederum neue Geschäftshäuser an und verknappen damit automatisch das Angebot an neuen Wohnungen, die dringend nötig wären. Die Stadt Los Angeles versucht in den letzten Jahren mildernd durch die Zuweisung von Sozialbauten einzugreifen und hat zudem Pläne für zusätzliche Sozialeinrichtungen, Kindertagesstätten, Naherholungsgebiete und Parkplätze. »Es mag ein Getto sein«, bemerkt ein auswärtiger Makler zu den Verhältnissen in Chinatown, »aber Sie müssen es schon ein goldenes nennen.« Es fragt sich nur, wem dieses Gold diesmal nützt.

Abseits vom Glamour

Ethnische Gemeinden in Los Angeles

von Stephen O. Lesser

Seit es Los Angeles gibt, leben seine ethnischen Minderheiten in großer räumlicher Distanz. Ihre Gemeinden sind in sich abgeschlossen, wirtschaftlich von der weißen Mehrheit abhängig, gesellschaftlich dagegen von ihr isoliert. Immer noch unterliegt die soziale Topographie der Stadt einem Grundmuster, das seit den Gründungsjahren Bestand hat: Anglos wohnen im Norden und Westen, Chicanos im Osten, Schwarze im Süden. Der Historiker Carey McWilliams nannte Los Angeles in seinem 1947 veröffentlichten Buch »ein Archipel aus gesellschaftlichen und ethnischen Inseln«. Die Bevölkerungsstruktur hat sich in den rund 35 Jahren seither kaum geändert. Zwar ist ihre Mobilität insgesamt gewachsen und die alten ethnischen Zentren haben sich verlagert. Doch am grundsätzlichen Verhältnis von Minderheitenstatus und Wohnort hat sich wenig geändert.

Die Ursachen dafür sind weitreichend und gelten für die gesamten USA überhaupt. Dennoch seien einige kurze Andeutungen darauf erlaubt.

Gerade in Los Angeles liegt es nahe, mit der Rolle des Automobils anzufangen und sich anzusehen, auf welche Weise es dazu beiträgt, soziale Ungerechtigkeiten zu erhalten. Das klingt erst einmal paradox, denn das Auto soll ja, wie es immer heißt, Beweglichkeit und Freiheit für jedermann bringen.

Tatsächlich aber liegen die Dinge anders. Denn die ethnischen Viertel sind meist so weit von den »weißen« Arbeitsplätzen entfernt, daß täglich lange Anfahrtswege nötig sind. Transportzeit ist aber zusätzliche und unbezahlte Arbeitszeit. Außerdem sind die Versicherungsprämien in den Wohnbereichen der Minderheiten erheblich höher als in bessergestellten Gegenden. Größeres Unfall- und Diebstahlrisiko, sagen die Gesellschaften. Eine Umfrage ergab, daß auffallend viele Arbeiter, die im Schwarzenviertel Watts wohnten, für ihr häufiges Fehlen am Arbeitsplatz immer wieder denselben Grund angaben: Pannen mit ihren meist überalterten und fahruntüchtigen Autos. Wer deshalb gefeuert wurde, brauchte aber das Auto doppelt nötig für die Suche nach einem neuen Job.

Auch die Folgen der Mobilität treffen Minderheiten und Arme härter als andere, denn die Korridore der Stadtautobahnen fressen sich durch viele ihrer Viertel und beschleunigen deren Gettoisierung. Noch heute erklären sich viele den Schwarzenaufstand in Watts (1965) mit der Einkreisung dieses Gebiets durch breite Freeways. Schwarze Selbstorganisationen wehren sich seit langem gegen diese Verkehrspolitik. Sie fordern unter anderem: »Stop white highways through black bedrooms.«

Ein weit schwerer wiegender Grund für die Festschreibung der sozialen Unterschiede liegt in der Struktur des Schulsystems und der Ausbildungsverhältnisse. Denn auch das »bussing« – das umstrittene Hin- und Herfahren von Schülern ethnischer Herkunft zu Schulen in weißen Wohnvierteln und umgekehrt – hat nicht allzuviel an beruflicher Chancengleichheit gebracht. Die städtischen Grundschulen und High Schools sind finanziell schlecht ausgestattet und die in den Minoritätengebieten erst recht, weil zusätzliche private Hilfsaktionen ökonomisch nicht möglich sind. Die Höhe der Dropout-Raten an den High Schools ist daher nicht überraschend. In Schulen mit überwiegend mexikanisch-amerikanischen Schülern liegen sie zwischen 27 % und 46 %; dort, wo schwarze Schüler die Mehrheit haben, zwischen 27 % und 50 %. Dagegen betragen sie an Schulen mit dominierend weißen Schülern zwischen 7% und 30%. Wer es sich eben leisten kann, schickt seine Kinder lieber auf eine Privatschule.

Ähnlich ungleich verteilt sind Arbeitslosigkeit, Kriminalität, Alkoholismus und Drogensucht in den einzelnen Gemeinden der Stadt. Und entsprechend verstärken Präsenz und Verhalten der Polizei das Gefühl der Chancenlosigkeit unter den Minoritäten. Dabei hat das städtische Polizeidepartment (L.A.P.D.) aufs Ganze der USA gesehen gar keinen so schlechten Ruf, auch wenn es in der Vergangenheit immer wieder Gesetzesinitiativen mit dem Ziel gegeben hat, die gewerkschaftliche Organisation und das Streikrecht von Polizisten zu unterlaufen. Aber nach wie vor verhält sich die Polizei häufig nur taktisch: sie repariert soziale Konflikte im Sinne von »law and order«, ohne sich um deren Ursachen zu kümmern. Oder doch nur in Ansätzen. Zum Beispiel gibt es seit 1978 in der Nähe von Watts eine ganz neue Einrichtung, das »Juvenile Justice Center«, das sich die Bekämpfung der Jugendkriminalität zur Aufgabe macht. Hier arbeiten außer Richtern, Staatsanwälten, Sozialhelfern auch Vertreter der Polizei mit. Die Gerichts- und Aufklärungsverfahren, die in der Kooperative durchgeführt werden, sollen eine Alternative zum üblichen Stil amerikanischer Strafprozesse sein, deren kalte Mechanik an den Angeklagten – besonders Jugendlichen – vorbeigeht, ihr Verständnis völlig übersteigt und alle menschlich-sozialen Hintergründe der Tat ausklammert. Die Arbeitsweise des »Juvenile Justice Center« dagegen beinhaltet das Gespräch mit den Jugendlichen, kürzt die Prozesse ab, kümmert sich um die Wiedereingliederung der Straffälligen und ist außerdem auch Vermittlungsstelle für Jugendliche, Lehrer und Eltern.

Obwohl die durchschnittliche Wohnqualität in Los Angeles deutlich über dem Bundesdurchschnitt liegt, gibt es Wohnbereiche, in denen fast ein Viertel der Bausubstanz verfallen und verrottet ist. Dort ist der Bevölkerungsanteil der Minderheiten besonders hoch. Das gilt überwiegend für die Mexiko-Amerikaner, die am stärksten unter schlechten Wohnverhältnissen, niedrigen Löhnen, smoghaltiger Luft und Konflikten mit der Polizei leiden. Die Explosivität des sozialen Klimas speist sich nicht aus diesen Bedingungen allein. Auch der ringsum sichtbare Wohlstand der weißen Mehrheit trägt dazu bei. Das territoriale und bevölkerungsmäßige Wachstum von Los Angeles war immer schneller als die Geschwindigkeit, in der sich der steigende Lebensstandard sozial verteilte. So sind denn vor allem für die Minoritäten die Erwartungen vom materiellen Glück seiner tatsächlichen Ankunft Meilen voraus. Von Los Angeles als Stadt der Zukunftschancen angezogen, erfahren sie täglich auch deren Kehrseite: daß die Eintrittskarten zum besseren Leben nur in begrenzter Zahl zu haben sind und wenn, dann auch nur zu einem hohen Preis. Unter anderem dem, daß die ethnische Identität vollends auf der Strecke bleibt.

East Los Angeles

Im gesamten Ostteil der Stadt wird fast nur spanisch gesprochen, und die Zentren von Hollywood und Downtown Los Angeles werden zunehmend zu »hispanischen« Gemeinden. Über 1400000 Einwohner tragen in Los Angeles spanische Familiennamen, und der jährliche prozentuale Zuwachs ist größer als bei irgendeiner anderen

Am Whittier Boulevard: Shopping,

Chicano Graffiti,

Gebrauchtwagentausch,

mexikanisches Wandbild,

Autokolonne auf dem Weg zur Hochzeitsfeier

ethnischen Gruppe. Legale und illegale Einwanderer sind kaum noch zu trennen – was die sozialen Probleme dieser Bevölkerungsgruppe nur noch verschärft.

Die traditionelle mexikanische Kultur brach unter dem Einfluß der amerikanischen Einwanderung und unter der wachsenden Verstädterung zusammen. Über Jahre hinaus war der Zusammenhang der Mexiko-Amerikaner unorganisiert, politisch schwach und gesellschaftlich verwirrt. Unter dem Eindruck weitverbreiteter Vorurteile zog sich die Gemeinde verbittert in sich selbst zurück.

Erst die 60er Jahre bewirkten einen Wechsel im Selbstbewußtsein der »Chicanos«. Schrittweise nahm auch die Stadt Kenntnis davon. Mehr und mehr zweisprachige Schilder tauchen an öffentlichen Gebäuden auf, und die Stimmzettel sind in Englisch und Spanisch gedruckt. Zweifellos wird Los Angeles in Zukunft einen noch größeren Einfluß der Chicanos erleben: nicht nur durch »Mexican food« oder »mariachi«-Musik, sondern politisch.

Anzeichen des neuen Stolzes sind heute in East Los Angeles ebenso zu finden wie in Downtown. Samstagnacht wird der Broadway zum »Kurfürstendamm« der Chicanos. Die Stadt spürt auch das Wiederaufleben des hispanischen Bewußtseins, etwa an der Forderung nach zweisprachiger Erziehung oder an der Gründung eines politischen Chicano-Theaters. Ein Poster in East L.A. drückt diese Tendenz mit einem Spruch des Volkshelden Zapata aus: »Ich will lieber auf meinen Füßen stehend sterben als auf Knien rutschend weiterleben.«

Watts, Compton, South Gate: Die Schwarzenviertel

Sollte Los Angeles nicht gewußt haben, daß es eine unzufriedene schwarze Minderheit besitzt, so wurde ihm das in der heißen Sommernacht des 11. August 1965 schlagartig klar, als in der Watts-Willowbrook Gegend ein wilder Aufstand tobte. Nach sechs Tagen Aufruhr, Brandstiftung und Plünderung waren 34 Menschen tot und 1033 verwundet. Fast 4000 Personen wurden verhaftet; Eigentum im Werte von 40 Millionen Dollar beschädigt und das Herz des Schwarzenviertels, die 103. Straße, lag da als schwelende Ruine.

Was war geschehen? Und: hat sich seither etwas verändert? Die Antwort darauf hängt davon ab, mit wem Sie in Los Angeles sprechen.

Der Aufstand von Watts kam für die meisten völlig überraschend. Einer feindseligen Haltung den Schwarzen gegenüber war sich kaum jemand bewußt gewesen. Im Gegenteil. Immer hieß es, Los Angeles sei die erste Stadt in den USA, die Schwarze als Feuerwehrmänner und Polizisten einstellte. Und der gegenwärtige Oberbürgermeister von Los Angeles, Tom Bradley, ein Schwarzer, machte politische Karriere über die Polizei. Auch dies schien dafür zu sprechen, daß Los Angeles eine gute Stadt für Schwarze sei. 1940 lebten hier 75000 von ihnen; 1970 über eine halbe Million.

Vielleicht gab es Grund zu glauben, daß sich die Schwarzen bis 1965 besser als in irgendeiner anderen amerikanischen Stadt in Los Angeles angepaßt hätten. Denn man dachte, daß andere ethnische Gruppen – die Asiaten und Mexikaner z. B. – die Rassenfeindlichkeit abgelenkt hätten, die sich in anderen Teilen des Landes allein gegen die Schwarzen richtet.

Aber diese Spekulationen gehen an den Tatsachen vorbei. Zwar hat es in Los Angeles nie legalisierte Diskriminierungen der Schwarzen gegeben wie etwa im Süden der USA, aber die wirtschaftlichen Benachteiligungen waren unerträglich. Der überwiegende Teil der schwarzen Bevölkerung litt unter Arbeitslosigkeit und war aufgrund der schlechten Ausbildung ohne Zukunftschancen. Mängel in der medizinischen Versorgung waren offenkundig. Erst recht die Dürftigkeit der öffentlichen Verkehrsmittel und kommunalen Einrichtungen. Obwohl keine Mietskasernen ihre Wohnbezirke wie in vielen Städten im Osten der USA verunstalteten, erlebten die Schwarzen in Los Angeles wirtschaftlich und kulturell dieselben Einschränkungen ihrer Lebensmöglichkeiten wie auch sonst im Land.

Gleich nach der Katastrophe von Watts entfaltete die Stadtverwaltung eine hektische Betriebsamkeit der Wiedergutmachung: Maßnahmen zur Verhütung künftiger Unruhen. Neue Siedlungsprojekte wurden in Angriff genommen, Freizeiteinrichtungen, Werkstätten und Fürsorgeämter gegründet, neue Arbeitsplatzangebote gemacht. Aber viel half das nicht. Schon fünf Jahre später war die Arbeitslosigkeit in Watts und Umgebung fünfmal so hoch als in den übrigen Stadtteilen. Heute leben zwei Drittel der Bevölkerung, Schwarze und Mexiko-Amerikaner, von der Wohlfahrt. Und 90% beträgt die Jugendarbeitslosigkeit. Schwunghafter Drogenhandel, Jugendprostitution, Einbrüche und Gewaltdelikte militanter Straßengangs sind üblich.

Allerdings ist es der schwarzen Bevölkerung gelungen, einen gewissen politischen Einfluß auf die Verwaltung der Stadt auszuüben – ganz im Gegensatz zu den Chicanos. Drei von 15 Stadträten und der Bürgermeister sind Schwarze.

Watts und die anderen Schwarzenviertel in Los Angeles sind keine Touristenzentren. Es gibt noch nicht einmal für die Bewohner selbst genügend sportliche, freizeitliche und kulturelle Möglichkeiten, geschweige denn für weiße Besucher. Deren neugieriges Herumwandern an diesen Orten kann deshalb auf die Bewohner nur befremdend wirken.

Japantown

Auf 58 Japaner kam eine Volkszählung im Jahre 1880 in Los Angeles. Heute sind es 100000. Die japanischen Immigranten machten wirtschaftlich seit ihrer Ankunft bemerkenswerte Fortschritte. Schon zu Beginn des Zweiten Weltkrieges bebauten sie in Los Angeles County 26000 Morgen Ackerland. Und 90% des Handels mit Spargel, Limabohnen, Karotten und Blumenkohl ging durch ihre Hände – von ihren Beteiligungen an Gärtnereien und Baumschulen ganz zu schweigen.

Aber keine Anspielung auf die Geschichte der japanischen Gemeinde in den USA ist vollständig ohne den Hinweis auf die sogenannte »Presidential Order Nr. 9066«, die anordnete, daß alle Personen japanischen Ursprungs – sowohl Ausländer wie Nicht-Ausländer – von der Westküste zu entfernen seien. Zuerst, 1942, wurden sie in Sammelstellen evakuiert und dann für die Dauer der Kriegsjahre in Wiederansiedlungslager geschafft. Erst 1945 durften sie nach Kalifornien zurück und ihr Leben neu aufbauen. Diese politische Vorsichtsmaßnahme hat unübersehbaren Schaden angerichtet. Nicht nur wegen der Leiden, die Unschuldigen zugefügt wurden, sondern auch wegen des groben Verstoßes dieser Zwangsverordnung gegen das Konzept einer demokratischen Verfassung. Die Regierung zahlte zwar Geldentschädigungen, aber loskaufen konnte sie sich nie.

»Little Tokyo« heißt heute die japanische Gemeinde der Stadt. Sie liegt an der First Street südlich von Los Angeles Street, also mitten in Downtown. Jahrelang ging es mit diesem Viertel wirtschaftlich bergab. Neuerdings aber versucht das »Little Tokyo Wiederaufbau-Büro« mit amerikanischem und japanischem Geld die Gemeinde zu modernisieren.

Beim Gang durch die Straßen fällt auf, daß japanische Restaurants ihre Gerichte in Form von Plastikmodellen ins Schaufenster stellen, so daß man ganz genau sehen kann, was sich hinter den Namen auf den Speisekarten verbirgt. Denn nicht jeder Besucher kann wissen, was »sashini«, »teriyaki« oder »katsudon« bedeuten. Das bekannteste Restaurant ist »Tokyo Kaikan«, 225 South San Pedro Street, innen sehr reizvoll in Form eines japanischen Landgasthauses angelegt.

Das jüdische Zentrum: Die Gegend um Fairfax

Der Verkaufsstand für israelische Hot Dogs an der Ecke Fairfax Avenue und Rosewood täuscht. Denn die Atmosphäre in dieser Gegend gleicht nicht der in israelischen Städten heute, sondern der in Osteuropa während der Vorkriegszeit. Ältere Paare schwatzen jiddisch, während sie auf den Bus warten. Neuankömmlinge aus der Sowjetunion probieren erst einmal ein paar englische Worte aus, bevor sie in einen russischen Redeschwall verfallen.

Fairfax ist mehr als eine Straße in Los Angeles. Sie ist eine Welt für sich, der jüdische Schmelztiegel der Stadt. Sie bietet dem Einheimischen einen Blick in seine europäische Vergangenheit und gibt dem Neueinwanderer einen ersten Eindruck von der amerikanischen Lebensweise.

Die ersten jüdischen Gottesdienste wurden hier kurz nach der Ankunft von Joseph Newmark im Jahre 1854 abgehalten. Die erste Synagoge entstand 1873. Heute haben nur Israel und die Stadt New York eine größere jüdische Bevölkerung als Los Angeles. Zur Zeit leben hier ungefähr 400 000 Einwohner. Sie wohnen nicht alle rund um Fairfax Avenue, sondern sie sind mit den Anglo-Amerikanern an den Westrand der Stadt gezogen – häufig nach Santa Monica. Umgekehrt ist die ehemalig jüdische Gemeinde, Boyle Heights, inzwischen fast vollständig von Mexiko-Amerikanern bewohnt. Meistens jüngere jüdische Familien haben Fairfax verlassen und sind in Stadtgebiete gezogen, die weniger ethnisch geprägt sind und mehr Raum bieten, z. B. ins San Fernando Valley. Dennoch bleibt Fairfax Anhaltspunkt für viele jüdische Immigranten. Sozial ist die Gegend voller Gegensätze. Steinreiche Familien leben hier ebenso wie Wohlfahrtsempfänger. Und der »jüdische Charakter« des Viertels prägt sich sichtbar und riechbar entlang der Straßen aus: hier reihen sich »Delikatessen«, Restaurants, Bäckereien und Märkte wie kaum sonst so dicht in der Stadt.

Es lohnt sich, einen Blick in die Läden von Fairfax zwischen Melrose und Beverly Boulevard zu werfen und dabei den Duft von frischem Brot oder den Geruch eines

Fischmarktes zu schnuppern. Viele der Restaurants sind koscher, d.h. entsprechen dem jüdischen Gesetz, nach dem die Speisen dem Ritual nach rein zu sein haben. Nicht alle jüdischen Restaurants in der Gegend haben eine koschere Küche, doch der orthodoxe Gläubige wird die suchen, in denen kein Schweinefleisch und keine Milchprodukte in Verbindung mit Fleisch serviert werden. Ein Restaurant muß besonders erwähnt werden, weil es die anderen deutlich übertrifft: Kanter's Delicatessen, 419 N.Fairfax. Es ist an sieben Tagen in der Woche 24 Stunden geöffnet. Die zum Restaurant gehörende Bäckerei ist eine der besten in der Gegend. Um zwei Uhr morgens traf ich einmal bei Kanter's vier katholische Priester, die heftig darüber diskutierten, was sie bestellen sollten. Kurz darauf sah ich sie äußerst zufrieden über ›matzo ball‹ – Suppen, ›pastrami sandwiches‹ und ›cheese blintzes‹ gebeugt.

Los Angeles: das Ellis Island der 80er Jahre

Auch ohne den Wink der Freiheitsstatue – die Einwandererschübe nach L.A. nehmen in jüngster Zeit dramatische Größenordnungen an. Vor allem aus dem pazifischen Raum drängen jährlich Tausende in den neuen Schmelztiegel an der Westküste. Flüchtlinge aus Mittelamerika, Armenier und Iraner kommen dazu. Allein 1982 zählte man 90000 Neuansiedler; seit 1970 mehr als 2 Millionen. Die Jobs der lokalen Wachstumsbranchen sollen die Träume vom besseren Leben erfüllen: die Film- und TV-Industrie, das expansive Dienstleistungsgewerbe, die Luft-, Raumfahrt- und Computerbetriebe.

Kein Wunder, daß der ethnische Boom das Stadtprofil beeinflußt. Im Siedlungsarchipel von L.A. County – das sind 82 Städte und Gemeinden – verlieren die weißen Anglos an Boden. Seit 1983 sind sie zum ersten Mal in der Minderzahl.

Besonders die Neuzugänge unter den Asiaten vollbringen oft erstaunliche Anpassungsleistungen. Und in kürzester Zeit. Hart arbeiten und Geld verdienen heißt ihre Devise. Damit erzielen sie häufig auf Anhieb Erfolge, denen die alteingesessenen Minoritäten schon seit Generationen vergeblich nachjagen, etwa viele Schwarze und Mexiko-Amerikaner. Konflikte bleiben da nicht aus. Die neue Konkurrenz drückt in die Gettos und Barrios.

Doch es gibt auch Ausnahmen. **Koreatown:** Diesen Stadtteil mit der größten koreanischen Gemeinde außerhalb Asiens gibt es erst seit 10 Jahren. Von den rund 200000 Einwohnern haben jetzt schon 40% ein eigenes Häuschen. 30000 Koreaner rücken jährlich nach. Die Gründe: wirtschaftliche Aufstiegschancen *und* zugleich die Möglichkeit, im Getto Koreaner zu bleiben.

Das Viertel um Washington und Olympic Boulevard war früher verfallen. Latinos und Schwarze wohnten hier. Seit dem Einzug der Asiaten ist ringsum alles proper geworden. *Koreanisierung* heißt, daß die strebsamen Asiaten auch ihr Viertel so aussehen lassen. Sie, die sich selbst *Korean-Americans* nennen, haben ihr eigenes Kulturzentrum, eine Handelskammer, eine Radiostation, 3 TV-Anstalten, drei koreanische Tageszeitungen, 400 Kirchen und ein eigenes Telefonbuch – für Los Angeles und Südkalifornien. *H. S.-B*

Fantasie am Bau:

Die Türme des Simon Rodia in Watts

Den Weg dorthin muß man kennen. Wie viele andere bauliche Raritäten in Los Angeles, blüht auch das Fantasiegebilde der Watts Towers im Verborgenen.

Wer sie also sehen möchte, beginnt die Anfahrt am besten von Downtown aus auf dem Harbor Freeway in Richtung Long Beach, d. h. nach Süden, folgt ihm bis zur Ausfahrt zum Imperial Highway. Den fährt man ein kurzes Stück nach Osten, biegt an der Central Avenue links ab und fährt rechts in die 108th Street. Gleich nach Überquerung der Bahnschienen fährt man bei Willowbrook links, um dann gleich wieder rechts in die 107th Street einzubiegen, an deren Ende die Türme stehen.

Schon von weitem verwirren die über 30 Meter hohen Turmbauten das Auge, das hier sonst nur auf flache Holzhäuser blickt. Sind es Ölbohrtürme oder die Spitzen einer gotischen Kirche? Aber nach und nach profiliert sich der Spiralbau bei der Anfahrt und enthüllt seine Form endlich, wenn man unmittelbar davorsteht (vgl. Farbtafel Nr. 56).

Was hier verspielt und eisern in den Himmel ragt, ist das Werk des italienischen Immigranten und Plattenlegers Simon Rodia. Insgesamt 33 Jahre lang werkelte er an seinem Domizil aus Eisenstäben, Maschendraht und Mörtel. Innerhalb seiner Mauern zierte er sein Anwesen mit Brunnen, Sitzbänken und Bogengängen und verarbeitete dazu alles, was ihm in die Hände fiel. Muscheln (allein 70000 Stück), zerbrochene Tassen, Krüge und Teller, Flaschenhälse, Spiegelscherben und bunter Kachelschutt kamen zum Zuge: Heimarbeit als Müllabfuhr und als Ein-Mann-Unternehmen. »Niemand anders hätte verstanden, was ich wollte«, sagt Rodia, »und manchmal wußte auch ich nicht, was ich als nächstes bauen sollte.«

Während seines abwechslungsreichen Berufslebens arbeitete er auch als Tellerwäscher, was ihm reichlich Gelegenheit gab, Berge von zerbrochenem Porzellan nach Hause mitzunehmen. Auch die Nähe seines Wohnorts zum Bahndamm brachte materielle Vorteile: so sammelte er über Jahre beharrlich die Scherben von Flaschen auf, die aus den vorbeifahrenden Zügen geworfen wurden.

Sein Motiv? »Du mußt entweder außerordentlich gut oder böse sein, damit sich später noch jemand an dich erinnert. Ich wollte etwas ganz Großes tun. Und hab's getan.« Bis 1954 brauchte er dazu, sich praktisch einen Namen zu machen. Dann vermachte er alles einem Nachbarn und verschwand aus Watts. Für immer.

Zurückgeblieben sind seine Spuren, ein Lebensbauwerk, dessen ungewöhnliche Gestalt durch das umgebende Wohnviertel noch irritierender wird. Und vollends beim Eintritt in die bunte Oase wird klar, wie sehr es sich hier um die Erfindung einer Gegenwelt handelt, die durch die ärmlichen Lebensverhältnisse in der unmittelbaren Nachbarschaft herausgefordert wurde. Die Watts Towers sind so etwas wie eine architektonische Schutzbehauptung gegen ihre reale Umwelt, gegen die Hitze dort, die Luft und die Monotonie der Wohnbedingungen. Ausgerechnet hier hat Rodia die alte Vorstellung vom Paradiesgärtlein neu gebaut: seinen Garten mit Brunnen und schützender Mauer, einen »hortus conclusus« der Neuen Welt.

Vielleicht liegt es an der klimatischen Ähnlichkeit Italiens und Südkaliforniens, daß Rodia seine Bautätigkeit nicht so sehr auf das eigentliche Wohnhaus, sondern auf die steingewordene Gartenarchitektur richtete. Sie lebt von zwei bildhauerischen Formen – der des Brunnens und einer kunstvoll geschnittenen Hecke –, die in das dauerhafte Material von Eisen, Beton und Keramik übertragen worden sind. Diese Gebilde werden durch dünne Streben und Bögen mit der Außenwand verbunden und ähneln gebogenen Zweigen. Die Außenwand ist in regelmäßigen Abständen halbkreisförmig nach oben abgeschlossen. Auch hier wurden die Metallkonstruktionen ebenso wie die bildhauerischen Gestaltungselemente mit vielfältigem keramischen Material farbig zu einer Polychromie zusammengefügt.

Die Türme selbst, ein Geflecht aus Bandeisen und Rundstäben, erwiesen sich übrigens standfester, als skeptische Beamte der Bauaufsicht vermuteten. Das bunte Artefakt überstand Erdbeben, Wolkenbrüche und gelegentlichen Vandalismus schadlos. Vor nicht allzu langer Zeit setzten sich die Türme noch einmal tapfer zur Wehr: gegen den beabsichtigten Abbruchsversuch der Stadtverwaltung mit Hilfe einer Stahlkugel. »Baufälligkeit« hieß der Vorwand für den geplanten Abriß. Fehlanzeige: nur ein paar Muscheln bröckelten ab.

STREET ART

Fassadenmalerei

als Straßenkunst

Blaue Wale tummeln sich an einer Wand, ein lockiger Mädchenkopf lächelt von einem Haus, ein trauriger Mexikaner blickt auf die leere Straße in seinem Viertel: Los Angeles ist voll von solchen Bildern. Und was da alles in leuchtenden Farben und Großformaten von Wänden, Garagen und ganzen Fabrikgebäuden herabblickt, macht L.A. zur größten Drive-In-Galerie Amerikas (vgl. Farbtafeln Nr. 17, 18, 22, 30, 57–62).

Um aber keine falschen Vorstellungen zu wecken, muß man sich klarmachen, wie groß das Gebiet ist, auf das sich diese populäre Kunstform verteilt. Fassadenmalereien liegen in Los Angeles nur selten gleich um die Ecke oder Wand an Wand. Wer sich also einen Überblick verschaffen will und dabei umständliches Suchen, Zeit und Benzin sparen möchte, sollte vielleicht so vorgehen: die hier angegebenen Adressen lassen sich auf einer Straßenkarte eintragen, so daß unter Umständen eine Strecke oder Rundfahrt sichtbar wird, auf der sich gleich mehrere Beispiele aufreihen lassen. Seien Sie aber auch dann noch auf Überraschungen gefaßt: Fassadenmalereien sind ein kurzlebiges Medium. Es kann passieren, daß Sie etwas ganz anderes antreffen, als es die Abbildung hier im Buch nahelegt. Das Wandbild kann längst wieder übertüncht oder durch ein neues ersetzt worden sein.

1. Reklamemalerei: Soft Sell On Walls

Eine Bilderreise wert ist die zum »Farmer John« im Ortsteil Vernon. Gleich eine ganze Fabrik ist hier zum aufgeschlagenen Bilderbuch geworden: ein spektakulärer Auftakt für die Bekanntschaft mit diesem inzwischen weit verbreiteten Typus amerikanischer Werbemalerei. Sie betreibt absatzfördernde Gesichtskosmetik, indem sie das Image des Geschäfts herausstreicht und weithin sichtbar einprägt.

Die malerische Verpackung der Fleischfabrik des Farmer John gibt davon eine Anschauung. Die Rundumbemalung entführt den Betrachter aus der Umgebung der Fabrik (ein Industriegebiet) aufs Land. Da planschen zunächst rosige Ferkel in ländlich-idyllischem Milieu. Aber jäh endet dann die verklärte Version der »Farm der Tiere«. Denn die Schweine werden in Güterwagen getrieben und verfrachtet – dorthin, wo unmißverständlich die Wurstfabrik liegt,

Bemalte Fleischfabrik »Farmer John«, Vernon

BARNEY & BA
SHOW TIME PIGS
NO TRESPASSING

ILEY

die hinter ihren bemalten Wänden Speck und Schinken herstellt.

Elf Jahre hat es seit 1957 gedauert, bis dieses wohl größte Wandbild der Welt fertig war. So lange nämlich arbeitete der ehemalige Filmkulissenmaler Les Grimes aus Hollywood an dem Super-Schweine-Fresko. 1968 fiel er beim Malen vom Gerüst und starb. Seitdem hat Arno Jordan als hauptberuflicher Fassaden- und Schildermaler den Job übernommen (vgl. Farbtafel Nr. 58). »Die Wände sind zu einer Attraktion hier in der Gegend geworden«, sagt er. »Ich glaube, die Kinder haben eine Menge Spaß daran. Und manchmal fahren Familien an Wochenenden hier her, um sich die Bilder anzusehen.« Und täglich sorgt Arno Jordan dafür, daß die Farben frisch bleiben. »Der Smog und die Abgase der Laster fressen an den Farben«, erklärt er dem Besucher teils auf englisch, teils auf deutsch – denn er ist Einwanderer aus Österreich.

Aufmerksamkeit erregen wollen auch anderenorts die Darstellungen an Ladenfronten und Geschäften. In Downtown etwa, an der Spring Street zwischen 2nd und 3rd Street, ziert ein blaues Brautpaar die Seitenfläche eines Brautkleidergeschäfts und Frackverleihs. Scharen von freiwilligen Helfern pinselten hier unter der Leitung von Kent Twitchell mit, und dennoch brauchte er für die ganze Malprozedur drei Jahre. Weiter westlich, in Hollywood, gibt es gleich eine ganze Menge optischer Bluffs an der Wand: da kreisen Riesenschallplatten im All (vgl. Farbtafel 30: an einer Plattenfirma, La Brea Ave., Nähe Sunset), greift ein überdimensionierter Gitarrenspieler in die Saiten (Sunset Guitar Shop, Ecke Sunset und Vista), präsentiert sich eine Markise als Schnürschuh im Himmel (La Cienega Blvd.) oder bedeckt ein Superstiefel Teile der Fassade eines Hobby Shops. Mehr Bildwitz verraten malerische Zutaten, die mit der vorhandenen Architektur ihr Spiel treiben. So zum Beispiel die desorientierende Fassade an einem Weinlokal in Westwood: Gemalte Fenster geben Einblick in imaginäre Innenräume; gemalte Treppenaufgänge führen ganz woanders hin als die echten; wirkliche Röhren bilden den Stiel für (gemalte) funkelnde Weingläser. Versetzungen, Tricks, Augenwischerei, wohin man sieht: Scheinarchitektur.

Spaß am Bau: Weinlokal

Anders als diese illusionistischen Spielereien sehen die Bilder aus, die die Fronten vieler subkultureller Läden verschönern. Sie zeigen häufig mythische Figuren in traumhaften Paradies- und Zukunftslandschaften oder auch ökologische Motive und Szenen. Die »Health Food Stores«, die Diät- und Reformkostgeschäfte, sind dabei besonders einfallsreich. Die Darstellungen regen eine nachdenkliche Haltung an – ganz im Sinne der Ladenbesitzer, die einen milden Ausgleich von Lebensphilosophie und Geschäftssinn suchen.

Boutique in Hollywood

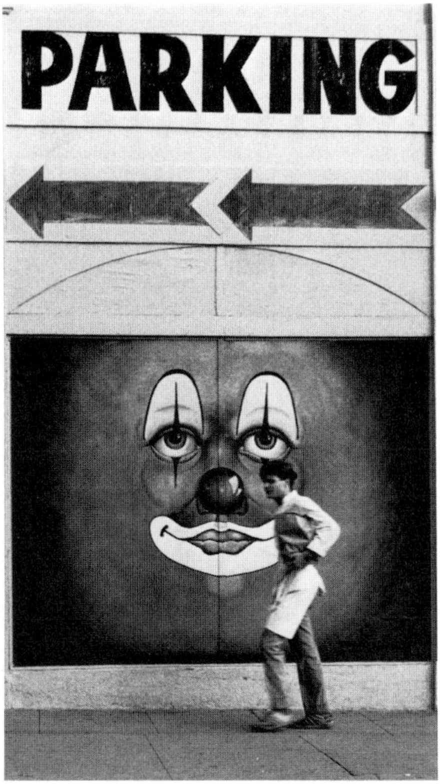

2. Street Art

Verständlich, daß im Umkreis der vielen Reklametafeln, Großplakate und kommerziellen Gebäudeverpackungen sich gerade in Los Angeles eine Fassadenmalerei entwickeln konnte, die in erster Linie ästhetische Wirkungen verfolgt. Statt bestimmte Produkte oder Dienstleistungen optisch geschickt an den Mann zu bringen, war dieser Bildtypus von Anfang an auf die malerische Entfaltung bestimmter Themen und Inhalte gerichtet, die die Fantasie der Maler oder Malergruppen bewegten. Das begann in Los Angeles Ende der 60er Jahre in Venice mit den ersten superrealistischen Malereien der Gruppe »Los Angeles Fine Arts Squad«. Einer von ihnen, Terry Schoonhoven, ist davon noch übrig geblieben. Aber es waren immer schon und bis heute nicht nur professionelle Maler, die Hand an triste Mauern und Wände legten. Der Bilder-Fundus, der sich heute auf Los Angeles verteilt, wäre nicht denkbar, wenn nicht auch die unterschiedlichsten Bevölkerungsgruppen aus ebenso unterschiedlichen Gründen mitgemacht hätten: Amateure, Hausbesitzer, junge Leute ebenso wie Rentner, Schülergruppen und Kinder.

So vielfältig der Hintergrund und die Absichten der Maler, so verschieden auch die Beziehungen, die die Inhalte der Bilder zu ihren benachbarten Lokalitäten unterhalten bzw. schaffen. Im Rückblick auf die letzten 10 Jahre, in denen solche großflächigen Bilder kamen und gingen, kann man sagen, daß sie Dokumente der Zeitgeschichte dieser Stadt und dieses Landstrichs sind. Jedes Bild kehrt mit seinen inhaltlich-lokalen Anspielungen auf aktuelle Vorgänge und Themen ein Stück gelebte Geschichte

Kunst an der Autobahn: Terry Schoonhoven (links) mit Assistent bei der Arbeit an einem Malprojekt im Rahmen des Olympic Arts Festival 1984

nach außen. Wo immer Bilder dieser Art auftauchen, bleiben die Vorstellungen, Befürchtungen und Stellungnahmen der Bewohner einmal ausnahmsweise nicht hinter glatten Fensterfronten, Sichtbeton und Putz versteckt und damit Privatsache.

Die vielen Einzelhäuschen in Los Angeles waren diesem Trend auch förderlich. Sie verhinderten die bei Außenbemalungen oft unvermeidbaren Konflikte zwischen Maler und Eigentümer. Aber auch dort, wo nicht in Personalunion von Hausbemaler und Hausbesitzer vorgegangen wurde, gab es selten Streit mit Anwohnern oder gar Bauaufsichtsämtern. Finanziell fanden sich für die meisten Malaktionen praktikable Regelungen. Entweder ging ein Bewohner auf eigene Kosten zu Werke oder ein städtisches Amt oder eine nationale Kunststiftung sprang mit öffentlichen Zuschüssen ein. In anderen Fällen waren es Galerien oder private Kunstmäzene, die die Kosten übernahmen. Anläßlich der langwierigen und kostspieligen Herstellung eines berühmten Wandbilds (»Venice im Schnee«) kam es sogar dazu, daß ein Teil der insgesamt 5 1/2 Tausend Dollar Kosten von den Bewohnern getragen wurde. Und zwar in Form von 5-Dollar-Gutscheinen. Sie konnten sich dafür ein Stückchen vom Bild »kaufen«, jedenfalls »gehörte» es ihnen teilweise. Leider nicht sehr lange, denn seit 1972 versperrt ein Neubau die Sicht auf die erfrischende Winterlandschaft.

Unter allen Malereien sind heute in Los Angeles die Großporträts die Nummer Eins. Wen überrascht das in dieser Stadt? Die in den Zelluloidhimmel entrückten Stars kehren auf die Straße zurück (vgl. Farbtafeln 23 und 57). Da wächst Steve McQueen bildlich in den zweiten Stock eines Wohnhauses (12th Street und Union Avenue, Downtown, vgl. Farbtafel 64) oder die »Legenden von Hollywood« paradieren als malerische Monumente an einer Wand am Hollywood Boulevard (vgl. S. 84). In Downtown (Hill St.) wartet das Bild des kalifornischen Künstlers Edward Ruscha auf seine Vollendung.

Garagenporträts, Monterey Park

Es gibt auch Großköpfe, die niemand kennt. Kent Twitchell zum Beispiel malte seinen Onkel auf dessen Garage in Monterey Park (Ridge Crest Way) und in Santa Monica gibt es eine ganze Kollektion hübscher Girls, die als gemalte Begleiterinnen den Blick des Passanten erwidern.

Unvollendet: Ed Ruscha, Downtown

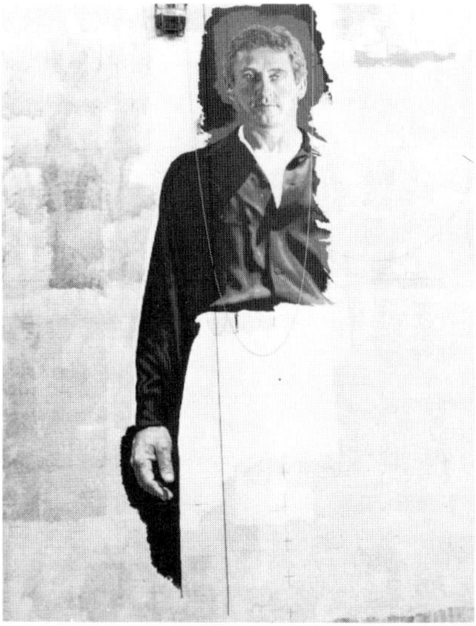

Andere Bezüge auf lokale Mythen geraten komplizierter, wirken als kritische Gegenbilder oder bringen verdrängte Ängste ans Licht. So das wohl bekannteste Wandbild »Die Insel Kalifornien«, gleich hinter dem Santa Monica Boulevard, an der Butler Avenue. Es macht das alte Trauma der Angelenos drastisch sinnfällig (vgl. Farbtafel Nr. 60). Sie befürchten, daß bei einem neuen Erdbeben das gelobte Land einfach ins Meer fallen könnte. Die gemalte Vorwegnahme der Katastrophe, mit ökologisch-kritischen Untertönen, sieht so aus: Auf einem Felsbrocken, vom Land abgetrennt, ist nur noch ein Stückchen Freeway stehengeblieben; eine bizarre Konfrontation der elementaren Naturkräfte mit der gerade in Südkalifornien verbreiteten zweiten Natur der technischen Perfektion.

Wer vor der Wand steht, bekommt einen unmittelbaren Eindruck davon: Die schäumende Brandung entspringt außer dem (gemalten) Pazifik auch dem (tatsächlichen) Automeer auf dem Parkplatz vor der Wand. Ihre Schockwirkung bezieht die Malerei nicht nur aus ihrer Größe, sondern noch dadurch, daß das abgebrochene Autobahnstück die Kontur eines verendenden Dinosauriers mit offenem Maul und gespaltenem Schwanz andeutet. Kosten: 20000 Dollar – bezahlt von einem reichen Geschäftsmann, der sich die Dekoration seines Plattenstudios etwas kosten ließ.

Ganz anders dagegen malerische Initiativen, die in Los Angeles beinahe täglich irgendwo im Do-it-yourself-Verfahren aus dem Boden sprießen (vgl. Farbtafel Nr. 59). Ein Beispiel für viele: die bemalte Garage und Einfahrt des Frank Yorba, an dessen Häuschen in der Bird Street in Downtown. Yorba ist pensionierter Santa-Fe-Eisenbahner und hat sich zur Erinnerung mit Bildern aus seiner früheren Berufswelt umgeben. Eine Lokomotive dampft auf dem Garagentor heran und scheint auf den (gemalten) Gleisen davor näher zu kommen. Außer seinem nostalgischen Wert hat das Bild auch einen praktischen. Die auf die Einfahrt gemalten Schienenstränge helfen ihrem Maler beim Einparken und Zurücksetzen seines Autos. Ein Bild zum täglichen Gebrauch also, wobei das aussterbende Verkehrsmittel seinem Nachfolger noch den Weg ebnet.

»Autosardinen«, von Sandy Bleifer, San Fernando Valley

3. Graffiti und ethnische Wandbilder

Die New Yorker U-Bahnzüge haben sie kostenlos bekannt gemacht: die Graffiti von meist jugendlichen Schwarzen, Puertorikanern und »Chicanos«. Und pfiffige Geschäftsleute machten sie auf der lokalen Kunstszene hoffähig.

Die Graffiti in den Straßen von East Los Angeles kennt keiner, der nicht dort wohnt oder vorbeikommt. Und es sieht nicht danach aus, daß sie Einlaß in den Kulturbetrieb finden – geschweige denn, daß diese Karriere den ursprünglichen Herstellern und Betroffenen nützen wird.

Denn worum geht es hier? Die Entstehungsbedingungen für diese riskanten, weil illegalen Blitzaktionen sind ebenso vielfältig wie ihre Figuren und Funktionen. Pinsel und Filzstift sind längst durch die Sprühdose ersetzt worden. Sie erlaubt nicht nur schnellere Fertigung, sondern auch grafisch-ausgefallenere Resultate.

Unter ihnen fallen besonders die »placas« auf, die stilisierten Graffiti der jugendlichen Chicanos, die Downtown und den Ost-Teil der Stadt übersäen. Diese Schriftbilder markieren meist ein bestimmtes Herrschaftsgebiet (turf), das eine einzelne »street gang« kontrolliert. Zugleich identifizieren die Zeichen einzelne Bandenmitglieder innerhalb ihrer Gruppen durch Spitznamen. Ein durchkreuzter oder ausgestrichener Name bedeutet die offizielle Kriegserklärung an die rivalisierende Gruppe. Graffiti und Bandenkriege gehören in den Gettos oft zusammen.

Überhaupt sind die fixen Sprühbilder Elemente einer jugendlichen Kommunikationsform, die zu anderen Freizeitbeschäftigungen auf der Straße gehört, deren Regeln, Rituale und Verpflichtungen sich von denen des Familienlebens deutlich absetzen. Graffiti sind deshalb auch, soziografisch gesehen, Hinweise auf den Generationsunterschied innerhalb der Gettobewohner. Die Älteren unter den mexikanischen Amerikanern bekämpfen sie ebenso wie die Behörden.

Häufig dienen Graffiti auch Verteidigungszwecken. Sie richten sich dann gegen bildliche Eindringlinge von außen, d. h. gegen die Reklametafeln, die die Verheißungen der »weißen« Konsumgüterwelt in die Armenviertel hineintragen und dort unübersehbar einblenden. Was diese Bilder tagsüber reklamieren, wird nachts oft kritisch kommentiert, bekritzelt oder zugesprüht. Manchmal kommt es vor, daß so ein Riesenplakat in einer Nacht völlig neu übermalt wird.

»Graffiti sind die Art ›Ich bin‹ oder ›Wir sind‹ zu sagen«, behauptet Guzmano Cesaretti in seiner jüngsten Dokumentation »Street Writers« und fährt fort: »Sie exerzieren ein magisches Ritual, um die Herrschaft der leeren Wände zu neutralisieren.« Die Medien haben in letzter Zeit die Graffiti aufgegriffen und bisweilen romantisiert – mal als Ausdruck eines »kreativen Vandalismus«, mal als Geburt der ersten Arbeiterkulturbewegung seit dem Rock'n'Roll.

Seit einigen Jahren hat sich in Los Angeles (und auch in anderen amerikanischen Großstädten) eine ganz anders ausgerichtete Form der öffentlichen Malerei ausgebreitet: das sogenannte »mural movement«. Darunter fallen Wandbilder mit sozialpolitischen Inhalten, die eine zunehmend wichtige Rolle für die Selbstfindung und Organisation der ethnischen Bevölkerungsgruppen spielen.

Ihre Not macht diese Malereien zu neuen Leitbildern, zu öffentlichen und doch zugleich subversiven Trägern einer Kommunikation auf Zeit – und begrenzt auf das jeweilige Wohnviertel. Denn durchweg verrät die Wahl des Mediums, die Wand, auch das Unbehagen an den technologisch fortgeschrittenen Kanälen der Meinungsäußerung, deren eingespielte Kontrollen den Ausdruck der Interessen von Minderheiten bis heute verhindern.

Den Graffiti gegenüber empfehlen sich die Wandbilder nicht nur als visuelle, sondern vor allem als politisch sinnvolle Alternative, weil sie eine praktische Gemeinschaftsarbeit in Gang setzen, die das vorhandene Aggressionspotential abbauen soll.

Für die weitaus überwiegende Zahl aller Malprojekte gilt, daß sie nicht auf eigene Faust und Kosten, d. h. »spontan« oder zufällig entstehen. Sie sind langfristig geplant und von kommunalen Institutionen, Behörden und Kirchen, vom Staat oder der Bundesregierung finanziert.

Belege dafür sind das sogenannte »Street Mural Project« und das »Inner City Mural Program«, zwei Programme, die seit einigen Jahren vom Grünflächenamt der Stadt Los Angeles organisiert und weitgehend auch bezahlt werden.

Es begann damit, daß die Stadtverwaltung mexikanische Maler in kleinen Galerien und Workshops in East Los Angeles suchte und sie ermunterte, Hauswände in der Umgebung mit Darstellungen ihrer Wahl zu bemalen. Die Hoffnung, die die Behörde mit diesen Maßnahmen hegte, war, daß Jugendliche, denen die Möglichkeit zur malerischen Betätigung gegeben werde, es lassen würden, »Gebäude mit feindseligen Graffiti zu verunstalten«.

Tatsächlich wirkten die Malaktionen auch so. Die ansehnlichen Wandbilder wurden von den Anliegern respektiert und blieben von zusätzlichen Sprühtexten verschont. Einzelne Street Gangs kümmerten sich um »ihr« Wandbild und nahmen es gegen jede Form der Beschädigung in Schutz. Die bemalten Wände zogen weitere an, andere Initiativen entstanden, und mit seinen über 400 Wandmalereien ist »East Los«, wie es hier heißt, heute streckenweise so etwas wie ein Bilder- und Lehrbuch für mexikanische bzw. mittelamerikanische Kulturgeschichte, ein sichtbares Indiz dafür, daß und bis zu welchem Grade das ethnische Bewußtsein der Bevölkerung inzwischen gewachsen ist. »Die Chicanos haben East Los Angeles nicht niedergebrannt«, sagt Karen Boccalero, Leiterin des örtlichen Kulturzentrums, »sie haben Bilder ihrer Not und ihrer Wut gemalt. Und sie brauchten dazu nicht erst vier Jahre Kunstakademie« (vgl. Farbtafel 61).

Die zahlreichen Wandbilder entlang des Whittier Boulevards und seiner Seitenstraßen beweisen das. Vor allem aber Estrada Courts, die mexikanische Wohnsiedlung am Olympic Blvd. und Lorena Street (vgl. Abb. nächste Seite). Die Häuserblocks, im sozialen Wohnungsbau errichtet, sind so etwas wie ein Freilichtmuseum für mexikanische Wand-

»Getto-Szenen«, mexikanisches Wandbild, Estrada Courts

malerei. Über 80 Bilder sind hier in den letzten Jahren unter der aktiven Beteiligung der Bewohner entstanden. Angeregt und koordiniert von dem Maler und Bildhauer Charles Felix und anderen Malern mexikanischer Abstammung haben dabei mehr als 100 lokale Amateure mitgemacht: Kinder, Jugendliche, Gangmitglieder und sogar Großmütter. Den Kostenaufwand teilen sich lokale Geldgeber und die städtische Wohnungsbaubehörde. Die Feuerwehr stellt die Bretter und Stangen für den Gerüstbau zur Verfügung.

Dennoch bleibt es angesichts mancher städtisch subventionierter Bilder fraglich, ob sie nicht auch Prestigeprojekte privilegierter Künstlergruppen sind. Oder, mit Blick auf die Stadtverwaltung, bunte Verschönerungsaktionen, die ordnungspolitische Maßnahmen als Sozialarbeit tarnen.

Aber wenn auch feststeht, daß farbige Oberflächen an sozialen Mißständen nichts ändern, so haben doch nachweislich viele Malprojekte bemerkenswerte Anstöße in die ethnischen Wohnviertel hineingetragen. Abgesehen davon, daß sie arbeitslose Jugendliche oft unterstützt und zu gemeinsamer Tätigkeit über längere Zeiträume geführt haben, konfrontieren die gemalten Inhalte vor allem die jüngere Generation der Einwanderer mit ihrer Kultur und Herkunft. In einer täglichen Umwelt, die durch die Merkmale des Verfalls ein Gefühl vom eigenen Wert bei der Bevölkerung kaum wecken kann, schaffen selbstgefertigte Bilder wichtige Identifikationsmuster. Und das in einer Bildsprache, die breiten Bevölkerungsgruppen verständlich ist. Die Szenen, Vorbilder und Appelle an den Wänden fördern damit die Verständigung im jeweiligen Stadtteil. Zugleich widersprechen sie auch öffentlich den Bildern des herrschenden Vorurteils, die die Minderheiten treffen und einschüchtern: Malerei als Gegenwehr und Selbstbehauptung.

HOLLYWOOD

Endstation für Ruhm und Rummel:

von Stephen O. Lesser

Hollywood, sagen viele, ist ein Bewußtseinszustand. Die wirkliche Stadt sei gar nicht akut, eine reine Erfindung. Noch vor kurzem hörte ich einen Touristen auf dem Hollywood Boulevard einen Passanten fragen: »Ist dies hier Hollywood?« Der Befragte zögerte nicht lange und schüttelte den Kopf. »Nein. Dies ist die Zwielichtzone.«

Und dort steht die Kolonie heute wirklich. Ihre Mythen scheinen so real wie die Ampeln an der Ecke, ihre Illusionsverbreitungskunst ist ebenso fortgeschritten wie ihre oft schäbigen Verhältnisse. Das heißt, trotz vieler Sagen und Histörchen, Gerüchte und Täuschungsgeschäfte: Hollywood gibt es wirklich und seine Gemeinde lebt auf dem Boden der Tatsachen, konkret in Raum und Zeit. Sie tut es sicher einen Schuß exzentrischer und ungewöhnlicher als anderswo. Denn Hollywood ist Heimat für Prominenz und arme Schlukker, Verzweifelte und Glückssucher, für solche mit goldenen Hoffnungen und welche, die ihre Träume längst an den Nagel gehängt haben, die froh sind, irgendeinen miesen Teilzeitjob in einer Bar gefunden zu haben. Gefallene Engel schweben hier meist ungerettet herum. Aber es sind auch welche unter ihnen, deren Sünden sich ein wandernder Evangelist erfolgreich angenommen hat. Ob nun existenziell oder sexuell, modisch oder moralisch – Hollywood läßt alles durchgehen und wird auch das überleben.

Seine natürliche Begabung zur Publicity hat den Namen »Hollywood« rund um die Welt getragen. Einst berichteten Hunderte von Zeitungsreportern, Kolumnisten und Klatschtanten über alles, was sich hier regte, und jedes neueste Geschichtchen war wichtiger als was in Washington, London, Tokio, Paris oder Berlin passierte.

Die Schlagzeilen sind verflogen. Und wer ehrlich ist, muß zugeben, daß dies seit etwa 1930 so ist. Dennoch ist der Mythos geblieben. Nur, er hat keine rechte Beziehung mehr zum geografischen Ort, eingebettet zwischen den Hollywood Bergen und Beverly-, Hoover- und Doheny Boulevard. Neuankömmlinge merken rasch, daß die Stadt mühsam hinter ihrem Ruhm herhinkt.

Warum der Namens-Magnet immer noch Leute anlockt, begründet eine führende Zeitung in der Stadt so: »Koreaner fühlen sich magisch angezogen. Sie kennen Hollywood durch die Filme. Für manche ist es überhaupt das einzige eng-

◁ »Legenden von Hollywood«, Ecke Hollywood Blvd. und Hudson Ave.

lische Wort, das sie kennen.« Wen erstaunt es deshalb, daß zur Zeit über 10000 Koreaner in der Hollywood-Gegend leben?

Damals, 1911, als die amerikanische Filmkolonie ausgerechnet hierhin zog, standen die Filmleute bei den 4000 Bürgern keineswegs höher im Ansehen als bei denen in anderen Stadtteilen. Leute vom Film waren schlicht Zigeuner, die eine nomadische und moralisch anstößige Lebensform hatten, die in einer Gemeinde eher wild campierten als solide in ihr lebten. Diese Einstellung hielt sich bis in die frühen zwanziger Jahre, so daß mein Großvater (ein Filmproduzent), als er 1918 von San Francisco nach Los Angeles zog, über den Unterschied zwischen Hollywood und dem Rest der Stadt entsetzt war. Er unterhielt zwei Büros, eins in Downtown und eins in Hollywood, als Versuch, ein wechselseitiges Verständnis zwischen Filmvölkchen und den übrigen Angelenos herzustellen.

Zu den Motiven, die viele von der Ostküste nach Hollywood trieb, gehörten neben der Annehmlichkeit des Wetters der Fluchtversuch vor den verbrieften Monopolen der New Yorker Kartelle und die Nähe der mexikanischen Grenze. Denn die Zelluloid-Pioniere waren sich des wirtschaftlichen Risikos im Westen durchaus bewußt. Der Gedanke an die nahe Grenze wirkte beruhigend.

Aber die Geschäfte liefen gut. Die neuen Filme wurden erfolgreich und schon um 1915 warf die Produktion 20 Millionen Dollar ab. Mary Pickford wurde Amerikas Sweetheart und, zusammen mit Douglas Fairbanks und Charlie Chaplin, zur ersten Leinwandberühmtheit.

Lauren Bacall und Humphrey Bogart in »The Big Sleep«, 1946

Dennoch dauerte Hollywoods »Goldenes Zeitalter« nur einige Jahre, denn die Einführung des Tons wandelte die Geschäftsstruktur gründlich. Die Geburt des Tonfilms beendete die karnevalähnliche Atmosphäre, die anfangs die Filmproduktionen umgab und dem Ort ihren Stempel aufdrückte. Der Ton verlegte den weitaus größten Anteil der Filmarbeit in Innenräume, in die dicken Wände der schallgeschützten Studios. Besucher und Touristen sah man jetzt eher als Störenfriede und unwillkommene Eindringlinge. Vorher, in der Stummfilmzeit, trugen sich die Stars auch draußen auf der Straße zu Markte, man konnte sie in der ganzen Stadt mit eigenen Augen sehen. Aber dann, nach 1927, flohen sie aus der Stadt und um 1930

lebte kein einziger erstrangiger Star oder Regisseur mehr hier, sondern in herrschaftlichen Verstecken in der abgeschiedeneren Umgebung. Zur selben Zeit verschwanden auch die Studios von der Bildfläche. An ihre Stelle rückten große Produktionskomplexe im Stil eigener Städte in den mehr außerhalb liegenden Gebieten wie Burbank und Culver City.

Heute ist das alte Film-Hollywood nur noch Erinnerung. Um so rasanter dagegen die Fluktuation seiner Bewohner. Mit ziemlicher Sicherheit hat Hollywood heute die höchste Umzugsquote in ganz Groß Los Angeles. Zwar ist seit 1970 die Einwohnerzahl von rund 200000 konstant geblieben; aber eben nur die Zahl, die Leute selbst nicht. Das kommt daher, daß auch jetzt noch die meisten Neusiedler nach Hollywood drängen, aber dann, bald nach ihrer Etablierung, wieder fortziehen, so daß sich die Zusammensetzung der Bevölkerung ständig ändert. Neuerdings gilt Hollywood als Ankunfthafen für eine stetig steigende Zahl von Einwanderern aus Armenien, Korea und Lateinamerika.

Mein Vater vermietet in Hollywood ein kleines Haus und während der letzten zwei Jahre hatte er folgende Mieter: zwei Filmtexter aus Utah, eine Kellnerin, die in einer Topless-Bar arbeitete, einen 72-jährigen Berufsfotografen, einen Matrosen, einen illegal eingewanderten Ausländer, die Schwägerin des Sekretärs des früheren Gouverneurs von Kalifornien. Die Vermieter-Erfahrungen meines Vaters sind typisch für das pausenlose Kommen und Gehen.

Wer also heute als Besucher ein paar Wochen Station in Hollywood macht, ist beinah schon ein Ortsansässiger. Jedenfalls kein Fremder – was bekanntlich den Ferienaufenthalt in Städten nur erleichtert.

Ein guter Startplatz zur Erkundung des physischen Hollywood ist sicher der Hollywood Boulevard. Seine Bürgersteige, der »Walk of Fame«, bescheren ein Wiedersehen mit bekannten Namen aus Film- und Schallplattenwelt. Nicht »live« natürlich, sondern in Gestalt von Messingsternen im Pflaster (vgl. Farbtafel Nr. 20). Ja, und da ist auch eine berühmte Ecke nicht weit: die von Hollywood und Vine. Hier drehten 1913 De Mille, Samuel Goldwyn und Jessy Lasky ihren Film »The Squaw Man«. Jahre später überschritt Greta Garbo diese Kreuzung in langen weiten Hosen. Fotografen erwischten Schnappschüsse – und Amerikas Frauen überwanden ihren ersten Hosenschock, um schnell nachzuziehen und die gleichen »slacks« auch. Heute steht in der Nähe von Hollywood und Vine das merkwürdige Capitol Records Gebäude (1750 Vine), ein Stück symbolische Architektur, denn der Bau sieht so aus, als sei er ein ordentlich gestapelter Turm von Schallplatten.

Der Boulevard selbst macht auch dem flüchtigen Betrachter klar, daß Hollywood nicht gerade eine typische Gemeinde mit Kirche, Küchen und Kindern ist. »Alles« geht hier, wie das amerikanische Sprichwort sagt, und besonders nachts ist diese Straße Treffpunkt finsterer Freaks und seltsamer Gestalten. Die alten Träume Hollywoods sind hier im Ausverkauf zu haben und viele Leute kommen nur hierher, um sich das Spektakel anzusehen. Statt Glamour gibt es Dutzende von billigen Krimskramsläden, Frittenbuden, Sex-Illusionen in Pornoshops und Kinos; und über allem Plastik und Plunder ein Hauch von Parfüm-Benzin-Gemisch.

Hollywood Boulevard

Tagsüber allerdings ist Hollywood beileibe nicht so wild gemischt. Gelegen-

Die Hollywood Bowl mit 17500 Sitzplätzen

Werbegag zur Filmpremiere am Cinerama-Kino am Hollywood Boulevard

heit also für schüchternere Naturen, sich hier umzusehen. Weiter westlich auf dem Hollywood Boulevard steht noch ein Zeugnis aus besseren Tagen: Musso & Frank Grill. In den 30er und 40er Jahren war das Hinterzimmer des Lokals Sammelstelle der alten Hollywoodkultur. Hier trafen sich ihre Intellektuellen und Schriftsteller. William Faulkner kam vom Mississippi, um sich durch seine Mitwirkung an Filmproduktionen sein Geld zu verdienen; und außer ihm waren viele Einwanderer aus Europa da: Brecht und Aldous Huxley etwa, und Drehbuchautoren aus anderen Teilen des Landes. Nathaniel West soll im Hinterzimmer von Musso & Frank's gesessen haben: beim Durchblättern der Bibel auf der Suche nach einem treffenden Titel für seine Novelle über Hollywood. Bei der Bezeichnung »Tag der Heuschrecke« (Day of the Locust) hielt er inne. Und diese Überschrift begleitete das wohl berühmteste Stück Literatur über das Filmgeschäft und über diejenigen, die es mit ihm aufnehmen wollten. In den späten 40er Jahren löste sich der literarische Kreis hier auf. Politischer Druck von Seiten des »Ausschusses gegen unamerikanische Aktivitäten« des Senators McCarthy und die folgende Abreise vieler europäischer Flüchtlinge verödeten das legendäre Hinterzimmer bei Musso & Frank's. Es wurde schließlich ganz geschlossen und heute ist Europa in den beiden Vorderzimmern nur noch kulinarisch und atmosphärisch vorhanden.

Über diese Form des Unamerikanischen regt sich freilich niemand mehr auf.

Auf der anderen Seite von Musso's liegt der beste Filmbuchladen in Los Angeles, Larry Edmunds, 6658 Hollywood Boulevard. Filmposters, Memoiren, Biografien und Drehbücher sind hier in reicher Auswahl vorhanden. Wem vom vielen Englisch die Augen übergehen, kann wenig weiter, an der Ecke Las Palmas und Hollywood Boulevard am gutsortierten Zeitungsstand Deutschsprachiges in Form von Zeitungen und Illustrierten erstehen.

Mann's Chinese Theater ist auch ohne Angabe der Hausnummer kaum zu übersehen. Der Bau in Gestalt einer chinesischen Pagode ist sicherlich das berühmteste Kinotheater in Kalifornien (vgl. Farbtafel Nr. 32). Und so reich seine Fassadengestaltung, so reich auch seine Geschichte im Innern. Das Theater eröffnete 1927 mit der Uraufführung des Films »König der Könige« von Cecil B. De Mille, eins der aufwendigsten Leinwandepen der Filmgeschichte. Und für die nächsten 15 Jahre wurden Uraufführungen im (damaligen) »Chinese« zur Gewohnheit. Sid Grauman, der erste Besitzer, hatte eine Nase für das Schaugeschäft. Von ihm stammt auch die Idee, von den Stars vor dem Theater gleich die Fuß- oder Handabdrücke dazubehalten: im weichen Zement vor dem Eingang. Und die filmgeschichtlichen Fossilien sind heute noch gut zu sehen: von Rita Hayworth, Ava Gardner, Judy Garland, Shirley Temple, Humphrey Bogart und anderen. Bei den Cowboy-Stars waren die Hufe gefragt; die Hufabdrücke der Pferde von Gene Autry und Tom Mix erweitern also das Repertoire der Zement-Graffiti. Doch das Glück konnte

◁ Reklamemännlein an einem Friseurladen in Hollywood

Lektüre auf dem Hollywood Boulevard: am Zeitungsstand und vor Mann's Chinese Theater

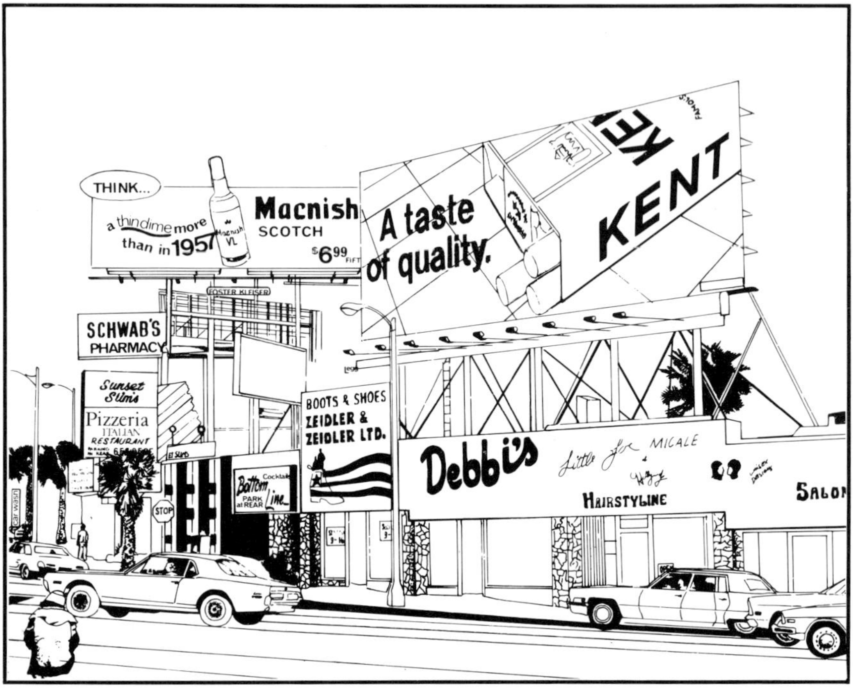

Für das Auge im Auto: Zeichenkulisse am Sunset

Sid Grauman auch dadurch nicht bannen. Er verlor sein Theater. Heute gehört es der Mann-Corporation.

Einen halben Block westlich vom »Chinese« befindet sich *C.C. Brown's Ice Cream Parlor,* unübertroffen durch seine »Hot Fudge Sundaes«, dem 'ice cream' mit der heißen Schokoladensauce. Dem Gerücht nach soll Judy Garland hier als Serviererin gearbeitet haben, bevor sie entdeckt wurde.

Noch weiter nach Westen, am Sunset Boulevard Nr. 8024, lag bis vor kurzem noch Schwab's Drug Store, angeblich der berühmteste Drugstore der Welt. Warum? Nun, weil angeblich Lana Turner hier entdeckt wurde, als sie hier an der Theke ein ice cream soda trank. Jahre später verneinte der Regisseur Mervyn Leroy im Fernsehen diese Geschichte. Er hatte sie 1937 in dem Film »They won't forget« herausgebracht. Lana irre sich ganz einfach, behauptete er. Die Wahrheit liegt wahrscheinlich irgendwo in der Mitte zwischen Hollywood-Legende und schlechtem Gedächtnis, aber Schwab's wurde durch diese Geschichte im ganzen Land berühmt.

Spuren, die vom heutigen Hollywood in seine glamouröse Vergangenheit führen, finden sich auch auf dem Hollywood Memorial Park Friedhof, 6000 Santa Monica Boulevard, auf dem Filmgrößen wie Peter Lorre, Tyrone Power oder Douglas Fairbanks ihre Ruhe gefunden haben (vgl. auch Farbtafel Nr. 19).

Für das Auge im Kino: Filmkulissenstraße in den Universal Studios

Weniger melancholisch, dafür aber genauso geruhsam ist ein Besuch im Barnsdall Park, 4800 Hollywood Boulevard, mit seinen Oliven- und Eukalyptusbäumen im Osten des Stadtteils. Hier liegt auch die Städtische Kunstgalerie von Los Angeles und das berühmte Hollyhock House, das von Frank Lloyd Wright entworfen wurde und einem aztekischen Tempel ähnlich sieht.

Zumindest zwei Buchläden in Hollywood verdienen noch eine besondere Erwähnung. Da ist zunächst Chatterton's Book Store, 1818 North Vermont Avenue, der die größte Auswahl an kleinen Zeitungen, Untergrundblättern und politischen Magazinen hat. Und auf der anderen Straßenseite liegt der German Bookstore, 1767 North Vermont, der ein reichhaltiges Sortiment an Büchern und Zeitschriften aus dem deutschsprachigen Raum führt.

Parks, Kinos, Bücher und Restaurants: nur im schwachen Abglanz spiegeln die lokalen Requisiten Hollywoods die Bedeutung, die sie mal hatten, als die Fabrikation der Bilder vom Glück auf vollen Touren lief. Eine leise Ahnung bekommt man allerdings auch heute noch davon. Zum Beispiel in den Universal Studios, in jenem riesigen Filmgelände im Norden Hollywoods, das jedem Besucher die Trickkisten der Filmfantasien öffnet. Die zweistündige Rundfahrt gerät selbst zu einem rasanten Film – mit allerlei Effekten und gelinden Schockerlebnissen zwischen Kulissenstädten, transportablen Bäumen und der Film-Villa aus Hitchcock's »Psycho«. Während der Geistertour erlebt man einen Regenguß, der nicht naß macht, einen eisigen Horrortunnel, der nicht kalt ist, ein Gebäude in vollen Flammen, eine einstürzende Brücke und andere simulierte Zelluloid-Schrecken. Und der Hai aus dem Film »Jaws« schnappt auch (vergeblich) zu. Stuntmen mit Pistolen und Peitschen demonstrieren ihre Talente und geschossen wird natürlich jede Menge. Aber beim »showdown« siegt beruhigenderweise der Sheriff, denn die Bösewichte fallen (geschickt) vom Dach des Saloons oder versinken spurlos im Treibsand. Immerhin: mehr als zweieinhalb Millionen Besucher halten hier jährlich den Atem an (vgl. Farbtafeln Nr. 22 und 24).

Auch ein Rundgang durch die NBC Television Studios (3000 W.Alameda Avenue in Burbank) führt hinter die Kulissen der Illusionsmaschinerie, vor denen die Shows vieler bekannter TV-Stars wie Bob Hope, Johnny Carson oder Jack Albertson aufgezeichnet werden. Aber auch ohne sie sind die Make-up-Räume, Probesäle und Nachrichtenbüros dieser zweitgrößten amerikanischen Fernsehgesellschaft einen Abstecher wert.

Hollywood, aufs Ganze gesehen: ein Unding, ein bröckeliges Mosaik aus alltäglichem Geschäft, Erinnerungsruinen, Versprechungen und neuen Zukunftshoffnungen. Vom Flugzeug, aus ziemlicher Entfernung, ist noch alles klar. HOLLYWOOD steht unmißverständlich am Berg. Wer aber zu den großspurigen Lettern den Ort sucht, gerät in Schwierigkeiten. Vielleicht war das immer schon so. Und obwohl ich hier geboren bin, ergeht es mir nicht anders. Ich kann mir Hollywood nur bildlich vorstellen: als alternden Onkel, dessen Kleidung schon leicht speckig ist und dessen Zähne gelbe Nikotinflecken zeigen. Aber wenn der Alte einmal richtig in Fahrt kommt, kann er immer noch ein paar gute Geschichten erzählen.

Filmrequisit, Universal Studios

Universal Studios: Filmaufnahmen

Stunt Show im Treibsand

Horror mit Hai – in Anspielung auf den Film »Jaws«

HOLLYWOOD

Glanz und Elend eines großen Namens

Lange sah es so aus wie der angeschlagene Name eines Stars: das Orts- und Reklameschild für Hollywood am Berghang des Mount Lee. Es hatte schwer gelitten – wie der Ort. Hollywood war schließlich auch nicht mehr das, was es einmal war. Sein Hang zum Gigantischen schien, ähnlich wie die Riesenbuchstaben seines Namens, weithin und für alle sichtbar gebrochen (vgl. Farbtafel Nr. 21).

Dabei hatte alles mit viel Optimismus angefangen. Auch die Entstehung des 15 Meter hohen Schriftzugs. HOLLYWOODLAND war ursprünglich zu lesen. So jedenfalls warben Grundstücksmakler 1923 für die Erweiterung der Neubausiedlung an dieser Stelle. Und damals sorgten 4000 Glühlampen für Publicity rund um die Uhr, bei den Bewohnern, Touristen und Piloten. Aber das blieb nicht so.

Erst einmal wurde der Name amputiert. Das LAND verschwand hinter HOLLYWOOD. Dann versuchte ein Lebensmüder, sich vom hohen H zu stürzen. Gerangel entstand über die Frage, wer eigentlich für die Instandsetzung des Schildes zuständig war. Kletterer attackierten es mit Spraydosen. Gemeindefraktionen stritten sich über Sinn und Zweck eines solchen Gebildes. Längst war auch sein »Hausmeister« ausgezogen. Er wohnte jahrelang, bis 1939, in einer kleinen Bude gleich hinter dem ersten L und umsorgte von dort aus täglich den Buchstabenbau.

Aber es waren vor allem Zeit, Regen und Wind, die das Superzeichen langsam verrotten und verrosten ließen. Der schwerste Schlag kam im Winter 1977/78, als heftige Regenfälle den 9 Buchstaben zusetzten. Der obere Teil des ersten O fiel ab, das Y bekam Schlagseite und bog sich zum Berg hin, das letzte O kippte gleich ganz um. Ein defektes HULLYWOD war das Ergebnis.

Niemand störte sich daran. Nur die Sicherheitsexperten der Bauaufsicht witterten Gefahr in der wackeligen Angelegenheit. Als sie dementsprechend Hand anlegen wollten, war für die Zeichenliebhaber plötzlich guter Rat teuer. Leider nämlich wurde der Preis für den Neubau dieser »Monstergraphics« auf 250000 Dollar geschätzt – auf den ersten Blick eine keineswegs billige Rechtschreibereform. Der lokalen Industrie- und Handelskammer, die das Schild seit 1939 verwaltete, war das zuviel Geld. Der Stadt Los Angeles erst recht. Private Geldquellen, aus denen kleinere Reparaturen in der Vergangenheit bestritten wurden, schienen ebenfalls überfordert.

Nun war aber HOLLYWOOD kein x-beliebiges Zeichen, sondern das größte der Welt – einen ganzen Häuserblock lang (150 Meter) und vier Stockwerke hoch. Es galt schließlich als einer der wenigen markanten Orientierungspunkte, die Los Angeles überhaupt zu bieten hatte.

So fanden sich auf einmal, im Sommer 1978, zahlreiche Gönner, die Hollywood's Namen wieder auf die Beine stellen wollten. Allen voran Popstar Alice Cooper. »Wir alle hierzulande,« verkündete er, »sind mit Hollywood großgeworden, ob im Kino oder vor dem Fernseher. Ich finde, jeder schuldet Hollywood einen Dollar.« Sagte es und machte es gleich tausendfach wahr: er ließ 28000 Dollar springen. Das waren exakt die Kosten für die Installation e i n e s neuen Buchstabens. Cooper bat um das letzte O – erklärtermaßen zur Erinnerung an den späten Groucho Marx.

Nach und nach fanden sich weitere Buchstabenspender. Während Goldwyn Studios einen Werbefilm produzierte – mit der Musik von MGM – meldete sich Playboy-Chef Hugh Hefner als nächster. Das Y war ihm 50000 Dollar wert. Sein Kommentar: »Das Schild ist unser Eiffelturm«. Sänger Andy Williams tat es ihm nach und bekam, natürlich, das W. »Hollywood ist eine Gemeinde, die dabei ist, sich wiederzuentdecken. Die Spende ist eine Investition in die Stadt«, befand der Verleger Terrence Donnelly und gab seine 28000 für das H aus. Das D kam von einem lokalen Design-Büro, das vorletzte O von Warner Brothers. Cowboy-Altstar Gene Autry machte sich für das letzte L stark, weil er befand: »Das Schild war so etwas wie ein Markenzeichen für Hollywood, so ähnlich wie Pepsi oder Coca-Cola. Es erinnert an den alten Glamour und die goldenen Jahre.«

So, Stück für Stück, leistete sich Hollywood das »face lifting« seines baufälligen Namens. Der aufwendige Buchstabierungsversuch klappte. Heute strahlt sein Resultat wieder stolz vom Berghang herunter.

Grund genug für manche, zu meckern: die vormals unter der Sonne zitternden Buchstaben hätten dem ramponierten Image Hollywoods besser entsprochen als die makellose Reinschrift. Mag sein. Aber kostspielige Illusionen waren in dieser Gegend noch nie zu teuer.

RUMPELSTILZCHEN

oder wie Filmstars wirklich heißen

Käme Ihnen das Gruseln, wenn Sie von einem Horrorfilmstar namens William Henry Pratt hören würden? Geben Sie's zu: Boris Karloff klingt besser. Genauso unmöglich, sich den Haudegen John Wayne als Marion Michael Morrison vorzustellen. Und hätte es Lauren Bacall je als Betty Joan Perske geschafft? Die Stars sind mit ihren neuen Namen aufgestiegen; die alten sind auf der Strecke geblieben. Sehen Sie selbst:

Künstlername	*geboren als*
Julie Andrews	Julia Wells
Ann-Margret	Ann-Margret Olsson
Fred Astaire	Frederick Austerlitz
Anne Bancroft	Anne Italiano
Richard Burton	Richard Jenkins
Gary Cooper	Frank James Cooper
Joan Crawford	Lucille LeSueur
Tony Curtis	Bernard Schwartz
Doris Day	Doris von Kappelhoff
Marlene Dietrich	Maria Magdalena von Losch
Kirk Douglas	Issur Danielovitch
W. C. Fields	William Claude Dukenfield
Glenn Ford	Gwyllyn Ford
Judy Garland	Frances Gumm
Cary Grant	Archibald Leach
Peggy Lee	Norma Engstrom
Sophia Loren	Sofia Scicolone
Dean Martin	Dino Crocetti
Marilyn Monroe	Norma Jean Baker
Ginger Rogers	Virginia McMath
Mickey Rooney	Joe Yule
Barbara Stanwyck	Ruby Stevens
Natalie Wood	Natasha Gurdin

SUPERSTARS IM WECHSELRAHMEN

Reklamekunst am Sunset Strip

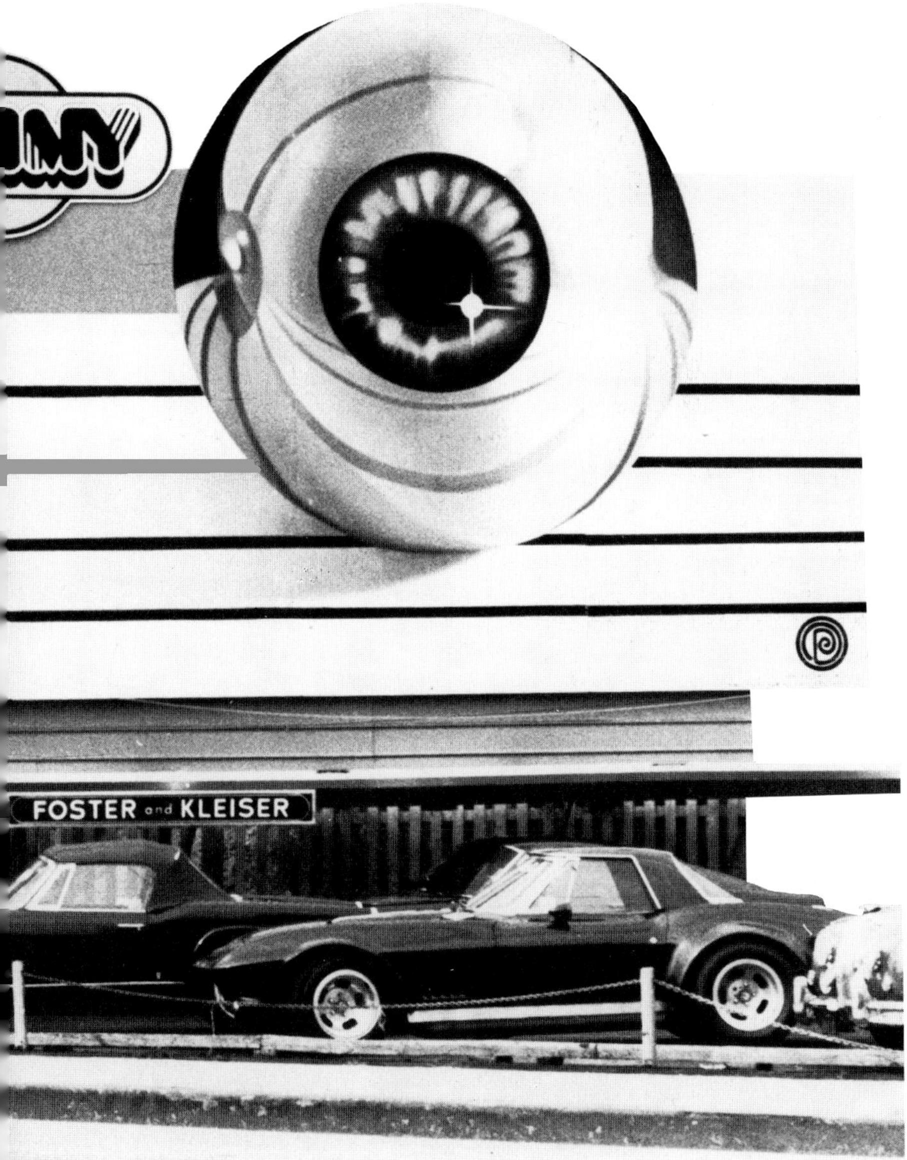

Was für den Fußgänger bei uns die Schaufenster, das sind für den amerikanischen Autofahrer die Reklametafeln. Los Angeles ist ihre Lieblingsstadt, denn so viele Exemplare wie hier gibt es sonstwo nirgends. Die Wahrnehmung vom Auto aus ist, anders als beim Schaufensterbummel, Augenblickssache. Sechs Sekunden, so hat man errechnet, bleiben dem Autofahrer durchschnittlich zur Ansicht dieser Schaustücke.

Und die Riesenbilder (billboards) nutzen ihre Chance unter diesem Zeitdruck. Was auf Hauswänden, Dächern oder freistehenden Stahlgerüsten zu sehen ist, wirkt eingängig: durch Format, Farbwahl, Proportion und Aufstellungswinkel. Das Blow-Up-Prinzip erfaßt Sonnenöle, Zigaretten und Whiskey-Sorten ebenso wie die US-Flagge; Brathähnchen und Milch genauso wie die Werbung für mehr Vertrauen in die Polizei. Die unterschiedlichen Darstellungen stellen für jede Autofahrt und Wegstrecke ein neues Programm bereit, einen stets anders sortierten Katalog aus Wunschbildern und Verheißungen. Fahren wird hier zum Tagträumen (vgl. Farbtafeln Nr. 18, 26, 29).

Besonders am Sunset Strip. Denn seit jeher gelten die gemalten Bilder hier als besonders eindrucksvolle Muster ihrer Branche. Hollywood mit seinem reichen Personal an Filmkulissenmalern und Set Designern hat bei ihrer Herstellung Pate gestanden.

Zwischen Hollywood und Beverly Hills, Doheny und Fairfax Avenue, reihen sich diese Blickfänge, die mondän über ihre bildlichen Verwandten sonst in der Stadt herausragen. Mit gekonnten Entwürfen und knackigen Farben halten sie schönen Abstand vom Banalen und widmen sich gefällig den Größen des

Schaugeschäfts: den Berühmten und doch so Unnahbaren. Was in der Rockmusik als typischer West Coast Sound gilt, erscheint am Sunset ins Sichtbare gekehrt: sozusagen als West Coast Graffiti.

Während der Hauptverkehrszeiten blicken sie auf ein vorbeifahrendes Publikum meist von Managern, Produzenten und Agenten der Medienindustrien. Diese Leute arbeiten in Hollywood, wohnen aber nicht dort. Ihre tägliche Route führt an dieser öffentlichen Bilderallee vorbei.

Auch sonst passen die Abbildungen ins Milieu ihrer Umgebung. Zusammen mit anderen Werbeanlagen und Leuchtreklamen sind sie Teil einer Zeichenarchitektur, die das vorbeiziehende Auge abwechslungsreich unterhält: Das hat sich herumgesprochen. Abend für Abend und vor allem an den Wochenenden fahren die Menschen oft von weither an und verwandeln den Sunset in eine rollende Autopromenade. Bars, Cafés, Striplokale und Restaurants übernehmen zwischendurch die Rolle von Parkplätzen.

Mobil wie die Zuschauer sind auch die Bilder. Sie bleiben nur 30 Tage auf ihren Schaugerüsten, bis sie von der Bildfläche verschwinden, verschrottet werden, um neuen Platz zu machen: Superstars im Wechselrahmen.

So augenfällig sie sich zeigen, so sehr bleibt die Herstellung der Bilder im Verborgenen. Gemalt werden sie in der Regel in den Studiohallen der Werbefirmen, nicht draußen am Aufstellungsort. Vom ersten Entwurf bis zur Installation der Tafeln an der Straße dauert der Herstellungsvorgang meist 1–3 Wochen. Er bewegt sich zwischen Designbüros, Malerwerkstätten, Schreinereien und Stahl-

lagern auf dem Firmengelände – bis hin zu den Lade- und Kranfahrzeugen und den ebenfalls firmeneigenen Schaugestellen.

In den Studios wird zunächst der Entwurf (Foto, Zeichnung, Text) fotografiert und als Diapositiv auf eine senkrecht gestellte Papierwand projiziert. Das erscheinende Lichtbild erhält so bereits seine endgültigen Proportionen: also, gemäß des Standardformats dieses Billboard-Typs, die Größe von 4 × 14 Meter. Die Papierwand ist vor einem Kupferdrahtnetz aufgespannt. Ein elektrisch geladener Stift, der über die Konturen des projizierten Bildes fährt, brennt an den Berührungsstellen durch Kontaktfunken kleine Löcher ins Papier und perforiert so die abgefahrenen Linien.

Das durchpunktete Papier wird dann vom Kupfernetz abgenommen und gegen die Leinwand des zu bemalenden Billboards gelegt. Mit einem Kohlestaub-Beutel werden die Löcher im Papier betupft, so daß sie als Reihen schwarzer Punkte auf der Leinwand wiederkehren.

Ein Zeichenstift verbindet die Punkte, und die Bemalung kann beginnen. An ihr sind verschiedene Maler beteiligt, deren Aufgaben gemäß einer klaren Hierarchie verteilt sind, die an die Ordnungen des mittelalterlichen Kunsthandwerks erinnert.

Nur wenige, die Besten, malen die wichtigen Dinge des Bildes, zum Beispiel die Gesichter. Andere sind nur für Hintergründe zuständig. Und zuletzt sind solche Maler am Zug, die die Schrift ergänzen dürfen. Das Endresultat trägt keine Signatur. Billboards sind anonym.

Wann genau und wie die bildlichen Sonderfälle auf dem Sunset begonnen

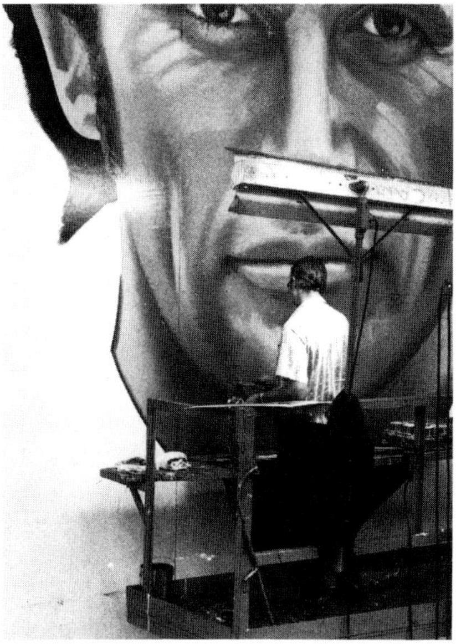

haben, weiß bis heute niemand recht zu sagen. Es heißt, 1968 hätte eine unbekannte Schauspielerin zuerst eine Reklametafel gemietet, um dort ein überdimensionales Porträt von sich anmalen zu lassen – für ein verdutztes Publikum und ohne den geringsten Erfolg an Popularitätszuwachs. Aus Jux wohl, aber immerhin für etwa fünf- bis zehntausend Dollar, den ungefähren Kosten für solche nur einmal angefertigten Bilder.

Die Geschichte dieses teuren Spaßes verdeutlicht die Sonderrolle der Reklamekunst am Sunset bis heute. Denn ihre Zielgruppe ist nicht, wie sonst bei der Außenwerbung für Produkte und Dienste, der potentielle Kunde und Käufer allein: ihr Publikum sind auch die abgebildeten Stars selbst. Plattenfirmen, Konzertagenturen und Filmgesellschaften stellen damit zur Schau, was ihnen die Eitelkeit ihrer Schützlinge wert ist. Denn die Gelegenheit zur Besichtigung des gemalten Ichs wird Sängern, Gruppen, Schauspielern und Entertainern immer dann geboten, wenn sie zu Aufnahmen oder Auftritten nach Los Angeles kommen. Deren Besuchsfahrt über den Sunset, vorbei an den Bildern von sich selbst, heißt deshalb ironisch bereits »ego trip«.

Marktwert und Selbstwert der Stars wechselseitig zu steigern – das ist der besondere Zweck der Bilder. Jedes für sich ist ein Stück Auto-Biographie der Abgebildeten. Dieser Zusammenhang mag auch der Grund dafür sein, daß die Tafeln hier raffinierter und verspielter wirken als sonst, wo die kommerzielle Absicht unverblümter ins Auge springt.

Aber auch diese kostbaren Augenfallen sind Ausläufer einer populären Bildsprache, die auf einer autogerechten Verbindung von Sehen, Lesen und Fahren beruht. Wortspiel und Bildwitz sind hervorragende Merkmale dieser Ausdrucksform. Die Wahrnehmungsgeschwindigkeit fordert Bild-Text-Kombinationen heraus, die oft komplexe Sachverhalte oder Aussagen auf einen Blick anschaulich und sofort verständlich machen müssen. Der erste Blick ist zumeist auch schon der letzte. So kommt es zu einer Grammatik der bildlichen und textlichen Kürzel: immer wieder verraten die Darstellungen frappierende Kunstgriffe des Weglassens und Aussparens.

»Ich glaube«, sagt Roland Barthes, »daß das Auto das genaue Äquivalent der großen gotischen Kathedralen ist.« In diesen Vergleich könnte man auch die Rolle der Reklametafeln einbauen: die Autofenster lösten dann die Glasmalereien der Kirchenfenster ab, und was von draußen hereinblickt, festigt den Glauben, der viele gerade in dieser Gegend bewegt: es den abgebildeten Größen nachzutun und selbst ein Star zu werden.

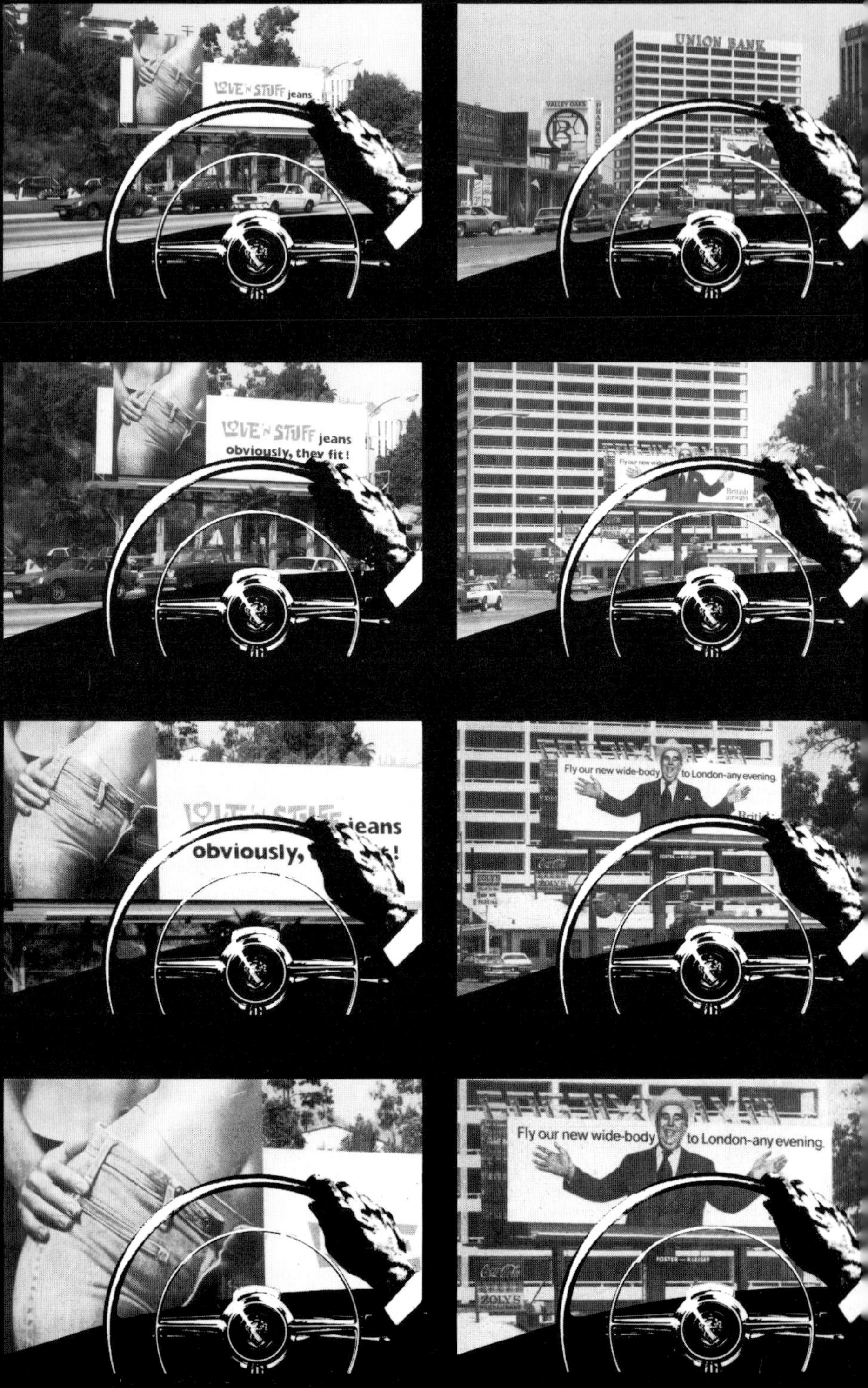
LOVE'N STUFF jeans
UNION BANK
VALLEY OAKS
LOVE'N STUFF jeans
obviously, they fit!
British airways
jeans
obviously,
Fly our new wide-body
to London-any evening.
Fly our new wide-body
to London-any evening.

STEVE MILLER BAND
Anthology
PACIFIC OUTDOOR
King's Cellar Liquor
FREE FAST DELIVERY
FROST 8/80
TRY A
SIGMUND
FROST
The drink you'll be crazy about.
RENT-A-CAR
STEVE MILLER BAND
Anthology
PACIFIC OUTDOOR
Fine Wines & Spirits
King's Cellar Liquor
FREE FAST DELIVERY 656-6060 652-7393
PARTY PLANNING 656-6060
PARKING
FROST 8/80
TRY A
SIGMUND
The drink be crazy about.
PACIFIC OUTDOOR
STEVE MILLER BAND
PACIFIC OUTDOOR
FROST 8/80
TRY A
FROST
The drink you'll be crazy about.
SIGMUND FROST
PACIFIC OUTDOOR
80

Zu den Farbtafeln

1 Das Eldorado der Kinos: Westwood
2 Olympiade 1984: Das L. A. Memorial Coliseum
3 Architektur mit Buttercrême: Wohnhaus in Beverly Hills
4 Ein Hauch von 1001-Nacht: Wohnhaus in Hollywood
5 Autofan am Strand
6 Kolonnaden, Windward Avenue, Venice
7 Shopping, Kleiderstände am Ocean Front Walk, Venice
8 Stadtteilfest am Wasser, Venice
9 Vor dem Sidewalk Cafe in Venice
10 Weihnachten in Hollywood
11–12 Downtown Los Angeles
13 Als sei ein UFO gelandet: L. A. International Airport
14 »Commercial Strip«: Vermont Avenue, Hollywood
15 Olvera Street, Downtown
16 The Rodeo Collection: Shopping Center am Rodeo Drive, Beverly Hills
17 Supermann: Detail aus Kent Twitchell's »Trinity«-Malerei, Otis Art Institute, Carondelet Street und Wilshire Boulevard, Wilshire District
18 Werbetafel für den Film »Die Augen der Laura Mars« mit Faye Dunaway, Sunset Strip
19 Grab von Marilyn Monroe, Memorial Park, Glendon Avenue in Westwood
20 Auf dem Hollywood Boulevard
21 HOLLYWOOD-Zeichen am Mount Lee, Hollywood
22 Feuertrick mit einer Filmkulisse, Universal Filmstudios
23 Großkopf an der Ecke: Filmschauspieler Strother Martin, von Kent Twitchell, Kingsley Drive und Fountain Avenue, Hollywood
24 Horrormasken, Universal Filmstudios
25 Kinofassade am Broadway, Downtown
26 »Knusprig« – Werbung einer Brathähnchenfirma, Los Angeles
27 Palmenallee in Santa Maria
28 Kinokasse, Downtown
29 Schaugeschäft am Straßenrand: gemalte Werbetafel am Sunset
30 Schallplatten im Himmel: Supergrafische Malerei am Gebäude der Plattenfirma A & M Records, La Brea Avenue, Hollywood
31 Glaube unter Glas: Crystal Cathedral in Garden Grove
32 Mann's Chinese Theater, Hollywood Boulevard

never heard of...
never forget.
FOX
WESTWOOD VILLAGE
WALTER MATTHAU · JILL CLAYBURGH
FIRST MONDAY IN OCTOBER

LOS ANGELES
MEMORIAL
COLISEUM

3

4

5

6

7

8

9

ART GALLERY

Noel

11

12

13

14

15

16

17 ▷

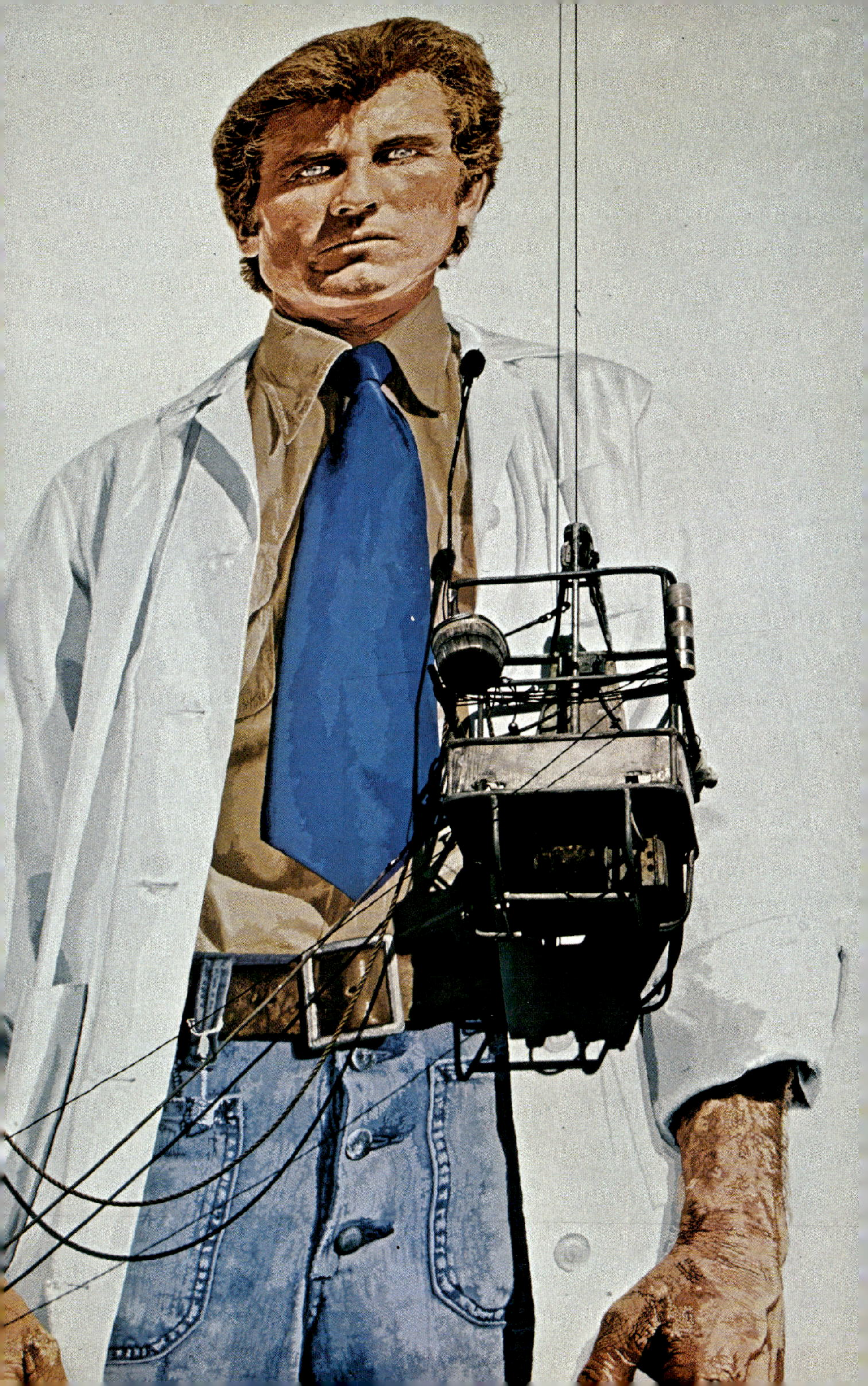

18

19

20

21

22

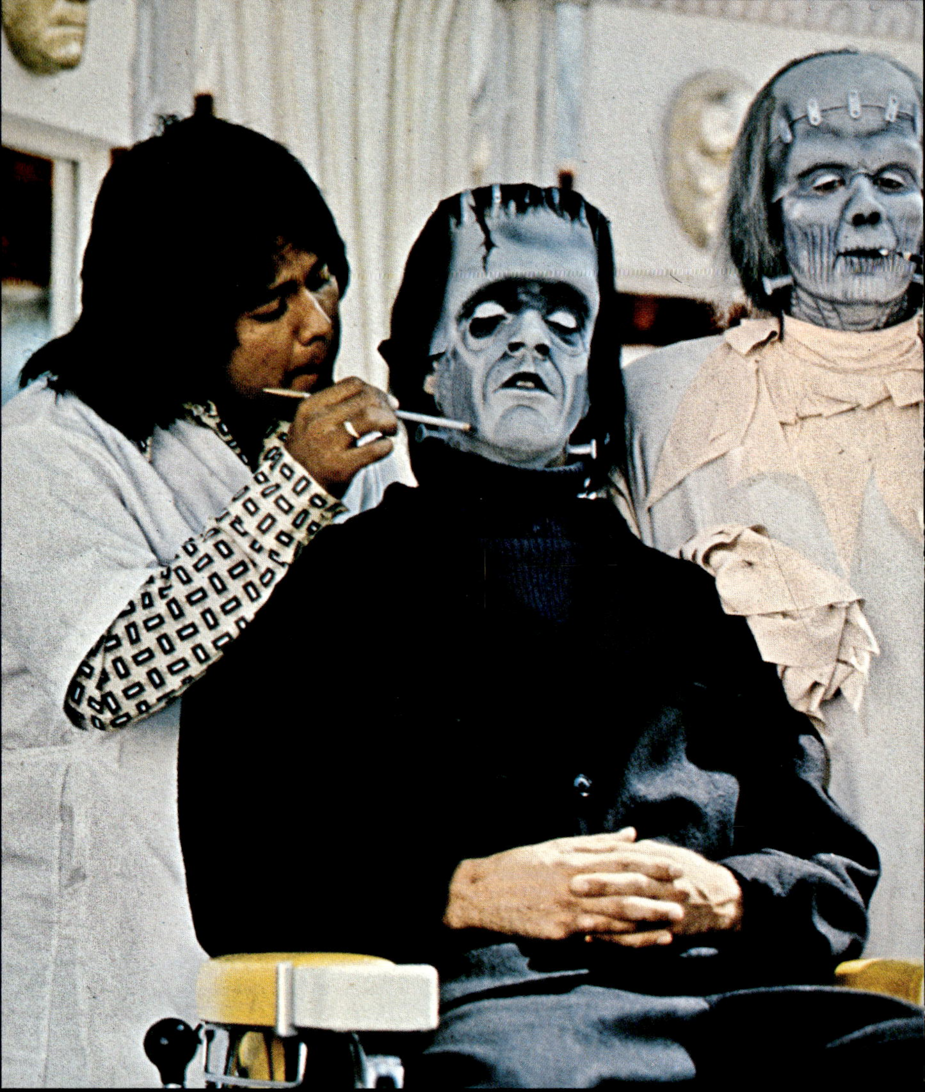

24

Palace
AL PACINO
SCARFACE
ENTER THE DEADLY DRAGON
DEADLY FORCE
DISCOU
CAMERAS
Kodak
WHOLESALE
MEN
SHOES
Palace Theatre
The Best in Picture Entertainment
632 CASA

25

Now

26

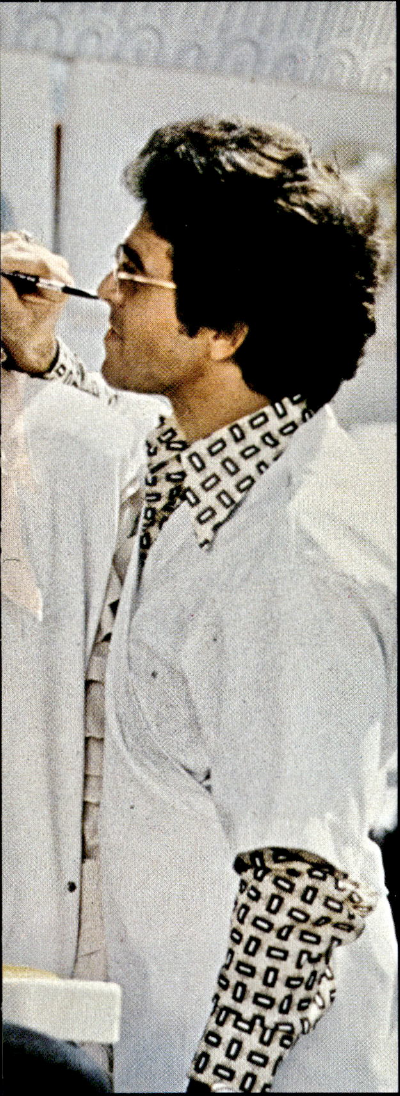

27

28

UNCH
Kentucky
ied Chicken
extra crispy, too.
FOSTER and KLEISER

Marlboro
Country
Cheryl Ladd
ON CAPITOL RECORDS
WARD
HEAVEN CAN WAIT
NOW PLAYING

29

30

31 ▷

NOW PLAYING
Free
VALIDATED PARKING
HALF BLOCK SOUTH ON ORANGE DR.
StarLine TOURS
StarLine

Idyll mit Pools und Palmen

High Society in Beverly Hills

Langsam rollt der weiße Caddy die Palmenallee des Benedict Canyon entlang. Der Wagen hat keine Autonummer. Dafür ein Wort: PROFIT ist in gold-gelben Buchstaben auf dem Nummernschild zu lesen.

Solche Gags sind jetzt in Kalifornien beliebt. Für ein paar Dollar mehr kann jeder statt einer langweiligen Nummer etwas Sinniges auf dem Nummernschild seines Autos tragen.

Unser Cadillac hat zweifellos etwas Passendes für diese Gegend gefunden. Denn PROFIT fügt sich fix ins Vokabular dessen, was man hier überall sieht: die luxuriöse Wohnkultur der Villen, umgrünt von gepflegtem Rasen und Gewächsen. Auch die Details reden die gleiche Sprache: die schmiedeeisernen Gitter und Gatter, steinerne Adler, kunstvolle Briefkästen, Gipsrehe, ja, sogar Hydranten am Straßenrand. Sie tragen natürlich nicht den gelben Anstrich, mit dem sich sonst in Los Angeles Hydranten abfinden müssen. Nein, sie sind etwas Besseres und Teil der Insel der Seligen: – silberfarbig.

Überhaupt ist Beverly Hills eine Enklave. Sie bietet heute etwa 35000 Einwohnern gediegenen Unterschlupf. Rundherum von Los Angeles eingekreist, hält sie als selbständige Stadt auf sich und ihre Steuervorteile – duldet auch keine Reklame oder sonstige Akzente, die zu direkt aufs Geldverdienen verweisen. Wer hier zum Beispiel sein Haus verkaufen will, kann nicht einfach ein Schild aufstellen. So was ist hier nicht die feine Art.

Beverly Hills, um 1924. Im Vordergrund Wilshire Boulevard

Im frühen 19. Jahrhundert nannte sich die Gegend noch Rancho Rodeo de las Aguas, was soviel wie die »Sammlung der Wasser« bedeutet. Um die Jahrhundertmitte dann übernahmen Amerikaner das Terrain und begannen mit ihren Grundstücksgeschäften. Aber viele Anläufe zu einer Stadtgründung scheiterten; unter anderen auch der, hier eine deutsche Kolonie zu schaffen. Und so hatte diese Gegend – wie übrigens auch die umliegenden, die heute Bel Air und Westwood heißen – lange Zeit kaum mehr vorzuweisen als Bohnenfelder. Erst gegen Ende des Jahrhunderts entwickelte sich eine städtische Siedlung. Und als 1912 das Beverly Hills Hotel entstand, wurde der Ort zum bevorzugten Idyll für Ölmillionäre und – nach und nach – Filmstars.

Wer heute durch die schattigen Straßen spazierenfährt, dem fällt noch im Auto die Stille und Menschenleere auf. Leben in Beverly Hills findet hinter den Fassaden statt: in Interieurs, in den rückwärtsgelegenen Gärten mit Pools und Palmen. Jedenfalls unsichtbar. Zu sehen sind meist nur mexikanische Gärtner mit Wasserschläuchen und Mähmaschinen oder gelegentlich eine Schwarze, die auf dem Weg vom Hausputz zur nächsten Bushaltestelle ist, von wo aus sie wieder nach Hause fährt.

Sonst zeigt sich hier außerhalb des Autos kaum jemand. Das hat Gründe, die viele Touristen nicht kennen. Sie

Residenz von Mary Pickford, Beverly Hills, 1924

Rodeo Drive, Beverly Hills

erleben daher oft böse Überraschungen, wenn sie den beschaulichen Villenort zu Fuß durchstreifen wollen. Ich erinnere mich noch an die Frau eines deutschen Soziologieprofessors. Während ihr Mann an der Universität eine Gastvorlesung hielt, zog sie los, um endlich einmal das legendäre Beverly Hills kennenzulernen. Ein paar Stunden später bekam die Uni einen Anruf. Der Herr Professor möge seine liebe Frau beim Polizeirevier abholen. Man habe ihren Spaziergang aus »Sicherheitsgründen« unterbrochen und sie im Streifenwagen mitgenommen, weil sie sich nicht sofort habe ausweisen können.

Wer sich in Beverly Hill die Beine vertreten will, sollte also zumindest einen Hund an der Leine mit sich führen. Der nämlich macht ihn auf einen Blick zum Hausherrn. Und das befreit ihn optisch einwandfrei von Verdacht und Unterstellungen.

Neuerdings gibt es aber doch einen Weg, zu Fuß unbehelligt durch das Luxusquartier zu kommen. Allerdings meidet er den Wohnbereich und führt durch Einkaufsgegenden. Aber immerhin. Für 25 Dollar pro Person (nach Voranmeldung) kann jeder sich zur »Jogging Tour of Beverly Hills« gesellen, die sich diesen Stadtteil trabend zu erschließen sucht. Die lauffreudigen Teilnehmer treffen sich auf einem bestimmten Parkplatz, wärmen sich dort auf und starten zu einer einstündigen Laufübung, die über den Rodeo Drive und den Wilshire Boulevard führt. Von dort geht's wieder mit dem RTD-Bus zum abgestellten Auto zurück. Und wenn alle wieder bei Atem sind, werden auf dem Parkplatz Obst und ein Gläschen Wein zum Abschied gereicht. Reines Mitläufertum genügt eben in Beverly Hills nicht.

Das klingt verlockend, könnte aber doch für manchen Neuankömmling ein bißchen viel auf einmal sein. Vielleicht sollte er sich deshalb einen anderen Zugang zu dieser Gegend verschaffen. Zum Beispiel, indem er sich an eine »Movie

Star Map« hält, mit denen Jugendliche am Sunset häufig dem Autofahrer entgegenwinken. Für 5 Dollar sind diese Broschüren zu haben, die den Wohnsitz der Hollywoodstars auf einer Karte verzeichnen: auch ein Besuchs- und Besichtigungsprogramm für Beverly Hills und die anderen Wohlstandskolonien in seiner Umgebung – also Bel Air, Holmby Hills und Brentwood. Natürlich ermuntert der Villenführer keinen Schaulustigen dazu, gleich an die Tür der Prominenz zu klopfen. Trotzdem: vielleicht ist jemand schon überglücklich, mit eigenen Augen zu sehen, wo und vor allem wie Paul Newman so wohnt.

Ob auf dieser gezielten Rundreise ausgerechnet Architekturkenner oder -liebhaber auf ihre Kosten kommen, ist fraglich. Denn viele der Star-Domizile sind zwar platzgreifend und ganz schön vornehm, aber über baulichen Geschmack kann man bekanntlich streiten. Deshalb, als Alternative, wenigstens ein paar Anschriften von Traumhäusern, die baugeschichtlich interessant anzusehen sind.

Einige alte Villen aus den 20er Jahren haben sich noch erhalten und – an den kurvenreichen Canyonstraßen – solche von Neutra und Schindler, alle aus den Jahren zwischen 1930 und 1950. Wie für Hänsel und Gretel im Märchen gebaut wirkt das Spadena Haus (1921), das immer noch an der Ecke von Carmelita und Walden steht. Von Anfang an bewohnt, war das Hexenhäuschen ursprünglich als Kulissenbau für einen Spielfilm konzi-

Knusperhäuschen (Spadena Haus), Ecke Carmelita und Walden

piert. Sachlicher dagegen die Häuser, die die klare Handschrift von Richard Neutra und R. M. Schindler tragen: etwa das Rourke Haus (1949 von Neutra), 9228 Hazen Drive; das versteckt gelegene Heller Haus (1942 ebenfalls von Neutra, 811 Camden) oder Schindlers Rodakiewicz Haus aus dem Jahre 1937 (9131 Alto Cedro) (vgl. Farbtafel Nr. 3).

Ungewöhnliche Architekturen sind aber nur die Rosinen im baulichen Kuchen, der in Beverly Hills seit jeher gebacken wird. Insgesamt überwiegt eher architektonische Durchschnittskost bei den Palästen, mit denen sich hier wirtschaftlicher Erfolg darstellt. Allerdings sind sie aufdringlicher und gewollter als der mit viel mehr Selbstverständlichkeit verbaute Reichtum, der an den herrschaftlichen Anwesen vieler Neuengland-Staaten im Osten der USA zum Ausdruck kommt. Prompt ärgern sich denn auch viele gestandene Bewohner von Beverly Hills, daß sich neuerdings hier viele arabische Öl-Reiche in ihrer Nähe einnisten. Besonders dann, wenn die Neulinge ihren Geschmack noch unbefangener als sie selbst zur Schau stellen. Das geschah 1978 besonders dreist, als ein junger Scheich seinen just gekauften Hausbesitz gewagt aufmotzte. Er ließ den lebensgroßen Standfiguren vor seinem Haus die Geschlechtsteile fleischfarben, die Schamhaare schwarz anmalen und die Statuen auch noch nachts anstrahlen. Was ihn dazu trieb, blieb ein Geheimnis. Wollte er sich über seine Nachbarn lustig machen? Oder fühlte er sich ihnen gar verpflichtet, so daß er deren Extravaganzen auf seine Art übertreffen wollte?

Vielleicht gibt das vorläufige Ende der anstößigen Villa die Antwort: Anfang Januar 1980 wurde sie durch ein Feuer verwüstet – Brandstiftung, wie die Feuerwehr vermutet.

Auffallendes und Unbezahlbares bieten aber nicht nur die Residenzen von Beverly Hills, sondern erst recht die Geschäftsviertel. Allen voran: der Rodeo Drive. Schon an den geparkten Autos an seinen Bordsteinen ist abzulesen, daß dies keine Geschäftsstraße für Gelegenheitskäufe ist – eher schon die Fifth Avenue der Westküste. Verschwendung ist Trumpf in den Boutiquen, Juweliergeschäften und Galerien. Zum kostspieligen Angebot der Läden gehört natürlich auch eine aufwendige Innenarchi-

tektur, die Pelze, Kleider oder Schuhe so preziös herausputzt, als seien dies die wahren britischen Kronjuwelen. Animierend und feudal wirkt auch meist der Service. Beim renommierten Kleiderhändler »Giorgio's« zum Beispiel gehört ein cocktailmixender Butler mit zur ständigen Einrichtung. Seine Aufgabenstellung: die Gäste an der Bar in Kaufstimmung zu bringen. Kurzum, wer am Rodeo Drive zum Shopping vorfährt, ob Saudi, Rockstar oder Perser, muß schon vorher ausgesorgt haben (vgl. Farbtafel Nr. 16).

Nur: ganz so sorglos scheint das Leben in Beverly Hills auch wieder nicht zu sein. Dies vielleicht zum Trost für solche, die der Neid oder gar die Wut packt beim Anblick von so viel Überfluß. Denn ein genauer Blick auf dieses abgeschirmte Wohnparadies enthüllt auch eine Architektur des ängstlichen Mißtrauens. Dicke Mauern, elektronische Warn- und Kontrollanlagen verraten das. Sie wachen stumm darüber, daß hier nur ja niemand durchschlüpft, der nicht schon Insider ist.

Verständlich. Aber auch schade. Denn vielleicht würde Beverly Hills, lägen die Dinge anders, etwas munterer.

Poesie am Pazifik
Von Chandler bis Bukowski

Jeden Morgen, mein Brot zu verdienen
Gehe ich auf den Markt, wo Lügen gekauft werden
Hoffnungsvoll
Reihe ich mich ein zwischen die Verkäufer.
Bertolt Brecht, *Hollywood*

Ein Abend in Hollywood. Die junge Frau an der Sushi-Bar läßt sich die rohen Fischhappen schmecken. Wir kommen ins Gespräch. Schließlich stellt sie sich vor – als Enkelin Ferdinand Bruckners, des österreichischen Dramatikers. »Ja, mein Großvater war 1938 hier. Dann ging er nach New York. Später wieder nach Europa.«

Ein Zufall? Sicherlich. Aber auch Anlaß für ein Thema: Literatur und Los Angeles. Zugegeben, eine zunächst seltsam erscheinende Verbindung. Ausgerechnet die »Stadt der Engel«, die Hochburg der Elektronik, der Autos und Freeways, des besessenen Körperkults – ein Environment fürs Poetische?

New York oder San Francisco, ja. Aber Los Angeles als *genius loci* für Schriftsteller, ein Terrain für Themen und Schreibweisen?

Durchaus. Nur wird das nicht auf Anhieb klar. Zu sehr beherrscht der Glamour Hollywoods das Image der ganzen Stadt.

Doch Raymond Chandler, Evelyn Waugh, Upton Sinclair, F. Scott Fitzgerald, Aldous Huxley, Malcolm Lowry, Thomas Mann, Franz Werfel, Bertolt Brecht oder Charles Bukowski: Sie und viele andere sind nicht rein zufällig nach Los Angeles gekommen. Oder nur des guten Wetters wegen. Was sie schrieben, belegt anschaulich, daß und wie sie diese Stadt als kreativen Antrieb erfuhren. Los Angeles, seine Menschen und Milieus lieferten Schauplätze, Figurenpersonal und Motive, prägten Erzählstrukturen ebenso wie lyrische Sprachformen.

Daß diese Leistungen nie so populär wurden wie die Kinofilme, die Musik oder die bildenden Künste, wundert nicht. Sprachlosigkeit ist daraus aber nie entstanden.

Voraussetzung war zunächst der wirtschaftliche Aufstieg Hollywoods in den 30er Jahren. Während der Rest der Nation unter der Depression litt, blühte in »Tinseltown« Hollywood das Geschäft mit den Illusionen. Boom und Bohème lockten gleichermaßen. Der Bedarf an Drehbuchautoren war enorm, die Zahlungsfähigkeit der Muse Hollywood schier unerschöpflich.

Das gab der Wanderlust vieler Poeten ein Ziel. Cliquen und Zirkel bildeten sich rasch. Gegenüber dem heutigen Luxushotel, dem Chateau Marmont am Sunset, lag damals z. B. der Hotel- und Villenkomplex »Garden of Allah« – eine Drehscheibe für literarische Prominenz. Dashiell Hammett und Fitzgerald machten hier ihre Besuche, Gary Cooper traf Hemingway und vor allem Ostküstenliteraten waren unter den Dauergästen, die es liebten, auf Hollywood herabzublicken, aber kräftig an ihm zu

F. Scott Fitzgerald

verdienen. Allen voran die scharfzüngige Dorothy Parker. Im Restaurant »Musso & Frank Grill« am Hollywood Boulevard trafen sich ebenfalls viele, die in den 30er und 40er Jahren literarischen Rang und Namen hatten.

Thomas Mann bei der Unterzeichnung des Vertrags für einen Film, der nie realisiert wurde.

Die meisten von ihnen waren literarische Nomaden, die nur kurz in der Stadt blieben: Faulkner, Tennessee Williams und Evelyn Waugh zum Beispiel. Wie vor ihnen schon Theodore Dreiser und Mark Twain.

Selten gingen die ästhetischen Ambitionen der Autoren und die Auftragswünsche der Filmstudios konform. Brecht hat in seiner dritten Hollywood-Elegie darauf angespielt: auf die Rolle der Poeten als Goldfische im Pool der Mächtigen der Filmbranche.

Einige verdienten gut dabei, andere mußten sich schlecht und recht durchschlagen. Faulkner etwa. Auch John Steinbeck. Zum Abendessen besorgte er sich Apfelsinen und Avocados von den Bäumen.

Ende der 30er und Anfang der 40er Jahre machte die politisch-militärische Zuspitzung in Europa Los Angeles zur Hauptstadt der Exil-Literatur, die sogar London überflügelte. Im malerischen Vorort Pacific Palisades (1550 San Remo Drive) arbeitete Thomas Mann am »*Doktor Faustus*«, während Arnold Schönberg in Brentwood, also gewissermaßen um die Ecke, wohnte. Lion Feuchtwanger lebte ebenfalls in der Nähe. Sein Haus erwies sich als der wichtigste Treffpunkt für die deutsche Exilgemeinde. Heinrich Mann hatte sich in Santa Monica (2145 Montana Avenue) niedergelassen. Ebenso wie Brecht. Er arbeitete (1063, 26th Street) unter anderem am »*Galilei*«, dessen englische Uraufführung mit Charles Laughton in der Titelrolle am La Cienega Boulevard herauskam. Zur deutschsprachigen Kolonie gehörten außerdem Bruno Frank, Walter Mehring, Alfred Döblin – von den zahlreichen Theaterleitern,

Thomas Manns Haus in Pacific Palisades

Bert Brecht und
Lion Feuchtwanger in
Los Angeles (um 1941)

Schauspielern und Regisseuren ganz zu schweigen. Franz Werfels »*Lied der Bernadette*« wurde verfilmt und sehr populär, und sein Roman »*Der Stern der Ungeborenen*« ist vielfältig auf Erfahrungen in Los Angeles bezogen.

Wahrscheinlich war es die klimatische und landschaftliche Verwandtschaft Südkaliforniens mit dem Mittelmeerraum, die Vorstellung von Los Angeles als einer Art *Replica Riviera*, was so viele Emigranten anzog, um hier den deutschen Holocaust in stiller Abgeschiedenheit zu überleben.

Die Öltürme und dürstenden Gärten von Los Angeles
Und die abendlichen Schluchten Kaliforniens und die
Obstmärkte
Ließen auch den Boten des Unglücks
Nicht kalt,

schrieb Brecht in »*Die Landschaft des Exils*«.

Die klimatische Gunst der Region übertrug sich allerdings nicht rundweg auf die gesellschaftliche Atmosphäre in der Exilgemeinde. Zu verschieden waren die politischen Einstellungen, zu stark die persönlichen Zwistigkeiten (zwischen Thomas Mann und Schoenberg etwa) und schließlich auch die Konkurrenz der künstlerischen Eitelkeiten. Was die Exilanten außerdem belastete, war die Tatsache, daß das große, im wesentlichen mit sich selbst beschäftigte Los Angeles im Grunde wenig Notiz von ihnen nahm.

»Mit dem Ruhm der deutschsprachigen Schriftsteller war es nicht weit her«, bestätigte Marta Mierendorff, ehemalige Professorin an der Universität von Südkalifornien (USC), die heute in Hollywood lebt. »Bekannt waren eigentlich nur Werfel und Remarque«, sagt sie. Dagegen sei die Verflechtung von Filmkunst, Theaterwelt und deutschsprachiger Literatur sehr eng und bedeutsam gewesen. William Dieterle, Max Reinhardt, Ernst Lubitsch, Fritz Lang und Leopold Jessner hätten neben anderen dazu beigetragen, daß die Produktionen deutscher Regisseure heute fest zur Filmgeschichte Hollywoods gehören.

Als dann der fanatische Senator aus Wisconsin, McCarthy, mit dem »Komitee gegen unamerikanische Umtriebe« Kommunistenjagd unter den Schreibtischen und Betten des »Sündenbabels« Hollywood machte, gerieten auch die deutschen Exil-Autoren unter Druck. Jene, die vor 1933 gegen den Faschismus gekämpft hatten, wurden plötzlich als »voreilige Anti-Faschisten« gebrandmarkt. Die Vertriebenen begannen daraufhin, nach Europa zurückzukehren, unter ihnen Brecht, Eisler und Thomas Mann. Wer blieb, z. B. Lion Feuchtwanger, wurde mit Mißtrauen betrachtet. In den frühen 50er Jahren gab es kein »Weimar in Los Angeles« mehr. Die Kolonie schmolz unter dem passiven Wohlwollen der kalifornischen Sonne dahin.

Überhaupt: für keinen literarischen Gast – auch nicht für die amerikanischen und englischen Autoren – wurde Los Angeles je zur Idylle. Sie mußten es vielmehr, jeder auf seine Art und mit seinen Mitteln, persönlich und sprachlich mit dieser Stadt und

Upton Sinclair bei der Arbeit auf der Terrasse seines Hauses in Hollywood (1930)

ihren Lebensbedingungen aufnehmen. Das Repertoire des modernen Romans hat davon zweifellos am meisten profitiert.

Bereits 1927 entwarf Upton Sinclair mit seinem Roman »*Öl*« ein, wie er sagte, sozialkritisches »Bild der Zivilisation von Südkalifornien«. Sinclair, von Freunden wegen seiner hochfliegenden Reformpläne gelegentlich »Sunkist Utopist« genannt, beschrieb den Kampf ums flüssige Gold, den er den Vorgängen abguckte, die sich praktisch vor seinen Augen in Long Beach abspielten. Die berühmte Bohrstelle Signal Hill wird zum Schauplatz der Romanhandlung und zur Quelle für alle tragenden Motive, die sich um Öl und Geld, Bestechung und Korruption drehen.

Bitterer Desillusion sieht sich auch der Leser der meisten Romane von John Fante gegenüber. Das Prosawerk dieses Autors, der vor kurzem starb, erlebt zur Zeit gerade eine erstaunliche Renaissance. Im neuaufgelegten Erstling »*Ask the Dusk*« (1939) blickt der Romanheld, der junge Schriftsteller Arturo Bandini, nach seiner Ankunft in Downtown L.A. aus seinem Hotelfenster:

> »*Durch dieses Fenster sah ich meine erste Palme, kaum zwei Meter entfernt war sie, und ich dachte natürlich an Palmsonntag und Ägypten und Cleopatra, aber die Palme hatte schwärzliche Zweige, die fleckig waren vom Karbonmonoxyd, das aus dem Tunnel der 3. Straße kam, ihr verkrusteter Stamm verstopft mit dem Staub und dem Sand, die aus den Mojave- und Santa Ana-Wüsten heranwehten ...*«

Im gleichen Jahr erschien »*Der Tag der Heuschrecke*« von Nathanael West, der wohl berühmteste Roman über die tristen Kehrseiten Hollywoods, seine erbärmlichen Opfer, die Randfiguren des Starrummels – erzählerische Attacken auf die Makulatur pompöser Scheinwelten:

> »*Er kam ans Ende von Vine Street und begann, den Pinyon Canyon hinaufzugehen ...*
>
> *Nicht einmal die sanften Lichtwellen der Dämmerung konnten die Häuser retten. Nur Dynamit würde helfen gegen die mexikanischen Ranchhäuser, die Hütten aus Samoa, mediterranen Villen, ägyptischen Tempel, Schweizer Chalets, Tudor-Landhäuser und gegen jede nur denkbare Kombination zwischen diesen Stilformen, die die Hänge des Canyons bedeckten ...* «

In den Romanen Raymond Chandlers fallen die Bezüge zwischen Lokalität und Thematik ungewöhnlich eng zusammen. Pausenlos ist Philip Marlowe unterwegs – mit dem Auto, denkend und lenkend zugleich. Ständige Orts- und Kontaktwechsel bilden sein Jagdrevier und charakterisieren den typischen Ermittlungsstil des Detektivs. Verhalten und Topografie – Philip Marlowe und Los Angeles sind unzertrennlich. Diese Ehe führt ihn stets auf die richtige Spur, zum Mörder. Chandler selbst verhielt sich ähnlich mobil. Er soll in mehr als 20 verschiedenen Häusern in Hollywood gewohnt haben. Sein Krimi-Kollege Erle Stanley Gardener, Produzent von immerhin 82 Perry Mason-Bänden, liebte es noch bewegter: mit dem Wohnwagen zog er kreuz und quer durch L. A. und Südkalifornien.

Der Glamour hat in den meisten Texten Chandlers wenig Chancen. Hier eine kurze Leseprobe aus dem Krimi »*Das hohe Fenster*«:

Raymond Chandler (1948)

»Aus diesen Häusern kommen Frauen, die jung sein müssen, aber Gesichter haben wie abgestandenes Bier; und Männer, die sich den Hut tief ins Gesicht ziehen und mit flinken Augen hinter der vorgehaltenen Hand, mit der sie scheinbar die Streichholzflamme schützen, die Straße absuchen; schäbige Intellektuelle mit Raucherhusten und ohne Bankkonto; Polizisten mit Gesichtern wie aus Granit und harten Augen; Kokainsüchtige und Kokainhändler; Leute, die nichtssagend aussehen und das wissen ... «

Auch in Malcolm Lowry's *»Unter dem Vulkan«* macht sich der Einfluß von Los Angeles bemerkbar. Nicht als Schauplatz oder Motiv, sondern strukturell. Den Roman, obwohl in Mexiko angesiedelt und in Kanada geschrieben, prägt eine Erzähltechnik, die deutlich vom Hollywood-Kino bestimmt ist, insbesondere von Sergei Eisensteins *»Donner über Mexiko«*, der zu dieser Zeit gedreht wurde. (Neuerdings verfilmte John Huston »Unter dem Vulkan«)

Zur literarischen Geographie L.A.'s gehört ebenso *»Nach vielen Sommern«* (1939) von Aldous Huxley, die erzählerische Sezierung eines kalifornischen Jungbrunnen-

Fans, der sich angeblich der Biographie des prominenten Zeitungsmilliardärs Randolph Hearst anlehnt. In Huxleys utopischem Roman *»Affe und Wesen«* (1948) hält ein futuristisches Downtown Los Angeles – Pershing Square, Biltmore Hotel, die Stadtbibliothek – als Horrorszenario für ein Lemurenleben nach einem Atomkrieg her.

Evelyn Waughs *»Tod in Hollywood«* entfaltet seine satirische Erzählkunst mit typischen Motiven aus »Tinseltown«. Genüßlich entlarvt er das Pathos der Beerdigungsriten, die »Forest Lawn« im Ortsteil Glendale seit jeher zum bizarren Kult-Friedhof gemacht haben. (Theodore Dreiser liegt dort übrigens begraben.)

Nach dem 2.Weltkrieg hält L.A. durchaus Anschluß an die amerikanische bzw. internationale Literaturentwicklung. In den 50er Jahren bricht die Zeit der Kaffeehausgesellschaften der Beatniks an, die »Café au L.A.«-Tage, wie sie der kalifornische Literaturkritiker Lionel Menuhin Rolfe einmal genannt hat.

Anders als in San Francisco, der eigentlichen Heimat der Beatnik-Szene, waren in Los Angeles große Namen nicht bestimmend. Dafür entstanden in den 50er und frühen 60er Jahren Dutzende von *coffee houses,* die wichtige Gesprächsfunktionen übernahmen, sowie zahlreiche alternative Zeitschriften, kleine Verlage und Pressen.

Am Pazifik erwies sich Venice als neuer Zufluchtsort für die Subkultur der Beatniks. Jazz, Lyrik und ausgiebiges Schachspiel waren *in* bei den intellektuellen Verwandten von Ginsberg, Ferlinghetti und des »King of the Beats«, Jack Kerouac.

Doch schon bald, um die Mitte der 60er Jahre, änderte sich das kulturpolitische Kräftefeld. Auf die Beatniks folgten die Hippies und mit ihnen, als Gegenpole, die Bürgerrechtler, Anti-Kriegsdemonstranten und politischen Protestler. Die einflußreiche Untergrundzeitung »Free Press« trat an die Öffentlichkeit.

In dieser Zeit entstand eine ästhetische Mischform, die bis heute als ein besonders typisches Merkmal der literarischen Szene von Los Angeles gilt: die Beziehung zwischen Musik und Sprache, Rock und Lyrik.

Als die Nummer Eins in der US-Schallplattenproduktion ist L.A. geradezu prädestiniert für diese Kombination. Die unvorstellbar große Masse an klingendem Unterhaltungsstoff von der seichten Sorte wirkt wie ein Nährboden, der auch seltene und ernstzunehmende Blüten hervorbringt. Bekannte Beispiele: die »Doors« und ihr charismatischer Kopf, Sänger und Texter, Jim Morrison. An vielen der Songtexte und eigenständigen Gedichte Morrisons ebenso wie an denen von Neil Young oder an den sarkastischen Untergrund-Oratorien Frank Zappas wird eine zukünftige Lyrikgeschichte wohl kaum vorbeikommen. Eine Kostprobe bieten die *»Valley Girls«* von Zappa, eine musikalische Satire auf die Jugendlichen im San Fernando Valley und ihr Rumhängen in Supermärkten und Shopping Centers.

Morrison wurde zur mythischen Figur, seit er 1971 in Paris in der Badewanne kollabierte und ertrank. Und noch eine Legende – und eine lebende dazu – suchte die Nähe L.A.'s: Bob Dylon zog vor einigen Jahren nach Malibu.

Zahlreiche junge Lyriker arbeiten heute zweigleisig. Sie veröffentlichen oder lesen ihre Gedichte und verarbeiten sie zugleich musikalisch. Jüngster Fall: die Gruppe »X« aus der New Wave-Szene, denen Klang und Sprache gleichermaßen wichtig ist und die unter den progressiven Gruppen zu den Geheimtips zählt.

Die akustische Literaturvermittlung – via Platte oder Kassette, zu Hause oder im Auto – scheint dem mobilen Los Angeles adäquat. Wer Poesie per Anruf ins Haus haben möchte, kann die »Dial-A-Poem«-Nummer wählen und sich am Telefon ein Gedicht anhören.

Der technologische Schnickschnack, um Poetisches auch durch die magischen Kanäle der Massenkommunikation zu bringen, hat seine Kehrseite. Eine literarische Gemeinde, ein räumliches Zentrum für Schriftsteller gibt es in L.A. so gut wie überhaupt nicht. Ab und an Dichterlesungen und vereinzelte Buchhandlungen wie etwa »George Sand« in Hollywood oder »Papa Bach Paperbacks« in Westwood sind mehr oder weniger die einzigen Relaisstationen in der disparaten Literaturlandschaft. »Unter den Schriftstellern herrscht wenig Kommunikation«, beklagt Josalyn Fisher von der Stiftung »Beyond Baroque« in Venice, die sich der Pflege der Gegenwartsliteratur angenommen hat. »Die Autoren leben zurückgezogen und lieben die Privatsphäre. Es gibt keine eigentliche Schule. Und die Universitäten halten sich bei der modernen Literatur vornehm zurück.«

Auch der Nestor der zeitgenössischen Literatur Südkaliforniens, Charles Bukowski, macht da keine Ausnahme. Weit weg von der espressoschlürfenden Medienschickeria in Beverly Hills und Hollywood lebt er in San Pedro, der ruppigen, auf jeden Fall aber stink-normalen Hafenstadt von Los Angeles. Durch seine *»Notizen eines schmutzigen alten Mannes«* (zuerst in der ›Free Press‹ publiziert) bekannt geworden, zählt der in Andernach geborene Bukowski vor allem in Europa inzwischen zum herausragenden Vertreter moderner amerikanischer Erzählkunst. Henry Miller, der selbst zweimal in L.A. wohnte, nannte ihn einmal den »literarischen Satyr

Charles Bukowski

Bemalter Nachtklub: die kalifornische Version von H. Hesses »Siddhartha«

des Untergrunds«. In der Tat, seine Erzählwelten sind voll von Tagelöhnern, mittellosen Künstlern, mit verzerrten Masken und extremen Rollen, die Bukowski persönlich durchlebt hat. Daher die Authentizität seiner Sprache, die an die Geschmacksnormen der lesenden Mittelklasse nicht die geringsten Konzessionen macht und daher nicht nur bei sehr vielen Angelenos verpönt ist.

Doch zurück zum fehlenden literarischen Zentrum. Ob es heute um Joan Didion geht (mit *»Play It As It Lays«* die zur Zeit populärste Romanschreiberin) oder um Ann Niezke (die ihr erfolgreiches Erstlingswerk *»Window Light«* im Milieu von Venice ansiedelt) oder um den einen oder anderen unter den zahlreichen Junglyrikern: Sie wohnen, arbeiten und leben jeder für sich, ohne eine literarisch-intellektuelle Infrastruktur.

Anders die Theater. Vor dem Hintergrund der beruflichen Chancen der mächtigen Filmmetropole geben z. B. viele kleine Bühnen ihre Bretter frei als Testfeld für Talente aus der dramatischen Avantgarde. Die rund 200 Mini-Theater von Los Angeles bringen heute überwiegend moderne amerikanische Autoren heraus; aber auch Stücke von Kroetz, Botho Strauß, Dürrenmatt oder Grass.

Ein deutschsprachiger Anteil scheint überhaupt der literarischen Geschichte von Los Angeles treu zu bleiben. Abgesehen vom stattlichen Aufgebot der Exildichter, tauchte in den 70er Jahren unter den psychodelischen Wandmalereien in der Stadt ein besonders spektakulärer Fall deutschsprachiger Literaturrezeption auf. Weil zu dieser Zeit die Romane und Erzählungen Hermann Hesses Scharen junger amerikanischer Leser bewegte, übersetzte die Malergruppe »Los Angeles Fine Arts Squad« Hesses *»Siddhartha«*-Erzählung in ein umfangreiches Wandgemälde, das die Außenwand eines unförmigen Nachtklub-Gebäudes umschloß. Die einzelnen Bildstationen verlegten die Handlung und Figuren aus den indischen Landschaften des Originals ins Luxusmilieu von Beverly Hills. Man konnte sehen, wie der Held zuletzt den Verlockungen des großen Geldes floh, um sich als Maler in der Einsamkeit der Wüste selbst zu finden.

Das literarische Wandbild ist längst übertüncht. Andere Zeugnisse deutschsprachiger Kultur hatten mehr Glück. So hütete jahrzehntelang Marta Feuchtwanger, Witwe des Dichters, das bücherreiche »Feuchtwanger Institut für Exilstudien« in ihrer herrschaftlichen Villa am Paseo Miramar in Pacific Palisades. Die alte Dame starb, 96jäh-

Hardy Krüger in San Bernardino

rig, im Oktober 1987; seither ist unklar, wie das Erbe weiter erhalten bleiben soll. Nur eine Autostunde entfernt, bei San Bernardino nämlich, hat kürzlich Hardy Krüger Quartier bezogen. Wie man hört, schreibt er dort auch.

L.A. literarisch: Ein hektisches Kommen und Gehen durch die Jahrzehnte dieses Jahrhunderts – von sehr diversen Autoren, Stilformen und Wirkungsabsichten. Und doch sieht es manchmal so aus, als ziehe sich eine Art roter Faden durch die Texte und Epochen: das Prinzip der Desillusion und die ihm eigenen Mittel der Satire, der Groteske und Montage. Von den Enthüllungen Philip Marlowes bis zu den bissigen Clownerien Bukowskis; von Brechts Hollywood-Elegien bis zur Rocklyrik Jim Morrisons – immer wieder geht es um Enttäuschung, Reduktion, Entzauberung. Und damit letztlich um Sprache, die jenen Wahrnehmungs- und Erfahrungsschwund aufdeckt, der durch die Mythen, Schablonen und potemkinschen Dörfer im Umkreis der Illusionsmaschine L.A. produziert wird. Es scheint, als hätte sich das literarische Los Angeles gegen das kinematografische Hollywood zu behaupten gewußt.

Selbst die Tourismusindustrie hat dieses städtische Erbe in ihr Programm aufgenommen. So wie in San Francisco seit einiger Zeit Dashiell-Hammett-Touren angeboten werden, die den Spuren des Detektivs Sam Spade folgen, organisiert neuerdings die »California Historical Society« in L.A. Kaffeefahrten zu den Schauplätzen, die in den Romanen von Chandler, F. Scott Fitzgerald (*»Der letzte Tycoon«*, der Roman eines Filmmoguls), Werfel und Joan Didion eine Rolle spielen. Besichtigungen der Bars aus den deftigen Geschichten von Charles Bukowski stehen, so war zu erfahren, allerdings nicht auf dem Fahrplan.

Kleiner literarischer Reiseführer durch Los Angeles:

Bertolt Brecht, *Hollywood-Elegien, Die Landschaft des Exils*
Charles Bukowski, *Kaputt in Hollywood*
Raymond Chandler, *Der tiefe Schlaf, Das hohe Fenster*
F. Scott Fitzgerald, *Der letzte Tycoon*
Aldous Huxley, *Nach vielen Sommern, Affe und Wesen*
Malcolm Lowry, *Unter dem Vulkan*
Upton Sinclair, *Öl*
Evelyn Waugh, *Tod in Hollywood*
Franz Werfel, *Der Stern der Ungeborenen*
Nathanael West, *Tag der Heuschrecke*
Tom Wolfe, *Das bonbonfarbene tangerin-rotgespritzte Stromlinienbaby*

Über Exil-Literatur:

Lionel Rolfe, *Literary L.A.*, San Francisco 1981
Michael Winkler (Hrsg.), *Deutsche Literatur im Exil 1933–1945. Texte und Dokumente*, Stuttgart 1979

Forest Lawn-Friedhof in Glendale: durch Evelyn Waughs Roman »Tod in Hollywood« literarisch aufgewertet

SANTA
Sonnensto

MONICA

t am Ozean

Die Fußgängerampel zeigt rot. Die Gruppe hält an: ein Dutzend alter Damen, jede mit einem eingeklappten Sitzstühlchen gewappnet, die meisten mit feschem Sonnenhut, warten geduldig an der Ecke Wilshire und Ocean Avenue. Nur Sekunden und wenige Schritte trennen sie noch von ihrem Ziel an diesem Sonntagvormittag. Denn gleich gegenüber, auf der anderen Straßenseite, liegt der Pacific Palisades Park, einer der schönsten und schattigsten von ganz Los Angeles. Dort also, ein paar Meter von den Klippen entfernt, werden die wohlgerüsteten Ladies sich einen guten Tag machen, ein Plätzchen suchen, die Stühle zusammenstellen, plaudern und gegen Mittag ihr Lunchpaket auspacken.

An allen Wochenenden im langen Sommer machen es Hunderte so – Liebespärchen, rüstige Rentner und mexikanische Großfamilien. Sie kommen aus den verschiedensten Stadtteilen nach Santa Monica mit dem Panoramablick auf die Bucht. Auch, weil es hier kühler ist als im heißen Stadtinneren. Und mit den Ausflüglern wiederholt sich im Kleinen eine große amerikanische Tradition, der Drang nach Westen. Meistens war der Weg dorthin erheblich länger und weit weniger bequem geregelt als für die Damen an der Ampel. Immer aber war er hier endgültig zu Ende, so oder so. Haben die steil abfallenden Klippen nicht auch bildliche Bedeutung für so manche hochgesteckte Erwartung vom Westen und deren jähem Ende?

Dreht man sich wieder um und blickt – nach Osten – auf die zufriedenen Picknickgruppen im Gras, dann verfliegen die melancholischen Gedanken rasch. Santa Monica ist ein beneidenswertes Sonnenstädtchen am Meer, ein durch seine schöne Lage begünstigtes Stück

kalifornische Riviera. Ihre Sonne scheint auf alle Arten von Leuten, auf schachspielende Großväter wie auf die Surfer am Pier, auf die lesende alte Frau genauso wie auf den Rucksack des Tramps, der ihm als Kopfkissen für ein Schläfchen dient. Im Vergleich zu anderen Gemeinden in Los Angeles ticken die Uhren in Santa Monica langsamer, ein bißchen Sonntag herrscht immer (vgl. Farbtafel Nr. 37). Viele Emigranten aus Österreich, Deutschland und einer Reihe von osteuropäischen Ländern leben hier. Santa Monica hat heute einen hohen Bevölkerungsanteil vorwiegend jüdischer Bürger aus diesen Ländern. Sie halten Kontakt zueinander, wohnen oft gemeinsam

als Dauergäste in den Hotelapartments und sprechen ihr Jiddisch: auf der Straße, in den Parks und in den Delikatessenrestaurants, in denen sie viele Gerichte der jüdischen Küche wiederfinden. Ihnen ist dieses Stückchen der Neuen Welt längst zur vertrauten Heimat geworden. Es fehlen eigentlich nur noch die Kurkonzerte.

Wem die Atmosphäre bei den gesetzteren Altersgruppen im Palisades Park zu gemächlich und abgeklärt ist, braucht nur zum Santa Monica Pier zu gehen und sich mit einem Hot Dog oder Zuckerwatte zwischen die alte Wurlitzerorgel

beim Karussell, die Schießbuden, Angler und die Snack Bars zu mischen (vgl. Farbtafel Nr. 42). Sollte der Amüsierbetrieb dort zu bunt werden, führt ein Bummel auf der Santa Monica Mall in ruhigere Zonen, die – mit Brunnen, Pflanzen und Sitzbänken möbliert – ein von Autos ungestörtes Flanieren ermöglicht (3 Straßenblocks von 3rd Street). Aber auch eine Rundfahrt durch Santa Monica bietet sich an, die einige geschichtliche Reste dieser Stadt vor Augen führt (vgl. Farbtafel Nr. 27).

Sie ist älter als es auf den ersten Blick scheint. Ihre städtische Geschichte begann, wie bei vielen anderen kalifornischen Gemeinden auch, mit hochfliegenden Plänen. Um 1875 nämlich erschien das damalige Ranchland einem Senator aus Nevada und einem bodenständigen Viehzüchter so ausbaufähig, daß sie gleich einen kompletten Stadtplan ausheckten. In ihm spielten Eisenbahnverbindungen eine große Rolle, denn die Planer dachten, an dieser Stelle würde mit Sicherheit der Hafen von Los Angeles entstehen. Bereits ein Jahr später war der Grundstücksverkauf so weit gediehen, daß mehr als 1000 Einwohner ansässig wurden. Der Landverkaufsboom der 80er Jahre beschleunigte den Zuzug rasch. Nur der Charakter der Siedlung nahm bald eine andere Richtung als geplant, denn die Spekulation mit dem Hafen ging schief. Los Angeles entschied sich für San Pedro und Santa Monica wurde 1886 das, was man eine »beach city« nannte, ein begehrter Standort für kleine Sommerhäuschen der wohlhabenden Angelenos.

Heute wohnen hier knapp Hunderttausend, aber kaum noch einer, der hier nur seine Zweitwohnung hat. An ihre Stelle sind (vor allem entlang Ocean Avenue) Apartmenthochhäuser getreten. Aus der guten alten Zeit hat sich noch das Miramar Hotel, Ecke Wilshire und Ocean Avenue, erhalten – fast das einzige

Blick vom Palisades Park auf den Santa Monica Pier vor seiner Sturmbeschädigung 1983

bauliche Exemplar, das die verflossene Pracht und deren großzügigen Lebensstil ahnen läßt. Einen Hauch von Geschichte vermitteln sonst nur noch Privathäuser im Bezirk nördlich von Wilshire. An den Straßen La Mesa, Georgina und Adelaide stehen noch vereinzelt Bauten im wiederbelebten spanischen Kolonialstil der 20er Jahre dieses Jahrhunderts.

Abwechslung von Bildern der Vergangenheit bietet selbstverständlich der Strand von Santa Monica: fünf Kilometer südlich und nördlich vom Pier. An Wochentagen ist er auch im Sommer gar nicht so voll wie man das angesichts der Millionen in den nahen Städten befürchten könnte.

An der Strandpromenade verdient zumindest ein Haus besondere Aufmerksamkeit, weil es, wie eine Art Zeitraffer, Vergangenheit und Gegenwart von Santa Monica verdeutlicht. Es geht um die Nummer 1910 am Ocean Front Walk. Einst beherbergte das Gebäude einen luxuriösen Strandklub, den Club Del Mar, der 1926 mit Big Bands, Festsälen und Gymnastikeinrichtungen eröffnet wurde. 1967 erwarb die Synanon Foundation den Bau und machte aus ihm ein Rehabilitationszentrum für Drogensüchtige, Alkoholiker und jugendliche

Santa Monica, von Will Rogers State aus gesehen

Kriminelle. Seine kooperative Arbeitsweise ist seit langem Vorbild für ähnliche Einrichtungen in den USA.

Für ganz Besinnliche empfiehlt sich ein Ausflug ins angrenzende Pacific Palisades, zum Anwesen einer Yoga-Vereinigung, der es mit stiller Selbstbegegnung ernst ist. Gemeint ist die »Self-Realization Fellowship« und ihr idyllischer Garten. Er liegt etwa einen Kilometer vom Strand am Sunset Boulevard, dessen lange Schlängeltour von Downtown herkommend hier langsam zur Neige und zu Ende geht. Die Gruppe, 1950 von einem religiösen Lehrer aus Indien ins Leben gerufen, unterhält diesen Minipark, der allen Religionen gewidmet ist. Um den malerischen Schwanensee herum gruppieren sich ein *open air* Tempel, ein Wasserfall, eine holländische Windmühle und viel Vegetation – ein Paradiesgärtchen zum Spazieren und Meditieren.

Nicht weit von hier liegt – ebenfalls am Sunset Boulevard in Pacific Palisades – der weitläufige Will Rogers State Park (siehe auch »Gelber Teil«) und mittendrin noch so ein verlockender Wanderpfad. Er führt zum »Inspiration Point«. Sollte der Name ausnahmsweise keine besonderen Eingebungen fördern, eins ist sicher: oben angekommen, kann man den Blick auf Santa Monica aufs schönste genießen.

Strand, Klippen, Palisades Park und Hochhäuser in Santa Monica

Zu den Farbtafeln

◁ Wasserspiele, 1939

33

34

35

NANCY'S
7up
NANCY'S
FRESH
PIZZA
DAILY
ICE COLD DRINKS

37

38

39

40

42

43

44

41

45

46

47

48

49

50

51 ▷

KC

52

53

54

55

57

58

59

60

61

63

64

65

66

67

LA-170 LOS ANGELES CITY HALL
121857

68

678:—Joy Riding, California Alligator Farm, Los Angeles, Calif.

69

At Ocean Park, Cal.

70

VENICE
THE SAFEST BEACH

71

Bei Brise und Brandung
Über kalifornische Strandkultur

von Gudrun Wasmuth

Gottseidank: die weitaus meisten Angelenos mögen ihn nicht sonderlich – den Strand. Wozu hat man schließlich seinen Swimming Pool? Wieso sich unters Volk mischen, wenn man die richtigen Leute längst kennt? Warum Sand zwischen den Zähnen ertragen, wenn der Grill auf dem heimischen Rasen Besseres bietet? Wozu gar Menschen über den Weg laufen, von denen man nicht weiß, was man von ihnen halten soll?

So kommt es, daß die Küste von Los Angeles als etwas Besonderes dasteht. Ganz gleich wo: mit geschlossenen Augen im Sand kann man sich mühelos wie auf einer Trauminsel mitten im Pazifik fühlen. Brandung, Wind und Meeresblick – die nahe Megastadt, die unmittelbare Gegenwart von immerhin 13 Millionen Menschen, man merkt sie nicht.

Zugegeben, an Wochenenden im Sommer sieht es ein wenig anders aus. Aber auch, wenn's so richtig voll ist, verteilen sich die Sonnenanbeter über mehr als 100 Kilometer Flutsaum. Platz hat's da immer noch genug.

Ein weites Feld eröffnet sich da auch für Soziologen: ein interessantes Studiengebiet darüber, welche Bevölkerungsgruppe bzw. Schicht wo ihren Lieblingsstrand hat. Familien mit Kindern zieht es vorzugsweise nach **Santa**

Monica – nicht zuletzt der strandnahen Parkplätze wegen, denn es gibt eine Menge zu transportieren.

Besonders mitnehmfreudig wirken die schwarzen Familien mit unzähligen Kindern jeden Alters. Laufstall, riesige Kühlboxen, Decken und Stühle: kaum abzusehen, was die starken Männer da mit Müh' und Not durch den heißen Sand schleppen. Streng geht's dabei zu und nach festen Regeln – manierlich essen und trinken, nur keinen Sand auf die Decken bringen und beim Ballspiel keinen Zentimeter von der festgelegten Linie nach links oder rechts abkommen. Wenn die lieben Kleinen noch mehr konsumieren möchten, ist zum Glück der **Santa Monica Pier** in der Nähe und damit ein altmodisches Pferdekarussell und anderer Kirmesrummel. Seit dem heftigen Sturm 1983 fehlt neuerdings die (früher) weiter im Meer gelegene Plattform.

Nördlich vom Pier, dort wo oben auf der steil abfallenden Küste ein paar große Hotels liegen, soll man am Strand hauptsächlich Europäerinnen finden können. (Vgl. Farbtafel 36) Das hatte sich jedenfalls spätestens im Olympiasommer '84 herumgesprochen. Selbst die *Los Angeles Times* berichtete über die lockeren Sitten im Sand: von barbusigen Besucherinnen aus der Alten Welt. Das Auge des Gesetzes soll viel liebe Mühe mit ihnen gehabt haben, meist wohl aber zugekniffen gewesen sein, denn von Verhaftungen war nie die Rede. Außerdem: so manch eine Oben-ohne-Schöne entpuppte sich als Einheimische.

Doch auch ohne erotische Sonderangebote dient der Strandgang häufig der Kontaktsuche. Nur um braun zu werden – dafür braucht in Südkalifornien niemand den Strand. Es geht einzig und allein darum, das, was man bereits hat, auch vorzuführen. Also auch einen guten *tan,* eine knackige Bräune. Sie ist unter diesen Umständen viel wichtiger als ein dickes Bankkonto – weil man sie sehen kann.

Man mag es glauben oder nicht: Technologischer Fortschritt und erweitertes Bewußtsein – an sich Markenzeichen der Westküste – haben an den Ritualen der Annäherung so gut wie gar nichts verändert. Das macht sie mitunter so komisch. Der alte Trick mit der Hilfe, die beim Eincremen benötigt wird, klappt zum Beispiel immer noch. Auch mancher Frisbee fliegt gern in bestimmte Richtungen. Und selbst in der allergrößten Hitze geht noch lange nicht jeder ins Wasser. Für eine Abkühlung gibt es schließlich Duschen oder *soft drinks* an den Buden. Der ganze Spaß wäre verdorben, wenn man aus dem Wasser kommend einen scheußlichen Anblick bieten würde.

Auf ein bewährtes Hilfsmittel müssen die Strandabenteurer allerdings strikt verzichten: auf jede Art von Alkohol. Wer doch damit erwischt wird, muß das kostbare Naß vor den Augen der unerbittlichen Strandpatrouillen in den Sand ausleeren und (dabei) noch froh sein, wenn er gebührenfrei davonkommt.

Südlich von Santa Monica schließt sich **Ocean Park** an und dann **Venice,** der wohl ausgeflippteste Strand an der gesamten Westküste. Hier an Wochenenden auf dem **Ocean Front Walk** (zwischen Rose Avenue und Washington Boulevard) herumzulaufen, ist schon ein Erlebnis für sich: in der bunten Menschenmenge, bei den vielen Verkaufsständen, Bands und sonstigen Gauklern mit elektrischen Sägen, Massage- und Meditationsangeboten. Dieser Weg, der Pacific Palisades Parks auf den Klippen von Santa Monica und die eine oder an-

dere Meile in Manhattan- bzw. Hermosa Beach sind praktisch die einzigen Beispiele, die der europäischen Vorstellung einer Strandpromenade nahekommen. Sonst sucht man so etwas vergeblich. Dafür aber gibt es zwischen Santa Monica und Palos Verdes einen vorzüglich ausgebauten Radweg (South Bay Bicycle Path), der 28 Kilometer am Wasser entlang führt.

Das Radfahren hat es allerdings manchmal in sich. Klingeln gibt es nämlich an den Rädern nicht. Beim Überholen muß man sich also verbal verständigen. Etwa: »To your left« – heißt eine der häufigsten Warnungen an die Mitradler. Neben den unzähligen Rennrädern fahren die *beach cruisers*, etwas altmodisch anmutende Räder mit dicken Reifen, die meist mit hoher Geschwindigkeit zwischen den Fußgängern hindurchsausen.

Strengere Auflagen erwarten dagegen die Rollschuhläufer. Das ist nicht verwunderlich, denn Venice gilt als das Dorado für diese Gattung der Sportsfreunde. Vom wackeligen Anfänger bis zum durchtrainierten Schlangenmenschen gibt es jeden zu sehen. Wer sich auf dem Radweg erwischen läßt, bekommt ein Knöllchen. Im Bankeingang warnt ein Schild die Roller: »NO ROLLER SKATING, PLEASE.«

Noch unberechenbarer in solch einem Gewühl sind die Kinder auf ihren BMX-Rädern, die imaginären (d. h. für Außenstehende nicht wahrnehmbare) Hindernissen durch Vollbremsung, Sprüngen und plötzliches Herumreißen des Rades ausweichen müssen.

Auch Skateboardfahrer rollen herum. Wegen der kalifornischen Autokultur kommt ihnen eine besondere Bedeutung zu, denn vielerorts sind die Bretter das

Venice: Oase für Traumtänzer – hier am Ocean Front Walk

Transportmittel Nummer eins der Jugend bis 17. Ein 15jähriger ohne Skateboard ist wie ein 17jähriger ohne Auto – das muß was Schlimmes sein! Wichtigstes Lernziel für Cracks: durch den dicksten Verkehr Skateboard mit einem Surfbrett unterm Arm fahren.

Bei Kindern beliebt ist auch das *Body Surfing* – und preiswert dazu, denn es braucht dabei nur eine gute Brandung, von der man sich mit ausgestreckten Armen tragen läßt. Etwas aufwendiger ist das *Boogie Boarding*. Dazu legt man sich auf ein kleines, leichtes Schaumstoffbrett. Windsurfing dagegen ist in ganz Kalifornien weit weniger populär als in Europa.

Genuß am Wasser. Speiserestaurant in Marina del Rey

Marina del Rey

Gleich hinter Venice (in südlicher Richtung), in **Marina del Rey**, geht es weitaus eleganter zu. 10000 Segelboote ankern in diesem größten künstlichen Yachthafen der Welt. Ebensoviel Leute wie Schiffchen wohnen ringsum in Luxusapartments gleich bei den Stegen. Junge Singles zumeist. Die flotten Wasserfreuden, die sie pflegen, meiden Strand und Flutsaum. Sie bevorzugen die exklusiven Kreise der Feste und Parties auf und in den schwankenden Booten: *swinging L.A.* Shopping Center und Hotels reihen sich am Admiralty Way, und vorn am Kanal, wo das Hafenbecken in den Pazifik mündet, liegt das **Fishermans' Village**, ein altes Fischerdorf aus der Retorte – voller Souvenirs, Antiquitäten und Speiselokale. Wer möchte, kann von hier aus eine Hafenrundfahrt mitmachen oder ein Segelboot leihen. Ein Unikum mit Blick aufs Meer: das Restaurant im Karibik-Look. Die Tische drinnen sind fein gedeckt, das Dach indessen mit vergammelten Wellblechen. Deren Rostbraun macht sich gut neben dem saftigen Grün der tropischen Gewächse: kalifornischer Kulissenzauber.

Südlich der Marina folgen wieder ein paar vorzügliche Badestrände. In **Manhattan Beach** ist im Sommer auch wochentags was los, da hier hauptsächlich Jugendliche und Kinder ihre Ferienspäße zum besten geben. Die Region um den

Manhattan Beach Pier

Pier gehört den Anglern und Surfern; der Strand den Jugendlichen; die Coffee Shops und vielen kleinen Läden den übrigen Bewohnern und Besuchern.

Am Strand sollte man – hier wie anderswo – auf zwei Dinge unbedingt achten: Nie ein Mädchen, das einen Surfer beobachtet, ansprechen. Und schon gar keinen Surfer, der die Wellen beobachtet.

Außer in Manhattan Beach sieht man sie an allen brandungsstarken Gebieten, so z. B. in Malibu oder Sunset Point. Auf den Parkplätzen am Strand blicken diese drahtigen und vorzugsweise blonden Jünglinge oft verklärten Blicks in die Ferne. Nicht etwa nach Mädchen, wie man meinen könnte. Wie gesagt, stundenlang lauern sie geduldig auf den richtigen *surf*. Ein richtiger Surfer nämlich ist mit Leib und Seele dabei. Der Wellenbericht *(surf report)* im Radio bestimmt über den Tageslauf und soll schon

Newport Beach

schlagartig ganze Schulklassen geleert haben.

Wer Surfer nur aus Filmen der 50er Jahre kennt, muß sich allerdings umstellen. Diese sanftmütigen Typen oder auch deren Nachfolger im Hippie-Look sind

passé. Heute ist korrektes Aussehen Trumpf. Der perfekte Haarschnitt gehört ebenso dazu wie schicke Bermudas. Abgeschnittene, ausgefranste Gammeljeans sind *out*, der »coole« Look ist *in*. Statt der ausgedörrten blonden Strähnen tragen sie auch schon mal einen präzis geschorenen Irokesenkamm zur Schau. Ob der sich im Wasser hält?

Im übrigen ist der Surfstil zackiger geworden. Das liegt nicht nur an den kürzeren wendigeren Brettern, sondern auch daran, daß die oft überlaufenen Reviere verteidigt sein wollen. Besonders verhaßt sind offenbar jugendliche Eindringlinge aus dem San Fernando Valley. VALS GO HOME, NO VALS ALLOWED oder DEATH TO VALS drohen Stickers auf den Autos.

Nur die Mädchen verhalten sich wie eh und je. Zwar surft die eine oder andere auch mal mit, aber ein richtiger Surfer hat eine Freundin, die am Strand auf ihn wartet. Besser noch: auf dem Parkplatz.

Hermosa Beach schließt im Süden an – mit einer modernen Pieranlage und überhaupt vielen neuen Häusern im nachempfundenen Pueblostil. Der nahe Segelboothafen **Port Royal** bietet Fahrten in See, Gelegenheit zur Sportfischerei und kulinarische Genüsse im schwimmenden Restaurant mit Meerblick.

Weiter südlich, bald hinter **Redondo Beach** und dessen Marina-Komplex (Restaurants, Motels, Yachtklubs, Piers und Bootsverleihe) beginnt die szenisch schönste Partie der Küste von Los Angeles: die Halbinsel **Palos Verdes**. (Vgl. Farbtafel 48) Daß gerade dieses Fleckchen Erde landschaftlich einiges zu bieten hat, verrät auf Anhieb der sich hier ausbreitende herrschaftliche Wohnstil der Villen. Unbedingt sehenswert: die

Laguna Beach

Wayfarers' Chapel, sicher eine der gelungensten modernen Glaskirchen in ganz Kalifornien und obendrein in unvergleichlicher Lage. (Vgl. Farbtafel 46) Viele in der Bibel erwähnte Pflanzen wachsen in der Kapelle.

Die ständig durch Erdrutsche gefährdete Küstenstraße windet sich auf und ab durch bewohnte Gebiete und Graslandschaften mit zahlreichen Ausblicken aufs Meer – vorbei am Point Vicente Leuchtturm, dem **Marineland Ocenarium** und der Abalone Cove. Am **Point Fermin Park** kann man beim Picknick den Hangglidern zusehen, vis-à-vis von Catalina Island.

Die Rundfahrt um Palos Verdes: Ein Augenschmaus, aber eigentlich nichts für Badegäste. Für sie ist das Wasser nördlich von Venice und Santa Monica weit besser geeignet. Die beiden Strände Zuma Beach und Point Dume. Sie liegen am Highway 1 knapp 20 km nordwestlich von Santa Monica. Die Straße Richtung Malibu führt fast immer am Meer entlang. Mal rauf, mal runter. Rechts und links tauchen die unterschiedlichsten Behausungen auf. Egal ob Luxusvilla oder verwitterte Strandhütte – die Grundstücke kosten hier ein Vermögen. An Wochenenden erkennt man an der Vielzahl der geparkten Autos die Beliebtheit der einzelnen Strände. An den Automarken auch gleich ihr Publikum.

Hinter Malibu passiert man die Pepperdine Universität, die auf einem ziemlich kahlen Hügel liegt. Sonst ist die Vegetation ringsum wild gewachsen und es lohnt, einen kleinen Abstecher in die Berge zu machen.

Auf dem Weg nach Zuma Beach wartet die **Paradise Cove** mit einem besonders schönen Strand auf. (Am Pacific Coast Highway stehen Hinweisschilder.) Das Gelände befindet sich in Privatbesitz, aber für ein paar Dollar pro Autoladung darf jeder ans Wasser.

Wer (legal) nacktbaden will – denn grundsätzlich ist das hier nicht erlaubt –, der muß sich zum schwer auffindbaren Versteck **Pirate's Cove** südlich von Point Dume und Zuma Beach aufmachen. Dort führt ein felsiger Pfad in die Abgeschiedenheit. Verfehlen kann man ihn nicht, wenn man nur den zielstrebig laufenden Männern folgt. Viele davon sind lediglich *sightseers* und riskieren gewagte Einblicke von den Klippen. So manch ein Begeisterter soll hier abgerutscht sein.

Zuma Beach und **Point Dume** sind (außer bei Kleinkindern) beliebt wegen ihrer Brandung. Point Dume liegt versteckt zwischen Ozean und Steilküste, in Distanz zum Highway – hauptsächlich Tummelplatz von Jugendlichen und Surfern. Beide Strände eignen sich zum Schwimmen, obwohl man den Sog nach Süden beachten sollte.

Malibu Pier

Zuma Beach

Wie an allen öffentlichen Stränden stehen auch hier die Lebensretterhochsitze und – geparkt – die Autos mit Vierradantrieb. Als klassische *landmarks* gelten außerdem die gelben *Coppertone*-Mülltonnen, oft Treffpunkte bei Verabredungen. »Meet you at the second trash can after the life-guard stand 17«, heißt es dann. Am *Coppertone*-Sonnenschutz erkennt man übrigens den Durchschnittskalifornier. Der »coole« Typ schützt sich exotischer: mit *Hawaii*-Creme zum Beispiel. Und wer wirklich reich ist oder dafür gelten möchte, greift (natürlich) zu Französischem.

Für Campingfreunde kommen verschiedene Strände in Betracht, die vom Staat für Wohnwagen und Zelte eingerichtet wurden und unterhalten werden. **Leo Carrillo Beach** im äußersten Norden etwa bietet über 140 Zeltplätze an. Leider nur finden stets zu viele Camper so was schön. Man sollte sich also rechtzeitig einen Platz reservieren lassen, etwa durch Ticketron. Im Klartext: mindestens acht Wochen vorher.

Auf der Rückfahrt lohnt ein Stopp am **Malibu Pier** zu einem Drink oder Abendessen mit oder ohne Sonnenuntergang. Am Pier kann man angeln, Surfer und Pelikane beobachten. **Malibu**, seine individualistischen Holzhäuser am Meer und seine Wohnkultur in den Bergen, verzeichnet nach wie vor zahlreiche Star-Adressen.

Eitel Sonnenschein – das erwartet jeder am Strand. In Kalifornien erst recht. Und sieht man von gelegentlichem Frühnebel (der sich allerdings rasch verzieht) ab, so erfüllt sich die Gutwetter-Erwartung auch das ganze Jahr hindurch. Ebenso beruhigt darf man sein, was die persönliche Sicherheit unter freiem Himmel angeht. In der Regel jedenfalls, denn die Polizei gibt sich redliche Mühe, das Terrain unter Kontrolle zu halten. Seit den Tagen der Olympiade, so hört man, haben sich ihre Methoden offenbar verbessert – zum Leidwesen für (sensible) Unbeteiligte, zum Glück für tatsächlich Gefährdete. Die strammen Sand-Sheriffs fahren nämlich nicht mehr nur mit dem Auto oder Rad auf entsprechenden Wegen durchs Gelände, sondern in Windeseile auf motorisierten Dreirädern mit dicken Reifen. Fast geräuschlos rollen sie so an den einen oder anderen Sonnenhungrigen heran – zur Überprüfung.

Keine Angst, L.A.'s Strände gelten durchweg als sicher. Man kann also getrost die Augen schließen und sie genießen.

Sportschau: Der neue Körperkult

Wie man seine Haut am besten zu Markte trägt, davon verstehen die Angelenos eine Menge. Warum also nicht auch sportlich aus dem Jungbrunnen schöpfen und dem Traum von der Ewigen Jugend nachjagen – und laufen, hüpfen, schwitzen und schuften? Ein Quentchen Sex-Appeal springt immer dabei raus. Über 50 zu sein, das ist schließlich, so sagen jedenfalls viele, in Hollywood der Todeskuß. Außerdem: gut getrabt und getrimmt, heißt meist auch, geschäftlich erfolgreich zu sein. Wer mag da schon muffig zu Hause hocken bleiben und über die *health nuts* die Nase rümpfen?

Coliseum und andere olympische Sportanlagen im Exposition Park. Oben links: der Campus

der Universität von Südkalifornien (USC). Vgl. auch Farbtafel Nr. 2

Nein, Breitensport ist seit langem Trumpf in L.A. Das kennt man seit den TV-Übertragungen der Olympischen Spiele inzwischen sogar weltweit: das tägliche Gewusel der Jogger, Rollerskater und BMX-Artisten, der Muskelprotze, Fitness- und Aerobic-Fans, der Breakdancer auf dem Hollywood Boulevard.

Der kalifornische Strahlehimmel betreibt dabei kostenlose Sporthilfe. Sie macht, besonders an Wochenenden, aus einzelnen Stadtteilen regelrechte Freilichtbühnen für den Körperkult der Schönen und Starken. Wer's exklusiver liebt, ist in den Studios von Jane Fonda oder Arnold Schwarzenegger gut aufgehoben.

Trainiert wird für die Kondition und fürs Auge. Viel Modisches läuft da mit: schicke Höschen, flotte Schwitzleibchen und kuschelige Kapuzenanzüge. Bei den Rollschuh-Clowns überwiegt technischer Firlefanz. Mit ihren Walkmen, Disco-Kassetten und Verbindungsstrippen sehen manche von ihnen so verkabelt aus, als rollten sie geradewegs aus der Intensivstation.

Malerische Canyons, ruppige Berge, magische Wüsten und über 100 km Pazifikstrand liefern L.A. Sport und Erholung direkt vors Haus: zum Surfen und Klettern, für Rucksacktrips, zum Segeltörn.

Keine Frage: auch im Sport hat die »Big Orange«, L.A., die Nase vorn. Für alle Disziplinen spendet die »Super-Orange« Saft und Kraft im Überfluß.

Strandpolizisten in Venice

Oase für Traumtänzer

Venice, California

Es scheint, die »Stadt der Engel« hat ihren Namen verdient. In Venice zumindest haben sie Auslauf: die luftigen, unwirklichen und zumeist gutgelaunten Wesen aus einer anderen Welt. Sie tragen natürlich keine Flügel. Aber ein bißchen außerirdisch wirkt schon, was hier am Strand so frei herumläuft, turnt, sitzt, rollt oder liegt. Nicht nur der nüchterne Betrachter reibt sich da die Augen: denn Leben »live« – wo findet man das schon so leicht und gleich so viel davon?

Nun, eben in Venice, dem rund 40000 Seelen-Örtchen direkt an der Brandung des Pazifiks zwischen Marina del Rey und Santa Monica. Anders als sein italienisches Vorbild lebt diese Stadt von keinen Kunstschätzen und touristischen Postkartenvorlagen, sondern von der Mischung der Menschen dort. Vor der leuchtenden Kulisse von Fassadenmalereien, Strandcafés und Kolonnaden spielt sich öffentliches Leben hier als Dauerfestival ab – und zwar so unbefangen, als sei das normale US-Vorstadtleben ein böser Spuk für Spießer, Venice dagegen die neue Endstation der alten amerikanischen Sehnsucht nach einem freien und zugleich nachbarschaftlichen Leben.

Doch leider täuscht das schöne Bild etwas: die hitzige Hochkonjunktur der Clowns am Meer, die lässigen Grüppchen der Kaffeetrinker, die ansehnlichen Badenixen. Die wenigsten von ihnen nämlich wohnen auch hier. Sie sind auf Besuch, »having a good time«, wie es überall heißt. Sie nutzen Venice als luftige Freilichtbühne nur für einen Kurzauftritt, am liebsten natürlich am Wochenende. Und entsprechend nutzt Venice sein Publikum. An allen Ecken verlangt die Kostüm- und Strandshow ihre Eintrittspreise: beim Zwei-, Vier-, Achträ-

"I am the way, the
truth, and the life"

FREE PARKING
FOR
VENICE
PRECISION
ROLLERWORKS
ONE WAY
ENTER

HUMPHREY YOGART
Frozen Yogurt Dessert
MEXICO
NATURAL
FRUIT..
ICE BAR

NO
BICYCLES

derverleih, bei den Gebühren auf den Parkplätzen, in den Lokalen, bei den Flohmarktständen und Erfrischungsbüdchen an der Küstenpromenade (vgl. Farbtafel Nr. 7). Stückchen- und dollarweise zahlt sich dort der amerikanische Traum für seine Veranstalter aus, und jede einzelne Brezel oder Limo, jedes neue T-shirt oder Glitzerkettchen erfüllt seinen wohltätigen Zweck.

Unrentable Illusionen hatten allerdings in Venice noch nie große Chancen. Aber, so paradox das klingt, gerade das hat den Ort in Atem und am Leben gehalten. Läßt man seine Geschichte kurz Revue passieren, kann man das nachvollziehen.

Am Anfang des Jahrhunderts, 1904, begann der Zigarettenhändler Abbot Kinney mit der Verwirklichung seiner Vision von einer amerikanischen Renaissance. Mit viel Geld und Optimismus ließ er an der Stelle des heutigen Venice Züge des italienischen Venedig nachbauen – ein System von Kanälen, Kolonnaden und Brücken (vgl. Farbtafeln Nr. 6, 8 und 9). Importierte Gondeln und echte Gondoliere sollten die Imitation perfekt machen. Das gelang optisch auch für kurze Zeit, aber Kinneys Ehrgeiz, aus dem Venedig der Neuen Welt ein Kulturzentrum zu machen, scheiterte kläglich. Venice verkam rasch zum Rummelplatz im Stile von New Yorks Coney Island: Hunderttausende von Touristen aus Südkalifornien zerzausten die Erwartung von der Wiedergeburt der Alten Welt.

1925 wurde Venice der Stadt Los Angeles angeschlossen, aber die Ehe brachte dem kleineren Partner die nächste Ernüchterung. Der größte Teil der Kanäle wurde zugeschüttet und zu Straßen umgebaut. Als dann Grund und Boden

Beach Parties – von 1914 bis heute

mehr Rentabilität versprachen als die Schießbuden, Spielhallen und Miniatureisenbahnen, wurde der Landstrich den Ölinteressenten freigegeben, und die eisernen Riesenheuschrecken der nickenden Ölpumpen machten aus dem Vergnügungspark bald ein schmieriges Industriegebiet. Für Jahre blieb, wegen Ölverschmutzung, der Strand von Venice unter Quarantäne. Erst als in den 50er Jahren die öligen Quellen versiegten, zeigten sich Ansätze einer neuen Belebung, die zaghafte Bildung einer Gemeinde. Venice veränderte sich langsam zu einem Ort, der wieder bewohnbar und zugleich Unterschlupf für viele Außenseiter wurde, deren Lebensstil sich immer deutlicher von dem in anderen Stadtteilen fortentwickelte. Hauptträger der neuen Subkultur: die Beatniks. Sie machten die Kaffeehäuser – wie etwa das alte »Venice West Café« oder das »Gas House« – zu ihren Treffpunkten; Jazz, Schachspiel, Lyrik und Malerei bestimmten ihren Umgang miteinander. Eine Zeit lang. Schon der Beginn der 60er Jahre brachte Mißtöne unter die Jünger von Allan Ginsberg und Jack Kerouac. Vandalismus griff um sich, Drogenrazzien stifteten Unruhe und Gewalttätigkeiten, Selbstmorde häuften sich. Wenige Jahre später, um die Mitte der 60er Jahre, gab es die Beatniks nicht mehr; und mit der nächsten Generation der Hippies, Drop-Outs und Gegenkulturpropheten brach die Blumenkinderzeit für Venice an. Ein neues Traumkapitel konnte beginnen.

Und das geschah auch. Rückschläge wie Amüsierbetrieb, Ölgeschäft, Konflikte mit der Polizei schienen vergessen. Was zählte, war das Hier und Jetzt – kein Jammern um gescheiterte Vergangenheiten. Längst nicht so politisiert wie die

Strand von Venice, 1925

Studentengemeinde im nordkalifornischen Berkeley oder im Freiwilligen-Getto des Haight-Ashbury-Distrikts in San Francisco, lebte man in Venice sorgloser in den Tag hinein. Am Strand oder bei den (verbliebenen) Kanälen passierte ständig Neues und Unerwartetes – ganz im Gegensatz zu dem damals arg ritualisierten Kulturbetrieb der restlichen Stadt. Spontane Aktionen reihten sich: Volksfeste am Wasser, offene Musikkonzerte, Straßentheater, Drachenfestivals, Happenings. Alles, was nicht viel mehr als Fantasie kostete, kam in diesen Tagen ans Licht (vgl. Farbtafel Nr. 8).

Dabei war Venice alles andere als eine hermetische Künstlerkolonie, die ihre Selbstdarstellung abgelöst von gesellschaftlichen Realitäten betrieb. Weder altersmäßig, bildungsmäßig noch ethnisch war die Gemeinde seit ihrer Konsolidierung einheitlich. Oakwood war stets ein Wohngebiet für Schwarze, osteuropäische Emigranten stellen immer noch einen erheblichen Bevölkerungsanteil. Sie alle lebten mit den jüngeren Lebenskünstlern in viel frischer Luft und noch mehr Sonne für eine Weile hier zusammen. Die Fantasie hatte Hochsaison.

Bis 1971. Zu dieser Zeit versetzte ein städtischer Sanierungsplan Venice die nächste Erschütterung. Er war von langer Hand vorbereitet und aus der Sicht seiner Betreiber auch einleuchtend, verführte doch die topografische Lage des Orts zu ganz anderen Wunschvorstellungen, als sie die Bewohner selbst hegten. Das bunte Völkchen in seinen improvisierten Wohnungen, Holzhäuschen und selbstgebastelten Wohnwagen siedelte nämlich an einem Platz, der jedem als eine ärgerliche Fehlinvestition vorkommen mußte, der auf die Landkarte sah. Das letzte, noch »unerschlossene« Küstengebiet war reif für einträglichere Apartmenthäuser und Eigentumswohnungen. Kurz: Nach Plan sollte ein schicker Badeort und Jachthafen her.

Wieder einmal hatte Venice zu nah am Wasser gebaut. Aber im Gegensatz zu seinem italienischen Original, das unter dem Einfluß von Flutwasser und Industrieablagerungen kränkelt, sollte Venice einen amerikanischen Tod sterben: durch einen kostspieligen Neubau. Die Einwohner wehrten sich, aber – gemäß ihrer unbekümmerten Lebensart – oft nur halbherzig und selten geschlossen. Es gab jahrelang Proteste, Hearings und jede Menge Parolen gegen den Plan. (Die »Free Venice«-Bewegung schaffte es aber immerhin über die Jahre, das Sanierungsprojekt zu verschleppen und den Einbruch neuer Apartmentblöcke zumindest zu verzögern.)

Doch Veränderungen innerhalb der Strandkolonie vollzogen sich trotzdem: auf dem Wege der Aufwertung von einer einst erschwinglichen Wohngegend zu einem jetzt ziemlich teuren Pflaster. Das ging auch ohne die massenhafte Ankunft einer sterilen Freizeitarchitektur.

Preistreibend wirkt vor allem die ungeduldige Nachfrage solcher Siedler, die früher über Venice allenfalls müde lächelten und nun auf ihre Art Venice für sich entdecken: Film- und TV-Produzenten, Schauspieler, Drehbuchautoren, arrivierte Maler, Video-Künstler und Bildhauer. Sie, die Brentwood, Bel Air oder Beverly Hills den Rücken gekehrt haben, können sich Venice spielend lei-

Parade der Badeschönheiten, Venice, 1939

sten. Zum Beispiel Häuser, die das fünf- bis siebenfache, Apartments, die glatt das zehnfache im Vergleich zum Anfang der 70er Jahre kosten. Auch der generelle Wohntrend in Kalifornien, Apartments in Eigentumswohnungen (condominiums) zu verwandeln, hat mitgeholfen, Platz für die neue »affluhip«-Gesellschaft zu schaffen. Die Wortschöpfung trifft den Lebensstil ihrer Vertreter durch die Verbindung von »affluent« (reich, im Überfluß lebend) und »hip«, Kennwort für alternativen Pfiff. Porsche-Autos haben viele klapprige »pickups« Marke Eigenbau ersetzt; und wo man früher Maiskolben knabberte, tun's heute allenfalls noch Langusten. Abbildungen von Venice sind »in«: »Little Feat« ebenso wie Linda Ronstadt haben hier Motive fürs Cover-Foto ihrer neuesten LPs gesucht und gefunden. Auch die Invasion der Kunsthändler läßt sich nicht lumpen. Die neuen Boutiquen, Galerien und Antiquitätengeschäfte entlang Main oder Market Street verraten das durch das »face-lifting« ihrer Ladenfronten und durch aufwendig umgebaute Interieurs. Saftige Preise passen zwar dazu, aber immer weniger zu den bisherigen Einwohnern. Unter den vielen, für die der architektonische und gewerbliche Auftrieb des Orts den Abschied von Venice bedeutet, sind nicht nur ältere und ärmere Leute dieser »low income community«, sondern auch solche, die aus Venice freiwillig wegziehen, weil sie sich hier nicht mehr wohl fühlen.

Arkaden, Pacific Avenue
Ein Hauch von Orient (1910)

Wie einst die Gondeln – auf den Kanälen in Venice

Andere dagegen halten tapfer durch. Vor kurzem hing eine Anwohnerin trotzig ein Schild an ihr Haus: »Not for Sale«. Aber im Blick aufs angrenzende Grundstück bemerkte sie: »Ich wußte, daß es mit dem Leben an den Kanälen vorbei war, als ich meine Nachbarn ihren Rasen mit einer automatischen Sprinkleranlage wässern sah.«

Es macht nichts: ganz ist der Charme von Venice noch nicht dahin. Sein mildes Reizklima vereint die Gegensätze. Der Ort hat schließlich Übung darin. Seit es ihn gibt, hat er zwischen wechselnden Lebensstilen und Ansprüchen vermittelt, die sonst nur fein säuberlich getrennt auftreten. Venice stand immer auf der Kippe, »on the edge« – nicht nur, was seine Lage angeht. Das jüngste Wandbild, von John Wahrle am Speedway gemalt, hält diesen Schwebezustand malerisch fest. Sein vielsagender Titel: »Der Fall des Ikarus«.

Und so gibt es auch jetzt noch am Saum der Kanäle (Carroll, Linnie, Howland und Sherman) viele Häuschen, die so aussehen, als seien sie für ein Bühnenstück von Tennessee Williams bestimmt. Nach wie vor verträgt sich die glänzende Muskelästhetik der Bodybuilder mit der Schönheit der alten Köpfe und Physiognomien der alteingesessenen Venetianer. Im Lafayette ist der herzhafte Hawaiian Club Sandwich noch erschwinglich, und vorn am Strand stehen auch noch die kongatrommelnden Schwarzengruppen, die, abseits vom Transistorenglück der Flitzer, selbstversunken am gemeinsamen Rhythmus teilhaben.

So zäh überlebt eine Oase für Traumtänzer: sie bleibt die Wahlheimat der »weirdos«, jener fantastischen Gestalten und Sonderlinge, die ihre Perlenketten und »bell-bottom«-Jeans noch nicht gegen zünftige Joggingkluft und Goldarmbänder umgetauscht haben. Und auch ihre Freunde, die Hunde, sind noch da. Diese zottigen Gesellen machen alles mit: die Radtour, das Nickerchen im Sand, das Frisbee-Spiel, bei dem sie die Scheiben wieder brav aus dem Wasser holen. Sie haben richtig Spaß dabei – wie alle hier, die dieses turbulenteste Fleckchen an der ganzen Westküste täglich lebendig halten.

Fallschirmspringen, Knott's Berry Farm ▷

Vergnügungsparks in Los Angeles

Mickeymaus im Härtetest

Freizeit, Freizeit über alles: das paßt zu L.A. In keiner anderen amerikanischen Region widmen sich die Menschen so hingebungsvoll dem Spiel und Spaß, Gags und Gaudis. Besonders in den *Fun Parks.* In Südkalifornien wimmelt es nur so von ihnen. Manche davon liegen in Größenordnungen, die es erlauben, daß man sich dort gleich tagelang tummeln kann.

Disneyland ist die Nummer eins in der Verlustierbranche (vgl. Farbtafel 65–66). Schon die Größe der Parkplätze läßt ahnen, welche Attraktion diese Vergnügungsmaschine und Kulissenwelt darstellt. Kritische Geister behaupten sogar, ganz Los Angeles sei im Grunde so gebaut und funktioniere so. Zweifel sind da allerdings angebracht, denn da ist z. B. *Main Street* (gleich am Eingang) – trotz

Wie auf dem Mississippi

Das Matterhorn an der Westküste

Disneyland, Anaheim

aller Scheinarchitekturen die Utopie einer Straße, d. h. bauliche Proportionen und Menschen zu Fuß. Und gerade das bietet L.A. so gut wie gar nicht.

Ansonsten geht die Reise vorwiegend ins Exotische: ins Matterhorn und Bärenland, mit Schaufelraddampfern und Tom-Sawyer-Flößen, durch Dschungel-Gelände und Weltenraum. Wer sich dort austoben will, der sollte – zumindest im Sommer oder an Wochenenden – zu den Frühaufs zählen und möglichst schon um 9 Uhr morgens zur Stelle sein. Später wird's gewöhnlich hektisch, und die *rush hour* bricht ein ins Reich von Donald Duck und anderer Mickeymäuse.

Knott's Berry Farm ist auch so ein technisch hochgerüstetes Environment für Härtetests. Mit biederen Kirmesplätzen

Knott's Berry Farm

Knott's Berry Farm

Vergnügungszentrum »Queen Mary«. Rechts oben: verkleidete Ölbohrtürme

alter Prägung hat das wenig zu tun. Sicher, da locken nachgebaute Goldwaschanlagen und Wildwest-Kulissen die schlichteren und nervenschwächeren Gemüter. Aber so richtig zur Sache geht es erst mit dem »Korkenzieher«, der durch sein Höllentempo den Rasenden das Fürchten (und Kreischen) lehrt: Horrortrips fürs Wochenende (vgl. Farbtafel 67).

Magic Mountain ist nun wahrhaftig ein Zauberberg: denn er führt jedem, der es möchte, vor, wie schnell aus einer Lust- eine Zitterpartie werden kann – durch eine Superattraktion nämlich, den monströsen »Colossus«. Mit dem braven Namen »Achterbahn« ist ihm nicht beizukommen: dem silbrigen Mammut-Holzgerüst, über 300 Meter lang, über das die Aufs und Abs der Fahrstrecke laufen. 3000 Festmeter Holz, 100 Tonnen Schrauben und 10 Tonnen Nägel machen lediglich einen Teil der Gesamtkosten von über 6 Millionen Dollar für diesen Schocker aus.

Die **Queen Mary,** das königliche Schiff, empfiehlt sich da für einen geruhsameren Inspektionsgang. Oder sogar für einen noch ruhigeren Zweck: denn ein Hotel ist bei dem 81 000-Tonner an Bord. Auch der Dampfer ist die Ruhe selbst geworden: nach immerhin 1001 Atlantik-Überquerungen.

In der Nähe der Queen Mary steht die **Spruce Goose** – die ehemals fliegende Holzente des legendären Howard Hughes. (Vgl. auch »Gelbe Seiten«, S. 319)

Trauminsel vor der Haustür
Catalina Island

Santa Catalina: der klangvolle Name verspricht nicht zuviel. Denn diese kalifornische Insel vor den Toren L.A.'s besitzt tatsächlich ungewöhnliche Reize: eine weitgehend unberührte Naturlandschaft und ein mediterran angehauchtes Hafenstädtchen – durch seine besondere Geschichte behutsam miteinander verbunden.

Nach knapp zweistündiger Schiffsreise (oder zwanzig Minuten Flug) erreicht man das Kleinod im Pazifik, von seinen indianischen Ureinwohnern »Berge im Meer« genannt. Die Bucht des Hafens Avalon empfängt den Besucher mit einem halbrunden Panorama teils bewachsener, teils anmutig bebauter Uferhänge.

Wer seinen Fuß an Land gesetzt hat, merkt bald, daß er dabei auch bleiben muß. Autos nämlich sind auf Catalina Island verpönt – fast ein Kuriosum angesichts der nur 21 Meilen, die die Insel vom autobeherrschten Los Angeles trennen. Als eine Art Ökoparadies steht Catalina praktisch unter Naturschutz. Es gibt durchweg nur Elektro-Vehikel für diejenigen, die von einem fahrbaren Untersatz unter keinen Umständen lassen können. Ansonsten aber gehören die grünen Hügel und malerischen Canyons, die Strände und geschützten Buch-

ten weitgehend dem Wanders- und Bootsmann. Von betonierten Ferienparadiesen, lärmenden Dünen-Buggies und Transistoren-Sound keine Spur.

Seine Rolle als gutes Versteck für Schmuggler und Piraten gab Catalina auf, als der kalifornische Landboom der 80er Jahre des vorigen Jahrhunderts auch dieses abgelegene Fleckchen im Ozean erwischte. 1887 tauchte Avalon (so benannt nach dem magischen Ort, aus dem König Arthurs Schwert ›Excalibur‹ stammte) auf der Landkarte auf. Die Dampfschiffe rückten die Insel näher an Los Angeles heran, und schon damals waren die Leute vom angenehmen Inselklima entzückt. Von den kühlenden Brisen im Sommer und den Milderungen des wohltemperierten Ozeans im Winter.

Richtiger Schwung in den insularen Badeort kam aber erst, als 1919 der Kau-

Lunch *al fresco:* auf Catalina Island

gummi-König William Wrigley Jr. die gesamte Insel kaufte. Um sein Besitzerrecht zu akzentuieren, baute er sich erst mal sein persönliches Shangri-La auf dem Mount Ada: ein Schloß, sonnengünstig plaziert, windgeschützt, mit erstklassiger Aussicht, 22 Räumen, 7 Badezimmern und üppigen Ziergärten. Fest entschlossen, die bisher auf der Insel grasenden Schafe durch erholungssuchende Touristen zu ersetzen, beauftragte er diverse Baumeister damit, dem Ortsbild einen mediterranen Touch zu geben. Und so geschah es auch – durch eine Reihe landschaftlich gelungen integrierter Villen – meist im spanischen Kolonialstil, mit farbigen Ziegeln – und schließlich durch den Neubau eines Casinos, dessen markanter Rundbau in spanisch-maurischer Manier noch heute das Wahrzeichen von Avalon bildet.

Das Reisegeschäft blühte erwartungsgemäß. Ein Ausflügler aus dem Jahre 1926, der österreichische Reiseschriftsteller Richard Katz erzählt, wie so etwas damals funktionierte. »Also: man setzt sich auf die Schnellbahn (in L.A.), die dem Kaugummi-König Prozente für die ergiebige Linie zahlt, und man setzt sich auf einen der funkelnd neuen Eildampfer, die je zweitausend Touristen fassen und Mr. Wrigley keine Prozente zahlen, weil sie ihm sowieso gehören. Womit man ins Netz einer Organisation geraten ist, die einem mit lückenloser Folgerichtigkeit Nickel um Nickel, Dollar um Dollar aus der Tasche zieht, ohne daß man ihr darob böse sein könnte; denn sie leistet etwas fürs Geld. Da ist alles aufs genaueste überlegt: solange das Schiff im Hafen liegt, verkaufen die Stewards Zitronen-Bonbons gegen die Seekrankheit, und wenn es sich später zeigt, daß das Meer spiegelglatt liegt, bieten sie Limonade gegen den Durst an, den die sauren Bonbons geweckt haben. Nach einer

Hafen von Avalon ▷

CF 1789 HA

halben Stunde erscheinen belegte Brötchen, denn eine halbe Stunde Seefahrt macht hungrig, und hierauf folgt Gefrorenes, weil die Sonne steiler gestiegen ist...« Gelegentlich war der Kaugummi-König mit von der Partie. »›Mister Wrigley ist an Bord!‹ flüsterte ein Negerboy mir (wie allen Passagieren) ins Ohr, ›der Herr im braunen Anzug rechts‹. – In einer Kabine mit Glaswänden sitzt er: ein etwa vierzigjähriger, untersetzter Herr mit sportlich gebräuntem, energischem Gesichte, dessen stark entwickelte Kiefer seitlich mahlten. Hinter Glaswänden und mit so sichtbarem Behagen, daß sich sein Publikum sagen muß: ›Wenn ein Mann, der mindestens hundert Millionen schwer ist, so viel Vergnügen am Kaugummi findet, so kann wohl auch ich mir ein Stückchen genehmigen.‹«

Die Touristenhektik der Anfangsjahre hat sich inzwischen längst gelegt. Mehr noch: Dank der umweltfreundlichen Einstellung der Wrigley-Erben erscheint Catalina heute über weite Strecken wie ein Naturpark. Weißer Sand wurde extra herbeigeschafft, um den steinigen Küstenstreifen zu bedecken. Ein großer Teil der Insel wurde dem US-Parksystem gestiftet.

Geruhsam kann man also hier die rund vier Stunden verbringen, die der Tagesausflug mit dem Schiff von Long Beach, San Pedro oder Newport Beach gewöhnlich erlaubt. Crescent Avenue, entlang der Bucht, lädt mit zahlreichen Straßencafes, Restaurants und Läden unter Palmen und farbenprächtigen Blumenarrangements zum Flanieren ein. Wer möchte, kann sich am Pleasure Pier in eins der Glasbodenboote setzen, um die fantastischen Meeresgärten in Augenschein zu nehmen. Da Catalina ökolo-

gisch gesehen zwischen einer warmen und einer kalten Zone liegt, ist die Unterwasserflora besonders vielfältig und farbenfroh. Robben und fliegende Fische sorgen außerdem für Abwechslung.

Die üppige Welt des Meeres lockt natürlich die Taucher an (Mai–September). Aber für diese Sorte Abenteuer braucht's ein wenig länger Zeit. Dasselbe gilt für die Erkundung der 45 km langen und 13 km breiten Insel. Reiten, Wandern und Zelten kann man da, aber auch einer wilden Bisonherde über den Weg laufen. Sie stammt von ein paar Tieren, die vor zig Jahren mal ein Filmteam dort zurückgelassen hat.

Vielleicht reicht die Zeit auch noch für Kulturelles. Zu einem nostalgischen Walzertanz im großen Ballsaal des Casinos zum Beispiel. Oder zu einem Abend in Avalons herrlichem Art Deco-Kino, für das noch Mr. Wrigley als Bauherr verantwortlich zeichnete und das ebenfalls im Casinobau untergebracht ist. Ein Augenschmaus: Leuchtende Wände und blinkende Sterne von silbriger Decke. Perfekte Animation sagen die Begeisterten, Super-Kitsch die Nüchternen. Kein Wunder jedenfalls, daß dieser opulente Saal auch viele Filmmogule lockte. Samuel Goldwyn, Louis B. Meyer oder Cecil B. de Mille pflegten unter anderen mit ihren Luxusjachten von Hollywood herüberzukommen: zur Vorschau ihrer neuesten Tonfilme.

Im Tal der Rosen: Pasadena

Wer heute, von Downtown L.A. kommend, über den Pasadena Freeway fährt, der merkt bald, daß er vergangenen Zeiten auf der Spur ist. Die Autobahn – die ursprünglich Arroyo Seco hieß – ist die älteste in der Stadt. 1940 wurde sie euphorisch als *Highway of Tomorrow* eröffnet: der Urgroßvater des Freeway-Systems von Los Angeles also – mit schönen Tunneln, alten Straßenbefestigungen und Ausfahrten, bei denen man kräftig auf die Bremse treten muß. So eng sind sie. Früher ging's eben gemächlicher zu. Das ist heute noch so in Pasadena, dem gediegenen Stadtteil der alteingesessenen Villen, schattigen Alleen und (oft) mondänen Stille.

Erst recht beschaulich begann das Leben am Fuß der San Gabriel Berge in Pasadena, der »Krone des Tals«, wie es die Indianer nannten. Mitte der 70er Jahre des vorigen Jahrhunderts verkaufte dann die »San Gabriel Orange Grove Association« das meiste Land östlich des Arroyo Seco Flusses an Zitrusfarmer. Unter Ahorn und Eichen gediehen ihre Oliven- und Orangenhaine aufs beste.

Der Landboom der 80er Jahre und die Ankunft der Eisenbahn brachten die Kolonie bald in guten Ruf. Lukrative Grundstücke, Blumen und Apfelsinen, Sonne und schneebedeckte Berge: das ergab einen Paradiesgarten, einen idealen Winterkurort, jedenfalls ein gutes Geschäft. Prächtige Grand Hotels ließen nicht lange auf sich warten. Das sehenswerte **Hotel Green** von 1899/1903 (50 E. Green St.) und das **Huntington Sheraton** von 1907/1914, 1401 South Oak Knoll Ave.) zeugen heute noch vom Lebensstil der Freizeitler jener Jahre.

Viele Wintergäste waren so von Pasadena angetan, daß sie sich überhaupt hier niederließen. Dollarkönige, die an der elektrischen Eisenbahn oder am Kaugummi reich geworden waren, legten in Pasadena die Grundsteine für ihren betuchten Platz an der Sonne. In den ersten Dekaden dieses Jahrhunderts entstand eine ausgeprägte Villenkultur. Feine Klubs, Kammerkonzerte und natürlich die jährliche Rosenparade (seit 1890) gaben den gesellschaftlichen Ton an.

Allzu viel hat sich daran in den weitgehend konservativen Gemeinden von Pasadena, Glendale, San Marino und Arcadia nicht geändert. Architektur, Rosenfest und Gartenkunst sind die Hauptattraktionen geblieben. Wenn der Smog nicht wäre, der im Sommer so manches Auge trübt und triefen läßt, dann ständen hier die Pforten des irdischen Paradiesgartens nach wie vor offen.

Trotzdem: es muß nicht gerade Januar sein, um die architektonischen Leckerbissen ringsum zu genießen. Schon auf dem Weg dorthin, in der Nähe der Kreuzung der 43rd Avenue mit dem Pasadena Freeway, vermittelt der **Heritage Square** (3800 N. Homer St.) einen plastischen

Ruhe und Bewegung: Besucher in den Gärten der Huntington Library

Eindruck von der guten alten Zeit der viktorianischen Baumeister. Mehrere Villen sind hierher in denkmalschützerischer Absicht transloziert worden: ein *open-air* Museum.

So recht nach dem Geschmack von Architekturliebhabern sind allerdings jene Häuser in Pasadena, die im sogenannten *Craftsman*-Stil und im Spanischen Neo-Kolonialstil gebaut sind. Zwei Meisterstücke der gediegenen *Craftsman*-Holzbauweise stammen von den Architektenbrüdern Charles und Henry Green: das **Duncan-Irwin House** von 1900/1906 (240 N. Grant; Nähe Westmoreland Place und Arroyo Terrace) und das berühmte **Gamble House** von 1908 (4 Westmoreland Place). Überhaupt lohnt die Gegend um Arroyo Terrace in der Nähe der Rose Bowl eine Rundfahrt, weil zahlreiche Green-Bauten hier beieinander liegen. Noch eine Green-Enklave steht bei der Hillcrest Avenue, u. a. das Schmuckstück dieses Baustils, das **Robert R. Blacker House** von 1907 (1177 Hillcrest Avenue).

Ein Ensemble spanischer Kolonialvillen versammelt sich praktisch vor den Toren des Huntington-Geländes im stillen Ortsteil San Marino. (Allen Ave. und Lombardy Rd.). Die Farbkompositionen ähneln sich: weiße Putzwände, rote Ziegeldächer, grüne Rasenflächen. Ein pittoreskes Beispiel: das **Singer House** von 1925 (2035 Lombardy Road).

Der Kunst am Bau steht die im Garten oder Park kaum nach. Fraglos die Nummer eins: die ausgedehnten Parkanlagen rund um die **Huntington Bibliothek und Galerie.** (Straßenkarte: siehe »gelber Teil« unter »Pasadena«). Die Gärten – 1904 ins Leben gerufen – zählen zweifellos zu den schönsten der Welt. Auch wer nur wenig Zeit für Los Angeles übrig hat, sollte sich einen Rundgang nicht entgehen lassen. Ob zwischen staksigen

Palmen- und Kakteengarten im Huntington-Park

Neoklassizismus: die Huntington Kunstgalerie (1910)

Kakteen oder edlen Lilien, unter riesigen Bambusbüschen oder im lieblichen Gazebo unter Rosen – in jedem Augenblick ist es, als läge die hektische Go-Go-Welt L.A.'s auf einem anderen Planeten.

Schöpfer dieser Oase: Henry E. Huntington, der Neffe und Erbe des Eisenbahnmoguls Collis P. Huntington, einer der *Big Four* in San Francisco (neben Mark Hopkins, Leland Stanford und Charles Crocker), die sich am Eisenbahnbau eine goldene Nase verdienten. Henry zog 1900 nach dem Tod des Onkels nach L.A. und begann nun seinerseits in die Pacific Railway Company zu investieren, die u. a. Pasadena mit Downtown und dem Ozean verband (siehe Kartenskizze der Strecken auf S. 28). Weil dabei Streckenbau und Landkauf Hand in Hand gingen, wurde Henry Huntington rasch zum größten Landbesitzer Kaliforniens.

Als er sich im Alter zurückzog, baute er seine San Marino Ranch Stück für Stück aus, um seine gigantische Bücher- und Kunstsammlung angemessen unterzubringen. Thematische Gärten kamen hinzu – im englischen oder japanischen Stil. Oder im literarischen, so der elisabethanische Garten, der alle Blumen und Kräuter wachsen läßt, die in den Stücken Shakespeares vorkommen.

Östlich von San Marino, in Arcadia, liegt noch ein außergewöhnlicher Großgarten, das **Los Angeles State und County Arboretum,** ursprünglich auch eine Ranch. Ein Silberbaron hatte sie in den 80er Jahren des vorigen Jahrhunderts bauen lassen. Seine überaus fotogene Naturszenerie ist bereits in zahlreiche Hollywoodfilme eingegangen. Johnny Weismüller turnte hier als Tarzan herum. Und Humphrey Bogart zog seine *African Queen* durch die unbarmherzig wirkende Vegetation der Dschungelkulisse. Der See mit hübscher Holzvilla wird durch eine natürliche Quelle ge-

Historische Hinweistafel (1937) auf die exklusive Grabstätte des Forest Lawn-Friedhofs in Glendale

Rose Bowl-Stadion in Pasadena

speist. Die Gabrieleno-Indianer benutzten sie, bevor die Weißen anrückten.

Auch wenn er ein wenig abseits von Pasadena liegt (genauer gesagt: westlich davon), der für Südkalifornien wohl typischste Friedhof – von den Hundefriedhöfen einmal abgesehen – darf in der Reihe der großen Gärten dieser Stadtregion nicht fehlen: **Forest Lawn.** Jeder, der Evelyn Waughs *Tod in Hollywood* gelesen hat, kann sich ein Bild von diesem merkwürdigen Garten Eden machen. Wer den Roman nicht kennt, muß selber sehen: 1712 South Glendale Avenue heißt die Adresse. Sie war die Endstation für viel (verblichene) kinematographische Prominenz Hollywoods: Walt Disney, Clark Gable, Humphrey Bogart, Alan Ladd, Jean Harlowe, Spencer Tracy, W. C. Fields, Erroll Flynn, David O. Selznick und viele andere. Sie alle ruhen hier unterm Grün eines englischen Gartens, inmitten von Monumenten aus Marmor und Bronze.

Ganz den Lebenden gehört die große Rosenschüssel, die **Rose Bowl.** Besonders am Neujahrstag. Dann stehen die opulente *Rose Parade* und das Footballspiel auf dem Programm – nicht nur auf der Wegstrecke der blütenbekränzten Wagen, dem **Colorado Boulevard** oder im Stadion selbst. Nein, Rosenzug und Sportspektakel flimmern über die Mattscheiben der ganzen US-Nation. Die meiste Zeit des Jahres über bildet das weite Rund der Arena allerdings die Kulisse für Tausch- und Flohmärkte, für die populären *swap meets.*

Rosenparade 1905

Als eine satirische Fußnote zum bombastischen und patriotischen Rosenkorso versteht sich die sogenannte *Doo-Dah-Parade,* die alljährlich kurz zuvor über die gleiche Strecke zieht: ein Straßentheaterzug der witzigen Einfälle und Karikaturen, der Parodien aufs Zeitgeschehen und den *American Way of Life. Doo-Dah* – das erinnert an *Bla Bla.* Und tatsächlich: viel Nonsens ist da mit von der Partie.

Umzugsfreudig ist also Pasadena allemal. Der Zuschauer hat sogar die Wahl: zwischen Augenschmaus und Satyrspiel, den Rosen und den Dornen. Letztere haben ausnahmsweise einmal einen Vorteil. Man muß nicht schon unendlich lange vorher mit Sitzkissen und Verpflegung am Straßenrand Posten beziehen, um die Show *live* mitzubekommen.

Straßenszenen aus der »Doo-Dah-Parade«

PASADENA
Tournament of Ros
JAY'S
ANTIQUES

LEAVING TOWN
Trips durch Südkalifornien

Für viele Angelenos ist die Fahrt zum nächsten Briefkasten schon ein kleiner Ausflug. So gut wie gar nichts nämlich liegt in L.A. vor der Haustüre. Das macht munter. Für Trips und Touren durchs riesige Siedlungsarchipel, ja, durch ganz Südkalifornien.

Warum sollte sich der Besucher da nicht mitreißen lassen? An lohnenden Zielen fehlt es nicht.

Da sind zum Beispiel die zahlreichen **Canyons.** Die meisten, die sich ein Bild von Los Angeles machen, wissen sehr wenig von ihnen. Beim Namen »Canyon« denken sie allenfalls an kleine Ableger von Brice- oder Grand Canyon. Deshalb sind sie verwundert über die landschaftlichen Reize der Täler im Norden der Stadt – nahe von Santa Monica, Bel Air oder Hollywood. Erst recht darüber, daß da auch Menschen wohnen. Es sind gar nicht mal wenige, und ihre Wohnkultur ist ungewöhnlich. Einige der schönsten Traumhäuser von L.A. stehen in diesen stadtnahen Canyons. Was sich da hinter Holzfassaden und Schindeldächern lauschig und naturnah mehr versteckt als offen zeigt, ist bei Kennern beliebt, weil es ein ruhiges Wohnen in

Big Bear Lake in den San Bernardino Bergen

unmittelbarer Nähe der Stadt ermöglicht.

Und lebendig geht es da auch zu. Nicht immer zur reinen Freude der Hausbesitzer allerdings. Vögel und Wild mögen sicher liebenswerte Zaungäste sein. Aber wie steht es mit den Ameisenkolonnen und den Schwarzen Witwen? Oder gar mit den Termiten? Neben den berüchtigten Bränden in den Canyons gehören sie zu den heimtückischsten Genießern von Holzarchitektur. Vor allem merkt man meist erst zu spät, an welcher Stelle sie ihren Appetit entwickelten. Manche der Häuser, die riskant auf Stützbalken halbwegs über dem Abgrund schweben, kippen, nachdem die tragenden Holzteile innen hohl gefressen sind.

Eine andere Gruppe von Canyonbewohnern ist auch nicht jedermanns Sache: die Racoons. Diese kleinen, aber aufdringlichen Waschbären mit den schwarzen Augenmasken sehen eigentlich ganz niedlich aus, wenn sie abends aus ihren Verstecken familienweise losziehen, um ihr Abendbrot zu suchen. Da sie wissen, daß bei den Menschen noch am meisten abfällt, ist nichts vor ihnen sicher. Vor allem die Mülleimer vor den Häusern nicht. Fische und Wasserschildkröten schätzen sie als Frischkost. Aber sie gehen noch weiter. Am liebsten auf die Hausdächer, wo sie es scharrend und kratzend oft so weit treiben, daß sie in so manch einer Canyonsiedleridylle unverhofft durch die Holzdecke auf den Teppich gepurzelt sind. Sicher ein gutes Gesprächsthema, aber erst mal ein Schock. Und das Erstaunliche an solchen Begebenheiten ist, daß sie sich nicht fernab von der Zivilisation, sondern fünf Minuten von Freeway und Stadt abspielen.

Canyons sind stets kurvenreich. Die Fahrerei lohnt sich: **Malibu Canyon, Beverly Glen-, Benedict-, Stone-** und **Laurel Canyon** zum Beispiel.

Topanga Canyon ist sogar ein »Muß« für jeden, der einigermaßen glaubhaft behaupten will, in L.A. gewesen zu sein. Das Wort »Topanga«, indianischen Ursprungs, bedeutet »Berg, der ins Meer führt«. Vor 5000 Jahren lebten hier Indianer. Und lange, bevor man von alternativem Lebensstil redete, wurde er hier ringsum praktiziert. Die Häuschen liegen meist unter riesigen Sykomoren oder an kleinen Creeks, die durch das Tal plätschern. Im **Topanga State Park** (20825 Entrada Rd., die von der Topanga Canyon Rd. abzweigt) bieten sich Wanderwege und schöne Ausblicke aufs Meer. Viele der Nonkonformisten, die einst die Gemeinde ausmachten, sind längst abgezogen. Die Mieten sind zu sehr gestiegen.

Wer sich ungern mit dem Auto herauf- und herabwinden und lieber dauernd von oben auf die **Santa Monica Mountains** und die Stadt blicken möchte, sollte den

Mulholland Drive wählen. Diese Höhenstraße folgt dem Rückgrat der Bergkette, die das sogenannte L.A. *basin* vom San Fernando Valley trennt. Vom *scenic drive* hat man Einblick in beide Richtungen.

Eine andere Strecke, die Teile der Santa Monica Mountains Revue passieren läßt, ist der **Sunset Boulevard.** Es lohnt, ihn wirklich mal von Anfang bis Ende zu fahren, am besten von Osten nach Westen. In Downtown fehlt zunächst einmal vom weltweiten Ruf dieser Straße jede Spur. Doch das Chamäleonhafte des Sunsets ist es gerade, sich bei fast jeder Meile zu verändern. So mausert er sich denn auch in Richtung Westen zu einer kurvenreichen Schnur, an der die unterschiedlichsten Milieus aufgereiht sind. Erst einmal schnurstracks geht's durch Hollywood, wo er den Namen »Strip« bekommt. Dann, links und rechts, die grünen Oasen von Beverly Hills mit den opulenten Villen, dann das Universitätsgelände der UCLA mit ihren großzügigen Sportanlagen, schließlich – nach Überquerung des San Diego Freeway – das gediegene Brentwood. Dahinter nehmen die Kurven drastisch zu, und man muß aufpassen, daß man vor lauter Spurensicherung (bei Automatikschaltung vor allem!) noch etwas von der ansehnlichen Szenerie am Rande mitbekommt: von Pacific Palisades und den Bergen. Stimmt das *timing*, erwischt man, bevor es letztendlich abwärts zum Pazifik geht, *live*, was dieser Bandwurmstraße ihren Namen gibt: den Sonnenuntergang.

Nur eine Autostunde von Los Angeles entfernt erheben sich die **San Gabriel Mountains,** eine abwechslungsreiche Gebirgslandschaft für Wandersleute, Kletterer und Campingfreunde. Wie überall sieht man das Beste erst auf Bergpfaden und zu Fuß.

Ausblick vom »Rim of the World Drive« auf die San Bernardino Berge

Aber für die Lauffaulen bietet der **Angeles Crest Highway** (S 2) eine ergiebige Ersatzlösung. Das **Mount Wilson Observatory** mit seinem Riesenteleskop ist ebenfalls leicht erreichbar: man verläßt die S 2 bei Red Box und folgt der Mount Wilson Road.

Zu allen Jahreszeiten halten auch die **San Bernardino Mountains** sehenswerte Fleckchen bereit. Auf der I-10 fährt man zunächst bis zur Kreuzung der I-15 (hinter Colton) und, vorbei am Ort San Bernardino, auf die S 18, den sogenannten **Rim of the World Drive.** Die kurvenreiche Straße steigt bis auf rund zweieinhalbtausend Meter an und führt zu den malerischen Bergseen **Lake Arrowhead** (vgl. Farbtafel 49) und **Big Bear Lake.** Ein Schönheitsfehler freilich läßt sich rund um den Lake Arrowhead nicht übersehen: der größte Teil seiner schönen Ufer ist in Privatbesitz, d. h. *off limits* für Touristen, die sich hier sonnen, baden oder ein Mittagsschläfchen halten möchten. So was geht nur in einem öffentlichen Strandbad. Es ist leicht zu finden.

Wüsten, auch die rund um L.A., sind ein Kapitel für sich, für das hier leider der Platz fehlt. Zur Auswahl stehen: die unendliche **Mojave-Wüste** (gesprochen: »mo-ha-vi«) mit ihrem landschaftlich besonders reizvollen **Antelope Valley** (an der S 14) und dem (nicht nur bei Dünen-Buggy-Fans beliebten) **Red Rock Canyon,** nördlich des Ortes Mojave.

Außerdem: das **Joshua Tree Monument,** östlich von Palm Springs gelegen und zumindest ein Picknick wert. Schon in seinem weiten Umkreis zeigen sich die großen, stacheligen Gesellen an den Straßenrändern, mit verzweigten Armen und harten Dornen wie Schwerter – die *Joshua Trees* (Yucca brevifolia). Das sind großgeratene Familienmitglieder der Lilien. Strahlend entfalten ihre weißen Blüten zwischen März

Zabriskie Point im Death Valley

Joshua-Bäume in der Mojave-Wüste

und April ihre Pracht. Angeblich stammt der Name Joshua von den Mormonen. Er bedeutet »betende Pflanze« – wegen ihrer hochgestreckten Arme. Wenn man die rechte Zeit in der Joshua-Wüste erwischt, dann blüht da noch mehr: ganze Blumenteppiche bedecken im Frühjahr Täler und Hänge, und wie auf den pointillistischen Bildern Seurats verlaufen dann die farbigen Flächen in der kargen Landschaft. (Auskunft erteilt das Headquarter des Parks in **Twentynine Palms.**)

Der Staatspark der **Anza Borrego Wüste** zählt zu den schönsten Naturschutzgebieten in Südkalifornien (vgl. Farbtafel 50). Seine Höhenunterschiede sind beträchtlich: entsprechend variieren Fauna und Flora in den Gebieten der *high desert* und der *lower desert*. Die Differenz reicht von 30 Metern unter dem Meeresspiegel bis zu 2000 Metern bei den San Ysidoro Bergen. November bis Mai gelten auch hier als die günstigsten Besuchsmonate.

Und wen der Wüstenenthusiasmus vollends gepackt hat, der sollte sich mit ein bißchen Mut, einem zuverlässigen Auto, genügend Benzin, ein paar Nüssen im Handschuhfach und natürlich nicht gerade im Juli oder August die Wüste aller Wüsten in den USA nicht entgehen lassen: das legendäre **Death Valley** nordöstlich von Mojave, das Tal des Todes.

»Wüste? Nein, danke.« Das sagen vielleicht die unverbesserlichen (europäischen) Stadtliebhaber. Nun, auch für sie ist in Südkalifornien gesorgt: **Santa Barbara,** nur anderthalb Autostunden von L.A. entfernt, empfiehlt sich als guter Tip und Trip. Die Reise dorthin führt über den Highway 1 – vorbei an Zuma Beach, Point Mugu und Ventura. Den mediterran gehaltenen Lebensstil dieses Städtchens spürt man am besten beim Lunch *al fresco* in einem der unvergleichlichen Patio-Restaurants: bei plätschernden Brunnen, Vogelgezwitscher, rankendem Grün und ziegelroten Dächern. (Das *»El Paseo«* an der State Street, zum Beispiel.) Blickt man noch auf die herrliche Missionskirche (etwas außerhalb, an der Mission Canyon Road), auf die alten Adobe-Bauten der Altstadt, des *Pueblo Viejo,* dann wird leicht verständlich, warum Santa Barbara für viele den Inbegriff des kalifornischen Lebens bedeutet. Ein Glück für die Stadt, daß daraus kein geschlossenes Rentnerparadies der Betuchten geworden ist. Dafür sorgt die Universität mit ihrem Publikum. Wer sich davon ein Bild machen möchte, der muß noch ein paar Minuten weiterfahren, zum Ortsteil **Isla Vista,** dem Zentrum der Studentenkultur. Am besten, man mietet sich dort ein

Patio-Restaurant »El Paseo« in Santa Barbara

Heizöfchen (für den Winter) in einer Apfelsinenplantage, Ojai
Oase für Golfer, Palm Springs (Vgl. auch Farbtafeln Nr. 47 und 51)

Bergbahn zum Mount Jacinto, Palm Springs ▷

T

Missions-Glocke. Eine von zahlreichen anderen, die entlang des El Camino Real, des King's Highway, zwischen San Diego und San Francisco postiert sind. An dieser Strecke (heute weitgehend S1 und US 101) liegen die Missionskirchen, die im 17. und 18. Jahrhundert in Kalifornien gegründet wurden.

Balboa Park, San Diego

Mission San Diego de Alcala

Fahrrad und rollt gemächlich durch die großzügigen Campus-Anlagen, die Dünen am Strand, zu den Parks, Cafés, Bioläden und Wohnheimen der akademischen Gemeinde. (Eine Alternative zu Fuß: am Steilufer entlang.)

Zwischen L.A. und Santa Barbara, nordöstlich von Ventura, versteckt sich **Ojai** (gesprochen: »o-hei«) – ein lohnender Abstecher ins Landesinnere zu einem Städtchen mit Parks und Arkaden, zwischen Ranches und jeder Menge Apfelsinenplantagen.

Lake Casitas liegt nicht weit von hier entfernt (vgl. »Gelber Teil« unter »Ausflüge«).

Noch ein Städtebesuch: **San Diego** – etwa zwei Autostunden südlich von L.A., eine Stadt mit hohem Freizeitwert. Deshalb sollte man sich für einen Ausflug (einschließlich der reizvollen Küstenstrecke) schon zwei Tage Zeit nehmen.

Der alte spanische Kern, **Old Town,** ist – wie Olvera Street in Los Angeles – ein ganz und gar folkloristisch gefärbtes Touristenzentrum. Sehenswert ist aber auf jeden Fall die alte spanische **Mission San Diego de Alcala** (I-8 in östlicher Richtung bis Murphy Canyon Road), die erste der insgesamt 21 Kirchen, die damals für die geistige Befestigung von *Alta California* sorgen sollten.

Die Küste vor San Diego ist abwechslungsreich: bei **La Jolla** oder den **Sunset Cliffs** etwa. **Point Loma,** am Südzipfel der Stadt, gewährt einen prächtigen Blick auf Pazifik und Marinehafen. Wie oft in Kalifornien hält die US-Navy die landschaftlich reizvollsten Positionen besetzt.

Eigentliches Schmuckstück San Diegos aber ist der riesige **Balboa Park,** neben dem Golden Gate Park in San Francisco sicher die schönste Anlage in Kalifornien. Zwischen Eukalyptus und tropischem Wildwuchs tummeln sich hier, besonders an Wochenenden, die Freaks und Flaneure, Rentner und Renner, Alteingesessene und Wochenendtouristen. Pavillons, Museen, Galerien und Theaterbauten setzen die architektonischen Akzente und erzeugen einen Hauch von Belle Epoque in der Neuen Welt.

»Manche mögen's heiß« – der Drehort des Films eignet sich durchaus auch für kühlere Gemüter und Zwecke: das sehenswerte **Coronado Hotel.** Keine Frage: der viktorianische Palast ist erste Wahl, wenn es darum geht, in San Diego zu übernachten.

San Diegos berühmtes Hotel del Coronado

Los Angeles-Informationen

ALLGEMEINE LOS ANGELES-INFORMATIONEN

DOWNTON-L.A.-INFORMATIONEN

HOLLYWOOD-INFORMATIONEN

BEVERLY-HILLS- UND WILSHIRE DISTRICT-INFORMATIONEN

WEST L.A-INFORMATIONEN

PASADENA/GLENDALE-INFORMATIONEN

SAN FERNANDO VALLEY-INFORMATIONEN

SOUTH BAY-INFORMATIONEN

Alternativszene

Für die meisten Amerikaner ist L.A. der Inbegriff des Verrückten, Abstrusen und Ausgeflippten. Fernsehen und Presse polieren seit jeher fleißig dieses Image: Los Angeles ist eine Dauersensation voller Gags und Gimmicks, Knorrigem und Horrigem, ein riesiger »Zirkus ohne Zelt«.

Tatsächlich wimmelt es in einzelnen Gegenden L.A.'s von Freaks und Flippies, die mit dem *American Way of Life* nichts zu tun haben wollen. Die Stadt ist ein Labor für Experimente, die nahezu alle praktischen, psychologischen und bewußtseinsmäßigen Lebensbereiche betreffen.

Sekten, Selbsterfahrungsgruppen, alternative Medizin (*biodynamics, chiropracters, healers, acupuncture* etc.), Diätkost mit Yoga und Joghurt und – zur Zeit – Aerobics: das sind einige Trends, die Linderung vom Streß der *rat race,* der Hektik des täglichen Geschäftslebens, bringen sollen – obwohl es sich inzwischen herumgesprochen hat, daß all diese Maßnahmen am gewohnten Gang der Dinge nichts ändern.

Denn längst sind der Sinn fürs Okkulte und der Hang zur Selbstversenkung robusteren Fitness-Programmen gewichen. Ob *stretching* oder *women's boxing,* auf jeden Fall geht es darum, der John Travolta-Devise nachzujagen: *let's get physical.*

Was als Experiment und Alternative im kleinen und für eine Weile beginnt, etabliert sich meist schnell auf dem Markt. Insofern ist L.A. seit langem schon für die USA, was diese für den Rest der Welt bedeuten: Trendsetter, Vorreiter, Lieferant von neuen Moden und Maschen.

Einschlägige Adressen und nähere Informationen finden Sie in vielen der folgenden Rubriken, u. a. unter »Frauenorganisationen«, »Sport und Erholung«, »Literaturszene« etc.

Ankunft

MIT DEM FLUGZEUG

Die meisten Besucher werden auf dem Los Angeles International Airport, bekannt als »LAX«, landen. Im Anflug bei Dunkelheit präsentiert sich L.A. als glitzernder Lichterteppich von völlig unwahrscheinlichen Ausmaßen.

Bei gültigem Reisepaß mit Visum und (bereits im Flugzeug) ausgefülltem Landekärtchen sollte es bei der Paßkontrolle keine besonderen Schwierigkeiten geben – außer den immer wieder erstaunlichen Fragen der Beamten nach Art, Zweck und finanzieller Ausstattung Ihrer Einreise. Zur Zollabfertigung: siehe unter »Zollbestimmungen«.

Zwischen den Terminals, Parkplätzen und Bushaltestellen verkehren Zubringerdienste. Hotels in Flughafennähe und viele große Hotels in der Stadt haben eigene Transportmittel vom und zum Flughafen. Sie sind kostenlos, sofern Sie Gast des jeweiligen Hotels sind. An allen Terminals gibt es Telefone, von denen Sie gebührenfrei ein Zimmer bei den naheliegenden Flughafenhotels bestellen und sich abholen lassen können. Taxis sind genügend zu haben. Alle größeren Autoverleihfirmen sind am Flughafen vertreten.

Das Busunternehmen Rapid Transit District (RTD) unterhält eine Reihe von Busverbindungen vom LAX zu Zielen in Los Angeles County (siehe unter »Verkehrsmittel«), aber die Benutzung des Busses ist in der Regel zeitraubend und unbefriedigend. Erkundigen Sie sich am »information desk« oder rufen Sie gleich RTD an: ✆ 626–4455.

Der Flughafen besitzt einen eigenen Bus-Service (»Airport Service«), der u. a. folgende Ziele anfährt: Downtown, Disneyland Hotel, Pasadena Hilton, Long Beach, Westwood, Hollywood, Beverly Hills und die

»Queen Mary«. (Tägl. von 8 Uhr bis Mitternacht.) ✆ 723–4636

MIT DEM AUTO/BUS

Von Osten, aus Arizona, Palm Springs, San Bernardino und Riverside erreichen Sie East Los Angeles auf der I-10 oder I-210 (I = Interstate Highway) und der S 60 (S = California State Highway).

Um in die westlichen Stadtteile zu kommen, wählen Sie ab Downtown den Santa Monica Freeway.

Vom Norden und Nordwesten her gibt es mehrere Autowege nach L.A. Zunächst die I-5 von San Francisco über Bakersfield; sie führt bis Burbank und Downtown. Dann die S 2 vom Angeles National Forest nach Burbank und Pasadena. Aus dem Nordwesten kommt die legendäre S 1, die Küstenstraße; sie führt nach Santa Monica und West Los Angeles. Und schließlich verläuft die US 101 von Santa Barbara und dem San Fernando Valley nach Hollywood und Downtown.

Aus dem Süden, von San Diego, erreicht man Los Angeles über die I-5 bzw. I-405.

Busse enden (und starten) in folgenden Busbahnhöfen:

Greyhound Bus Lines Terminal
6th St. + Los Angeles St.
Los Angeles (Downtown)
✆ 620–1200

Greyhound Bus Terminal
1433 5th St.
Santa Monica
✆ 394–5400

Continental Trailways
800 N. Alameda St.
Los Angeles (Downtown)
✆ 742–1200

MIT DEM ZUG

Alle Züge halten im

Union Passenger Terminal
800 N. Alameda St.
Los Angeles (Downtown)
✆ 624–0171

MIT DEM SCHIFF

Viele Schiffahrts- und Dampferlinien legen im Hafen San Pedro an, im – zusammen mit Terminal Island und Wilmington – **Port of Los Angeles.** Die schnellste Autoverbindung von dort nach Downtown ist der Harbor Freeway (S 10).

Architektur

Das zähe Vorurteil, L.A. sei eine Kulturwüste, rückt meistens auch seine Architektur ins schlechte Licht. Einfallslose Eigenheime und verrückte Bauten im Mickey-Maus-Stil, sterile Hochhauskästen und dekorierte Schuppen: So stellen sich viele immer noch die Stadtlandschaft von Los Angeles vor.

Zugegeben, bei so vielen Quadratkilometern angewandter Bauwut geht notgedrungen eine Menge schief. Und doch kann die Region mit einer ungewöhnlich reichen Architektur aufwarten – mit historischen Prachtstücken ebenso wie mit baulichen Experimenten der sogenannten Postmoderne.

Aus den Gründungsjahren der Stadt haben sich rund um die Plaza und Olvera Street einzelne Bauten erhalten, die trotz mehrfacher Restauration noch die originale spanische Architektur erkennen lassen. Die **Avila Adobe** (1818), 10 Olvera Street, aus der Frühzeit des Pueblos, gilt als das älteste Gebäude von Los Angeles. Auch die **Plaza Kirche** (1818–22), 535 N. Main Street, läßt trotz mehrfacher Veränderung noch viel von ihrer ursprünglichen Gestalt erkennen. Ihr Name: »Church of our Lady Queen of the Angels«. Das nahegelegene **Pico House** (1868), 430 N. Main Street, ließ sich der letzte mexikanische Gouverneur von Kalifornien errichten. Das **Merced Theatre** (1869), 420 N. Main Street, war der erste Theaterbau in Los Angeles. Sehenswert auch das **Old Plaza Firehouse** (1884), im Backsteinbau noch ein alter Feuerlöschwagen. Ein anderes Zeugnis der frühen Stadtgeschichte ist die **Adobe Los Cerritos** (1844), 4600 Virgina Road, Long Beach, einer der bestrestaurierten Adobebauten mit Holzveranda. Im Gebäude heute: Bücher, Karten, Fotos und indianische Funde.

Als das schönste Gebäude aus der Zeit um die Jahrhundertwende gilt das **Bradbury Building** (1893), 304 S. Broadway in Downtown. Der unter Denkmalschutz stehende Bau offenbart im Innern eine ausgewogene Balance von Lichtführung (Glasdach), Formgebung, Farbgestaltung und Baumaterialien (eiserne Treppen, Holzvertäfelung). Hydraulischer Aufzug.

Zahlreiche neubarocke und neoklassizistische Gebäude haben sich noch in Downtown erhalten, Kinopaläste, Arkaden und alte Restaurants. Da ist zum Beispiel das auch innen recht üppige **Palace Theater** (1911), 630 S. Broadway, dann **Finney's Cafeteria** (1914), 217 W. 6th Street, das **Million Dollar Theater** (1918), 307 S. Broadway, dessen Bau exakt diese Summe kostete, das **Los Angeles Theater** (1931), 615 S. Broadway, mit sehenswerter Innenarchitektur, und das **Orpheum Theater** (1926), Ecke 9th Street und Broadway, innen mit Holzverkleidung, Blattgolddecke, gotischen Bögen und Art Deco Möbeln. Neoklassizistisch gibt sich das **Van Ness Building** (1910–1911), Ecke Spring und 7th Street, und auch das **Broadway Arcade Building** (1922–1923), 542 S. Broadway, dessen Arkade mit Glasdach und Geschäften Broadway mit Spring Street verbindet. Einflüsse des Neo-Spanischen Kolonialstils verrät die **Broadway Cafeteria** (1927), 620 S. Broadway (inzwischen vom Kettenunternehmen »Carl's Jr.« ziemlich mißlungen renoviert), und italienische Stilanklänge des **Oviatt Building** (1927–1928), 617 S. Olive Street. Wie eine graue Granitfestung wirkt der monumentale Neoklassizismus der Börse, der **Pacific Coast Stock Exchange** (1929–1930), 618 S. Spring Street, während akademischere Formen dieser Stilrichtung am Bibliothekshauptgebäude der **Huntington Library** (1910 u. 1915) in Pasadena hervortreten.

An theatralischen Bauten im Stil des Art Deco hat Los Angeles einiges aufzuweisen. Nur einige Beispiele: das **Biltmore Hotel** (1922–1923), am Pershing Square, Olive und 5th Street, mit seinen unverkennbar mediterranen Stilelementen, die **Los Angeles Public Library** (1922–1926), 630 W. 5th bei der Hope Street, die den modernen Bauformen ägyptische und islamische Einflüsse beimischt. Dann **City Hall** (1926–1928), das Rathaus Ecke Temple und Main Street, mit seinen 28 Stockwerken lange Zeit das höchste Gebäude und einzige Wahrzeichen von Los Angeles. Besonders eindrucksvoll das Warenhaus im kommerziellen Stil des Art Deco von **Bullock's Wilshire** (1928), 3050 Wilshire Boulevard, und das **California Club Building** (1929–1930), 238 S. Flower Street, mit seiner Backsteinfassade.

Kurz vor der Restaurierung steht ein anderer Art Deco Bau, das **Pan-Pacific Auditorium** (1935), 7600 Beverly Boulevard im Wilshire District, dessen Haupteingang wie ein Autokühlergrill aussieht. Eindrucksvoll auch das **Fox Wilshire** (1929), Ecke Wilshire und Hamilton in

West Hollywood, mit seiner bemerkenswerten Innenarchitektur. Unter den vielen, noch erhaltenen Kinos dieser Zeit erwähnenswert das **Loyola Theater** (1946), Ecke Sepulveda und Manchester in Flughafennähe, aber auch der Bahnhof, die **Union Station** (1934–1939), 800 N. Alameda in Downtown, der deutlich spanisch-maurische Einflüsse zeigt: Holzdecken, Marmorfußböden und Bogenfenster. Die Eisenbahngesellschaften Southern Pacific, Union Pacific und Santa Fe Railroads finanzierten den Bahnhof gemeinsam.

Exotisch wirkt das berühmte **Grauman's Chinese Theater** (1927), 6925 Hollywood Boulevard, und kurios der Art Deco Bau **The Dark Room** (1935), 5370 Wilshire Boulevard, dessen Schaufenster zu einer großen Kamera mit einem Bullauge als Linse in der Mitte geworden ist. Formal aus der Reihe tanzt auch die Architektur von **Crossroads of the World** (1936), 6671 Sunset Boulevard in Hollywood: wie ein Dampfer scheint der Bau auf den Betrachter zuzukommen. Ähnlich, aber perfekter, das bekannte **Coca Cola Building** (1937), 1334 S. Central Avenue, im Erscheinungsbild ein stilisierter Ozeanriese – mit Kommandobrücke, Reeling, Schiffstüren und Bullaugen. 1937 galt »Coca Cola« als fortschrittliches Getränk, und da es sich um eine Abfüllfabrik handelte, schien das solide Bild eines Schiffes ein werbewirksamer Einfall.

Auch ein Gebäude »in Form von«: der **Capitol Records Tower** (1954), 1750 Vine Street, Hollywood, der einem Turm gestapelter Schallplatten gleicht.

Noch kurioser wirkt die **»Donut Hole«,** jener Schnellimbiß für die süßen Donuts in Form eines Drive-Ins (15300 East Amar Rd., La Puente) oder der berühmte **Hot-Dog-Stand** am La Cienega Blvd., der außer Würstchen Augenfutter bietet, denn er ist wie ein *hot dog* gebaut (vgl. Farbtafel 63).

Architektonische Winke mit dem Zaunpfahl vermitteln eine ganze Reihe von Baukörpern, die so aussehen, als seien sie auf dem fliegenden Teppich nach L.A. gekommen. »Im Stile von« heißen die Anleihen – mal aus der Antike, mal aus dem Mittelalter – als Grabmal, Ritterburg oder klassische Villa. Ob babylonischer Tempel, Moschee oder ostasiatische Importpagode: L.A. ist eine einzigartige Schaubühne, auf der sich alle möglichen Stilrichtungen und Bauformen ein Stelldichein geben (vgl. Farbtafeln 3 und 4).

Von den neueren Architekturen verdient das **Music Center** (1964–1969), zwischen Hope und Grand Street, besondere Aufmerksamkeit. Seine weißen Gebäude gruppieren sich mit Leichtigkeit um ein zentral gelegenes Wasserbecken, ein neuer Formalismus, der erträglich ist. Funktional auch die **Atlantic Richfield Plaza** (ARCO Plaza) (1972), Flower Street zwischen 5th und 6th Street, zwei dünne 52-Stock-Türme. In der unterirdischen Mall sind Restaurants, Geschäfte und das Büro des Greater Los Angeles Visitors and Convention Bureau. Kurz danach entstand ein weiterer kommerzieller Gebäudekomplex in Downtown, die **Broadway Plaza** (1972–1973), zwischen 7th, 8th, Flower und Hope Street, mit Hotel (Hyatt Regency), Restaurants, Büros, Einkaufszentrum und offenem Innenhof (»Galleria«). Ähnlich kühl und glatt das **L.A. World Trade Center** (1974–1976), 333 S. Flower Street.

Abweichend von der Kastenform noch zwei Vertreter moderner Architektur in Los Angeles. Das **Pacific Design Center** (1975), 8687 Melrose Avenue in Hollywood, der »blaue Wal« – wie der massive Bau im Volksmund heißt. Schließlich das **Bonaventure Hotel** (1974–1976) von John Portman, 404 S. Figueroa Street, mit seinen fünf silbrigen Glassilos, an denen außen die Aufzüge hochfahren.

Kein noch so kurzer Abriß architektonischer Besonderheiten in Los Angeles wäre vollständig ohne den Hinweis auf jene berühmten Architekten, die dem »California Bungalow« Geltung verschaffen haben. Hier sind in erster Linie Charles und Henry Greene zu nennen, die den sogenannten »Craftsman Style« baukünstlerisch vollendet an vielen Bungalows verwirklicht haben. Beispielhaft für diesen handwerklich ausgeprägten Stil das **R. R. Blacker House** (1907), 1177 Hillcrest, Pasadena, und das **Gamble House** (1908), 4 Westmoreland Place, ebenfalls in Pasadena. (Gegen Eintritt zugänglich.)

Durchs Bauhaus beeinflußt und im sachlichen Internationalen Stil sind die Häuser von Richard Neutra, der neben Frank Lloyd Wright, den Greenes, Rudolph Schindler und Craig Ellwood der wohl bekannteste Architekt südkalifornischer Wohnhäuser ist. Als Beispiele hier nur das **Lovell House** (1929), 4616 Dundee, East Hollywood, von Neutra, und das **Lovell Beach House** (1926), 13th und Beach Walk, Balboa (Newport Beach) von Schindler. Neueren Datums und besonders originell: das Ufo-Haus mit dem Namen **Chemoshere** von John Lautner (1960) in den Hügeln oberhalb der Hollywood Bowl. (7776 Torreyson Dr.)

Erwähnenswert der Kirchenbau von Lloyd Wright, dem Sohn des großen Frank Lloyd, die **Wayfarers' Chapel«** (1949), 5755 Palos Verdes Drive South, Rancho Palos Verdes, ein Stück Kirchen- und Landschaftsarchitektur zugleich: die durchsichtige Glas- und Holzkonstruktion fügt sich organisch in die umgebenden Baumgruppen an der Pazifikküste ein (vgl. Farbtafel 46).

Und noch eine ungewöhnliche Kirche: die **Crystal Cathedral,** 12141 Lewis St. und 4201 Chapman (Garden Grove), von Philip Johnson und John Burgee (1980) – eine extravagante Stahl- und Glaskonstruktion für fast 3000 Gläubige (vgl. Farbtafel 31).

Ärztliche Versorgung

NOTFÄLLE

Rufen Sie den **Operator** (»0«) an und nennen Sie Sachlage, Adresse, Name und Telefonnummer. Oder wählen Sie den Notruf *(emergency number)* der nächstgelegenen **Feuerwehr** (vorne im Telefonbuch). Die schickt dann einen *paramedics,* einen für solche Fälle eigens ausgebildeten Sanitäter oder – wenn nötig – einen Ambulanzwagen. Die Kosten für Transport und anschließende Behandlung tragen Sie.

APOTHEKEN

siehe unter *pharmacies* in den Gelben Telefonbuchseiten. Man findet sie meist innerhalb von *drugstores,* die außer Pharmazeutika auch Toilettenartikel, Kosmetika und Seifen verkaufen, und in vielen Supermärkten. Auf jeden Fall Tag und Nacht geöffnet:

Kaiser Foundation Pharmacy, 6041 Cadillac (am La Cienega Blvd.), Los Angeles, ✆ 857–2151

REZEPTE/MEDIKAMENTE

Spezielle Medikamente sollten Sie sich in ausreichenden Mengen mitbringen, schon aus Kostengründen. Rechnen Sie damit, daß es manche Medikamente, die Sie aus Europa kennen, hier nicht gibt. **Rezepte werden nur akzeptiert, wenn sie von einem kalifornischen Arzt ausgestellt sind.** Rezepte, die ein amerikanischer Arzt außerhalb Kaliforniens ausgestellt hat, werden nur ein einziges Mal angenommen.

ÄRZTLICHE BEHANDLUNG

Entweder können Sie einen **Arzt** ihrer Wahl konsultieren – über das Hotel, die Botschaft oder einen Blick in die Gelben Seiten – oder sich an eine **Polyklinik** *(walk-in clinics)* wenden. Diese arbeiten meist selbständig oder (aber nicht immer) innerhalb eines Krankenhauses. Machen Sie sich hier auf Wartezeiten gefaßt. Gut aufgehoben sind Sie bestimmt im Universitätsklinikum in Westwood: **UCLA Medical Center,** 10833 Le Conte Avenue, Los Angeles, 90024. Notaufnahme *(emergency medicine center):* 24 Stunden (Parken in *emergency parking)* ✆ 825–2111

VORSORGE

Vor Reisebeginn sollten Sie (falls nicht privat versichert) auf alle Fälle eine **Reisekrankenversicherung** abschließen, denn alles, was in den USA mit medizinischer Versorgung zu tun hat, ist teuer.

Vor Ort nützt allerdings die Tatsache, ob Sie nun versichert sind oder nicht, absolut nichts. Es ist nämlich üblich, bei **Ärzten und in Krankenhäusern im voraus zu zahlen.** Da die wenigsten eine Menge Bargeld mit sich herumtragen werden, ist es gut, eine Kreditkarte zu besitzen.

Auktionen

Veranstaltungen und Termine in der **Los Angeles Times** unter *public auctions.*

Sotheby Parke Bernet of Los Angeles
7210 Beverly Blvd.
Beverly Hills
✆ 937–5130
Ein berühmtes Haus mit atemberaubenden Objekten und Summen: Möbel, Teppiche, Schmuck, Gemälde. Auktionen Mo, Di und Mi um 19.30 Uhr, zweimal im Monat und öfter.

A. N. Abell
1911 W. Adams Blvd.
✆ 734–4151
Jeden Do ab 10 Uhr Möbel, Einrichtungsgegenstände und schöner Krempel. Nachmittags Antiquitäten.

Marsh Dozar
8816 Burton Way
Beverly Hills
✆ 272–9536
Falls Sie ein Fleckchen kalifornischer Erde ersteigern wollen – etwas Land, ein Grundstück oder eine Parzelle voller Kakteen.

Superior Stamp and Coin Company
9301 Wilshire Blvd.
Beverly Hills
✆ 272–0851
Briefmarken- und Münzversteigerungen mehrmals im Jahr.

Ausflüge

Vorschläge für weitere Ausflüge in Südkalifornien vgl. das letzte Kapitel im »weißen« Textteil. Außerdem die Fahrtziele der Greyhound- bzw. Trailways-Busse. Tips, Literatur und Karten für Wanderungen, Boots- und Bergtouren auch beim
Sierra Club
2410 W. Beverly Blvd.
Los Angeles
✆ 387–4287

ANGELES NATIONAL FOREST

Kontrastreiche Berglandschaft – von Wüstengebieten bis zu alpinen Höhen. Die beste Anfahrt beginnt im Ortsteil La Canada (an der I-210) und führt bis zu Big Pines durch die San Gabriel-Berge entlang des Angeles Crest Highway (S 2). Z. B. beginnt an der **Switzer Picknick Area** eine beschaulich-ruhige Wandertour zu einem kühlen Wasserfall (ca. ½ Stunde Autofahrt von Glendale). Aufstiege zum **Mount Baldy** mit seinen 3300 Metern eröffnen Panoramablikke auf die Mojave-Wüste und den Pazifik. Auskünfte für Berg- und Skirouten: Angeles National Forest, 150 S. Robles Ave., Pasadena 91101, ✆ (818) 684–0350 oder (818) 577–0050

ANZA-BORREGO STATE PARK

Borrego Springs 92004
✆ (619) 767–5311 oder (818) 767–5312
Mit fast 1 Million Hektar Kaliforniens größter State Park. Oasen, Wüstentäler und viele Highlights für Wüstenfüchse, z. B. **Borrego Palm Canyon, Fish Creek, Elephant Trees.** Info-Heftchen gibt es in Borrego Springs. Beste Besuchszeit von Oktober bis Mai.

Empfehlenswerte Wüsten- und Küstentour von 2–3 Tagen: Von **L.A.** den Hwy. 1 und die I-5 über **Laguna Beach** (siehe dort), **Oceanside** und **Carlsbad** nach **Del Mar;** auf der S 8 nach **Rancho Santa Fe** (Abfahrt zum Ort kann man leicht verpassen), in Escondido auf die S 78 abbiegen und über **Ramona, Santa Ysabel** und **Julian** in den **Anza-Borrego State Park.** Die Rückfahrt führt über Julian, dann die S 79 nach Descanso und über die I-8 nach **San Diego** (Ausflug nach Tijuana möglich) und zurück nach Los Angeles auf der I-5.
Ramona und (mehr noch) **Julian** gelten als günstige Startplätze für Ausflüge in die Anza-Borrego-Wildnis.

Ramona Valley Motel
4th und Main Streets
Ramona 92065
✆ (619) 789–6433
Einfaches Motel. ($–$$)

Julian Hotel
2032 Main Street
Julian 92036
✆ (619) 765–0201
Altes, nostalgisch gehaltenes Bed & Breakfast-Hotel in einem Ort, der fast noch im letzten Jahrhundert lebt. ($$)

BAJA CALIFORNIA, MEXIKO

Landschaftlich reizvolle, über 1000 Kilometer lange Halbinsel zwischen dem Golf von Kalifornien und dem Pazifik. Touristenkarten (Visum) gibt es beim Mexikanischen Konsulat in Los Angeles, 125 E. Paseo de la Plaza, ✆ 624–3261 bzw. (bei Flügen) bei den Fluggesellschaften. Das Konsulat ebenso wie der »AAA« (Automobilclub von Südkalifornien) informieren über Autoversicherung und Straßenverhältnisse. – Der Mexico Highway 1 führt der Länge nach durch die Halbinsel. Auf jeden Fall sollten Sie sich vorher gut ausrüsten: Reservekanister, Wasser, Nahrungsmittel, Erste-Hilfe-Kasten. Wem die Strecke durch Wüsten, Berge und vulkanische Regionen zu abenteuerlich ist (und das ist sie), der kann direkt nach Cabo San Lucas fliegen. Beste Reisezeit: zwischen Oktober und Ostern. Auskunft (allerdings keine Visa): Mexican Government Tourism Office, Room 1206, 9701 Wilshire Blvd., Beverly Hills 90212, ✆ 274–6315

CATALINA ISLAND

Insel vor der Haustüre L.A.'s für das *getting-away-from-it-all*-Gefühl. Alle, die Insel betreffenden Informationen gibt es ✆ **510–2500**

Schiffsverbindung vom **San Pedro Terminal** (Berths 95/96), ✆ 775–6111 oder von **Queen's Way Landing** in **Long Beach,** 330 Golden Shore Blvd., ✆ 514–3838

Von Avalon starten Schiffstouren nach Two Harbors am Isthmus. Veranstalter: Halliday Bus Service. Ab Avalon tägl. um 11 Uhr, ✆ 510–0840

Restaurants:

Catalina Island Country Club Restaurant
Country Club Road
(innerhalb des Clubgeländes)
Avalon
∅ 510 0060
Legeres Fischrestaurant. Dinner nur im Sommer. Mo, Di geschl. $$

The Sand Trap
Avalon Canyon Road
(auf dem Weg zum Wrigley Botanical Garden)
Avalon
∅ 510–1349
Beliebt bei Einheimischen. Spezialität: Omlettes. Tägl. im Sommer Frühstück und Lunch. ($)

Musikklub

Chi-Chi Club
107 Summer Ave.
Avalon
∅ 510–1441
Jazz und Bluegrass. Tägl. von 20–2 Uhr nachts.

Unterkunft

The Zane Grey Hotel

199 Chimes Tower Rd.
Box 216
Avalon
∅ 510–0966 und 510–1520
Hotel im Tahiti-Dekor, etwas abgelegen mit Blick auf Berge und Ozean. ($$–$$$)

Camping-Auskünfte:

County Department of Parks and Recreation
Box 1133
Avalon 90704
∅ 510–0688
Broschüre und Reservierung für Camping in Black Jack und Little Harbor.

Western Cruising Club
Box 1500
Avalon 90704
∅ 510–0303
Reservierung für Camper in Little Fisherman's Cove (Two Harbors).

JOSHUA TREE NATIONAL MONUMENT

74485 Palm Vista Drive
Twentynine Palms 92277
Attraktives Wüstengebiet mit Granitformationen und Joshua-Bäumen, die meist im April/Mai blühen, wenn das Klima angenehm ist. Anfahrt von L.A.: über die I-10 und hinter Banning auf die S 62 nach Norden und Twentynine Palms. (Gut zu verbinden mit einem Ausflug nach Palm Springs.)

LAGUNA BEACH

Südlich von Long Beach, Hwy. 1 – ein sich seiner Riviera-Anklänge bewußter Badeort und eine Künstlerkolonie mit malerischen Stränden. Reichhaltige Kunstgewerbeproduktion: Keramik, Schmuck, Lederwaren, Teppiche.

Unterkunft:

Vacation Village
647 S. Coast Hwy.
Box 66
Laguna Beach 92651
✆ (714) 494–8566
Ressort mit privatem Strand, Pools, *whirlpool,* Sportanlagen, Restaurant, Zimmern, Suiten, Studios zu angemessenen Preisen.

Surf and Sand Hotel
1555 S. Coast Hwy.
Laguna Beach 92651
✆ (714) 497–4477
Am Strand, die meisten Zimmer mit Balkon. ($$$)

Viele $ und $$ Hotels/Motels entlang des Pacific Coast Highway.

LAKE CASITAS

Der See, dessen Bild bei den Bootsrennen während der olympischen Sommerspiele 1984 oft auf den TV-Schirmen flimmerte, liegt im lieblichen Citrus-Tal von Ojai und läßt sich bequem in einem Tagesausflug kennenlernen. Camping, Reiten, Angeln, Bootsverleih. Rund 20 km nördlich von Ventura (von L.A. aus über den Pacific Coast Highway zu erreichen) von der S 33 abfahren und der Beschilderung folgen. Oder: San Diego Fwy. nach Norden bis Ventura Fwy. und den weiter nördlich bis zur Route 150, die um den See führt.

LAS VEGAS

Da Glücksspiel in Kalifornien gesetzlich verboten ist, bleibt Las Vegas in Nevada für alle Spieler, die nach Los Angeles gereist sind, der nächste Spielplatz. Verbindungen: mit dem Auto auf der I-15 von Südkalifornien aus (von Los Angeles gut 5 Stunden), mit dem Flugzeug von LAX-Airport.

Fragen Sie nach besonders preiswerten »Package«-Touren in den Reisebüros oder bei den Fluggesellschaften PSA, Western Airlines oder Republic Airlines. Greyhound und Continental Trailways Busse fahren ebenfalls in die Spielerstadt. Neuerdings auch der Zug – mit der neuen Eisenbahnlinie »Desert Wind«. (Auskunft telefonisch bei Amtrak unter ✆ (800) 252–9477)

Auf der Autofahrt von L.A. nach Las Vegas liegt bei **Barstow** (ca. 2½ Stunden) die Geisterstadt **Calico.**

MALIBU

Die Santa Monica-Berge trennen Los Angeles von Malibu – sicher ein Grund, warum sich viele Hollywood-Größen hierhin ans Meer oder in die Berge zurückgezogen haben. Bob Dylan gehört seit einigen Jahren auch dazu. Wichtigster Surf-Strand ist der **Malibu Surfrider State Beach** in Pier-Nähe (besonders im August und September). Sehenswert außerdem das

J. Paul Getty Museum
17985 Pacific Coast Hwy.
Malibu 90265
✆ 458–2003
Geöffnet: Di–So 10–17 Uhr
Eintritt frei. Voranmeldung zur Parkplatzreservierung 1 Woche im voraus nötig. Wenn Sie mit dem Bus kommen (RTD Nr. 175), fragen Sie den Fahrer nach einer Eintrittskarte. – Das Museum präsentiert sich als Rekonstruktion einer römischen Villa aus dem 1. Jahrhundert, die in der Nähe der begrabenen Stadt Herculaneum bei Pompeji gefunden wurde. Barock- und Renaissance-Gemälde und -möbel. Schöne Gärten.

Das Getty-Museum ist ein Kunst-Imperium sondergleichen: Museum und Forschungsabteilungen verfügen über ein Jahresbudget von fast 100 Millionen Dollar für Forschungszwecke und Ankäufe. Kein Kunsttempel der Welt kann mehr bieten.

Verständlich, daß die enorme Kaufkraft in den internationalen Auktionshäusern gelegentlich für Furore sorgt. Besorgte Kulturwächter in Europa sprechen vom »Getty-Syndrom«, wenn sie den Eindruck haben, ihr nationales Kunsterbe würde durch Höchstangebote aus Malibu geplündert.

Gründer und Ölmilliardär J. Paul Getty (1892–1976) begann mit dem Sammeln in den 30er Jahren. 1953 gründete er das Museum. 1984 erwarb der Ölkonzern Texaco den Komplex für 1,2 Milliarden Dollar. Ein aufwendiger Neubau ist z. Zt. in Planung.

Essen und Trinken

Alice's Restaurant
Malibu Pier
✆ 456–6646
Lunch, Drinks und Dinner über dem Ozean. Wenn hier jemand wie Liza Minelli oder Burt Reynolds aussieht, dann sind sie's auch. ($$)

Don the Beachcomber
22878 Pacific Coast Hwy.
✆ 456–1818
Hors d'œuvres und polynesische Küche mit herrlichem Blick über den Ozean. ($$)

Moonshadows
20356 Pacific Coast Hwy.
✆ 456–3010
(Amerikanisch) Gute Steaks, Hummer, Salatbar, Cocktails mit Blick auf den Pazifik. Dinner Mo–Do 17–23, Fr, Sa 17–24, So 16–23 Uhr. ($$)

Carlo and Pepe's Nantucket Light
22706 Pacific Coast Hwy.
✆ 456–3105
Fischrestaurant mit Blick aufs Wasser. ($$)

Malibu Creek State Park
28754 Mulholland Hwy.
Agoura
Ein lohnendes Ausflugsziel in den ruppigen Santa Monica Mountains mit ihren lauschigen Creeks, *chapparal,* vollblättrigen Eichen und Halbwüstenvegetation. Der Naturpark mit seinen 24 km langen Wanderwegen diente bis 1976 als Drehort für viele Filme und TV-Produktionen. Das Gebiet war ursprünglich in Ranches unterteilt, die Bob Hope, der 20th Century Fox und Ronald Reagan gehörten. Ehemaliges Ranchland, verfallene Filmkulissen, ein hübscher See (Century Lake) zum Schwimmen und Angeln und eine sehenswerte Flora und Fauna (u. a. Reiher, Adler, roadrunner, Waschbären, Füchse, Wild) erwarten den Besucher.

Anreise von L.A.: vom Pacific Coast Hwy. rechts in die Malibu Canyon Road einbiegen, die später zur Las Virgines Rd. wird. 2½ km vor Erreichen des Mulholland Drive (also südlich von ihm) beginnt der Wanderweg.

PALM SPRINGS

Ca. 3 Stunden östlich von L. A.: ein legerer Kur- und Tummelplatz in der Wüste am Fuße des Mount San Jacinto mit gesundem, trokkenem Klima. Am angenehmsten ist es hier zwischen Oktober und Mai. Die heißen Mineralquellen (der ehemaligen Einwohner, der Agua Caliente-Indianer), die oasen-ähnlichen Canyons mit jahrtausende alten Palmen, weltberühmte Golfmeisterschaften und viele Sport- und Freizeiteinrichtungen (Tennis, Reiten, Buggie-Fahrten in den Dünen) locken die unterschiedlichsten Leute an (vgl. Farbtafel 51).

Indian Canyons
Andreas-, Murray- und Palm Canyon mit uralten Palmen und kühlen Bächen eignen

sich hervorragend für Spaziergänge oder ausgedehnte Wanderungen. Zu erreichen sind sie über den South Palm Canyon Drive nach Süden, dann folgt eine Beschilderung (vgl. Farbtafel 47).

Palm Springs Aerial Tramway
Tramway Drive
✆ (619) 325–1391
Die Seilbahn führt bis auf ca. 2000 m des Mount Jacinto (vgl. Abb. auf S. 229). Im Sommer angenehm, wenn die Stadt unten glüht. Im Winter oft schneebedeckt. Nov.–Mai tägl. 10–21 Uhr; Juni–Oktober Di u. Mi geschlossen.
Unter den zahlreichen kleineren Motels entlang Palm Canyon Drive und Indian Avenue ist das
Monte Vista Hotel
414 N. Palm Canyon Drive
Palm Springs 92262
✆ (619) 352–5641
ein hübsches, zentral gelegenes Plätzchen mit Pool, Jacuzzi und Orangenbäumen. ($)

Las Casuelas Terraza
222 South Palm Canyon Drive
Mexikanische Küche, gute Bar. Besonders reizvoll draußen unter den Arkaden zur Cocktailstunde oder abends. ($–$$)
Als Mitbringsel oder zum Naschen eignen sich die vor Ort geernteten Datteln – zu haben etwa im
Desert Garden Date Shop
282 N. Palm Canyon Drive

Zwischen Palm Springs und Los Angeles an der I-10 steht der
Dinosaurier
(Ausfahrt Cabazon)
Dieses grünliche Monster am Highway hat David Bell in jahrelanger Arbeit errichtet. Aus Beton konstruiert, beherbergt es im Bauch einen Andenkenladen (vgl. Farbtafel 52). Seit 1982 leistet ihm ein zweiter Urzeit-Bursche Gesellschaft.

Ein **Tourenvorschlag** für die Rückfahrt von Palm Springs nach Los Angeles (Tagestour) – anstelle der üblichen Route über die I-10: Von der S 111 zwischen Rancho Mirage und Palm Desert auf die S 74 abbiegen. Die sehr kurvenreiche Strecke mit prächtigen Ausblicken führt in den Bergort **Idyllwild** in den San Jacinto Mountains. Hier kann man wandern, klettern und im Winter Ski laufen. Am **Lake Elsinor** vorbei erreicht man **San Luis Capistrano** mit seiner sehenswerten alten Missions-Kirche. Nach L. A. führt von hier die schnelle I-5.

The Alpine Pantry
Highway 243
Idyllwild
Rustikaler Gasthof fürs herzhafte Frühstück oder Lunch.

Mission San Luis Capistrano
Camino Capistrano und Ortega Hwy.
1776 von Junipero Serra gegründete und von Indianern erbaute Kirche mit schönen Gartenanlagen. Tägl. 7–17 Uhr. Eintritt

Capistrano Depot
26701 Verdugo Street
San Juan Capistrano
An der Eisenbahnlinie: restaurierter Bahnhof mit Restaurant (Lunch, Dinner) und gefälliger Bar. Tägl. geöffnet. ($$–$$$)

TIJUANA, MEXIKO

Mexikanische Grenzstadt, ein paar Autominuten südlich von San Diego (von L. A. ca. 2½ Stunden). Gültiger Reisepaß und Touristenkarte genügen (beim Mexikanischen Konsulat in Los Angeles zu haben). Touristenzentrum mit entsprechenden Geschäften, Restaurants, Pferde- und Hunderennen und Stierkämpfe. Die Grenzstation ist 24 Stunden geöffnet. Für Kurzbesucher und Mietwagenfahrer ist es aus versicherungstechnischen Gründen ratsam, den Wagen auf amerikanischer Seite zu parken und zu Fuß über die Grenze zu gehen oder sich ein Taxi zu nehmen.

Auskunft

Kostenlos erteilt »Visit USA Desk« Auskunft (auch in Deutsch) unter ✆ (800) 255–3050

BESUCHERZENTREN

Travelers Aid Society
Los Angeles International Airport
✆ 625–2501
Auch juristische und medizinische Auskünfte

Greater Los Angeles Visitors & Convention Bureau
505 S. Flower St., B Level Arco Plaza
Downtown Los Angeles 90071
(Ecke 6th und Flower Streets)
✆ 689–8822
Mo–Fr 9–17 Uhr; Sa 10–16 Uhr

Automobile Club of Southern California (AAA)
2601 S. Figueroa
(südlich von Downtown)
✆ 741–3111
Außerdem mehrere Zweigstellen übers Stadtgebiet verteilt. Karten, Reisetips und Infos für Autofahrer

WICHTIGE RUFNUMMERN

Operator/Notruf (Polizei/ Feuer/Krankenwagen)	0 oder 911
Wetter	554–1212
Zeit	853–1212
Rufnummern-Auskunft	411
Welcome Line (Aktuelle Veranstaltungen)	628–5857
Theaterspielpläne	380–3378
Strände/Surfing	451–8761
Nationalparks	(818) 888–3770
Verkehrsbericht/Highway Patrol	626–7231
Zoll	688–4793
Einwanderungsbehörde	625–3501
Vergewaltigung (Rape & Battering Hot Line)	262–0944
Öffentliche Verkehrsmittel (RTD)	626–4455
Greyhound Bus Lines	620–1200
Continental Trailways	742–1200
Gray Line Tours	481–8400
Amtrak (Züge)	624–0171

Autofahren

VERKEHRSREGELN

Eigentlich dürften Sie als Autofahrer im Labyrinth der Freeways und Rampen von Los Angeles (10400 km Autobahnen und Straßen) keine Probleme haben, da im allgemeinen langsamer und (immer noch) rücksichtsvoller gefahren wird als in Europa. Folgende Verkehrsregeln sollten Sie sich besonders einprägen:

- Fußgänger haben grundsätzlich, sobald sie auch nur einen Fuß auf die Straße setzen, Vorfahrt. Sie verhalten sich auch so und erwarten einen gebührenden Abstand beim Anhalten;
- innerhalb von Ortschaften gilt die Begrenzung von 25–30 m.p.h. (40–48 km/h);
- außerhalb von Ortschaften, auch auf den Autobahnen, 55 m.p.h. (90 km/h);
- haltende Schulbusse, die Kinder holen oder bringen, dürfen, wenn die Warnlichter blinken, nicht passiert werden;

- Parken außerhalb von Ortschaften nur dann, wenn das Auto nicht mehr auf der Straße steht;
- Regelung für Rechtsabbiegen an roten Ampeln: grundsätzlich ist es erlaubt, nachdem man vorher angehalten hat und wenn es nicht durch einen entsprechenden Hinweis aufgehoben wird.

Erklärungsbedürftig sind die verschiedenfarbigen Bordsteinkanten und Markierungen auf Parkplätzen. Sie unterscheiden folgende Parkzonen:

ROT	– Halte- und Parkverbot
GRÜN	– Zeitlich begrenztes Parken –, wie auf dem Hinweisschild angegeben.
WEISS	– Nur Ein- und Aussteigen erlaubt (etwa vor Kinos oder Flughäfen)
GELB	– Ladezone, Ein- und Aussteigen erlaubt; nach 18 Uhr und sonntags frei.
BLAU	– Parken nur für Behinderte

Meiden Sie nach Möglichkeit die »Rush-« oder »Peak Hours« in den Ballungsgebieten: morgens von 6–9 Uhr, nachmittags von 15.30–18.30 Uhr.

Die gute Beschilderung der Straßen macht es dem Autofahrer leicht. Sobald man sich an die Tatsache gewöhnt hat, daß anstelle von Ortsnamen meistens Nummern und Himmelsrichtungen angegeben werden, kann eigentlich nichts Verwirrendes mehr passieren. Hier zur Verdeutlichung die Zeichen der Straßentypen Kaliforniens:

Interstate Highway (Abkürzung I-5 z. B.). Gut ausgebaute, kreuzungsfreie Autobahnen; gerade Zahlen in der Ost-West-Richtung; ungerade Zahlen in der Nord-Süd-Richtung.

US-Federal (Abkürzung: US 101 z. B.). Auch interstaatlich, aber nicht ganz so aufwendig.

California (State Route, Abkürzung S 1 z. B.). Landstraßen innerhalb Kaliforniens.

PANNEN/UNFÄLLE

Mietwagenfahrer sollten bei Pannen sofort das Mietbüro anrufen, um alle weiteren Schritte abzustimmen.

Auch in abgelegenen Gebieten werden die Straßen von der Highway Patrol und manchmal auch vom Flugzeug aus überwacht, die dann den Abschleppdienst, Notarzt usw. benachrichtigen.

Mit Rat und Tat stehen (auch für Nicht-Mitglieder) die Büros der American Automobile Association (AAA) zur Verfügung (s. »Auskunft«).

AUTOVERMIETUNG

Ohne Auto sitzt man in L.A. fester als in irgendeiner anderen Stadt der Welt. Am besten mieten Sie einen Wagen schon in Europa: Das ist billiger, denn die großen Firmen wie Avis, Hertz etc. haben spezielle Überseeraten.

Vor Ort gibt es viele kleinere Verleihfirmen, die freilich noch preisgünstigere Tarife anbieten. Aber etwas Zeit und Ortskenntnisse gehören schon dazu, sie ausfindig zu machen. Tip: Rufen Sie verschiedene Firmen an (unter »Car rentals« in den »Yellow Pages«) und lassen Sie sich die Raten durchgeben.

Für längere Aufenthalte und Rundreisen empfiehlt sich ein Mietvertrag mit unbegrenzter Meilenzahl – und einer zusätzlichen Vollkaskoversicherung von zur Zeit (1984) $ 6 pro Tag. (Name: »Collision Damage Waiver«, kurz »CDW«)

Unter anderen bieten die folgenden Firmen solche Verträge. Sie sind alle am Flughafen vertreten. Ihr Service bei Pannen und Problemen ist vorbildlich und kostenlos, ihre Telefonnummern gebührenfrei:

Avis Rent-A-Car	(800) 331–1212
Budget Rent-A-Car	(800) 262–1271
Hertz Rent-A-Car	(800) 654–3131

Beachten Sie, daß die Anmietung eines Autos bei diesen oder anderen großen Firmen nur gegen Vorauszahlung möglich ist, wenn Sie über keine in den USA anerkannte Kreditkarte verfügen. (Siehe unter »Geld«.) – Für ausgefallene Wünsche:

Rent-A-Wreck
12333 W. Pico Blvd.
West L.A.
✆ 478–0676
Nur in L.A. möglich: Verleih von schrottreifen Autos. Wie wär's also mit einer Spazierfahrt in einem klapprigen Chevy?

> Die meisten Autovermieter in Kalifornien verlangen $ 5 pro Tag mehr, *wenn der Entleiher noch nicht sein 25. Lebensjahr vollendet hat.*

WOHNWAGEN/MOBILHEIME

Verleih und Reparatur von *recreation vehicles* (RV) z. B.:

El Monte Rents
Hettel-Rent-A-Car

Siehe folgende Seite.

Deutschsprachige Institutionen

Sie sind wichtig für Notfälle. Beispielsweise bei Verlust des Reisepasses, Verständigung der nächsten Angehörigen, Vermittlung eines deutschsprachigen Arztes. Bei Verlust von Wertgegenständen oder Geld ist die nächste Polizeidienststelle, nicht das Konsulat zuständig. (Das Deutsche Generalkonsulat nimmt an Wochenenden Anrufe auf Tonband entgegen.)

KONSULATE

Consulate General of the Federal Republic of Germany
6222 Wilshire Blvd.

Los Angeles 90048
✆ 930–2703

Consulate General of Switzerland
3440 Wilshire Blvd., Suite 817
Los Angeles 90010
✆ 388–4127

Austrian Trade Commission
3440 Wilshire Blvd., Suite 910
Los Angeles 90010
✆ 380–7550

ANDERE EINRICHTUNGEN

Die beste Informationsquelle über Ereignisse in der deutschsprachigen Gemeinde von Los Angeles ist die California Staats-Zeitung, 315 West 6th Street, Los Angeles, CA 90014, ✆ 625–4311. Die Zeitung (25 c) erscheint wöchentlich und bringt auf ihren 18 Seiten internationale, nationale und lokale Nachrichten – auch vom Sport in Europa. Am wichtigsten sind die Anzeigen: sie informieren detailliert über Delikatess-Läden, Metzgereien, Reisebüros, Ärzte, Rechtsanwälte, Restaurants und Vereinsveranstaltungen.

Radiostationen

K-orange (94.3 FM) Sendezeit 9–10 Uhr.
KKOP (93.5 FM) Sendezeit 10–11 Uhr.
KTYM (1460 AM) Sendezeit So 11–12 Uhr (old-fashioned Heimatmusik).
Deutsche Welle (49 Meterband, Frequenz 6075, 6085, 6145; Sendezeit 19–21 Uhr bzw. im Sommer 20–22 Uhr)

Fernsehen

Channel 22 (UHF)
Sa ab 13 Uhr: Bundesliga-Fußball.

Reisebüros

DER Travel Service
520 Broadway
Santa Monica
✆ 394–0288

Motorhome-Vermietungen

El Monte Rents
12061 E. Valley Blvd.
El Monte 91732
✆ (808) 443–6158
TELEX: 181089 USA

Hettel-Rent-A-Car
3881 W. 6th Street
Los Angeles 90020
✆ 383–8373

In der Bundesrepublik erreichbar durch Neckermann, DER und ADAC.

Fluggesellschaften

Lufthansa German Airlines
607 West 7th St.
Los Angeles 90017 (Downtown)
✆ 680–0700
Flughafen LAX: ✆ 646–5252
Reservierungen: ✆ (800) 645–3880

Swissair
6151 W. Century Blvd.
Los Angeles (Flughafennähe)
✆ 410–9452

Banken

Dresdner Bank
445 S. Figueroa
Union Bank Building (27. Stock)
Los Angeles 90071 (Downtown)
✆ 489–5720

Deutsche Bank
444 S. Flower Street
European American Bank
ARCO Tower
Los Angeles 90071 (Downtown)
✆ 627–0222

Eintrittskarten

Weil attraktive Massenveranstaltungen meist schon 2–8 Wochen im voraus ausverkauft sind, könnte es schwierig werden, in manche Konzerte, Sportveranstaltungen etc. zu kommen. Geben Sie trotzdem nicht sofort auf. Vergewissern Sie sich aber besser telefonisch bei der jeweiligen Kartenvorverkaufsstelle (box office) oder den »ticket agencies«. Achten Sie in den Zeitungen auf das Datum für den Beginn des Kartenvorverkaufs.

Hüten Sie sich vor Kartenmaklern *(ticket brokers)*, von denen unzählige im Telefonbuch stehen. Diese Leute kaufen Kartenkontingente auf und verkaufen sie zu Preisen, die nicht selten das fünf- oder sogar mehrfache des offiziellen Preises betragen.

Bei den »ticket agencies« dagegen unterscheiden sich die Preise kaum von denen, die Sie auch an der Kasse zahlen.

Ticketron
Die Agentur unterhält in allen größeren Warenhäusern eine Verkaufsstelle. Gehen Sie dort persönlich hin. ✆ 216–6666

Union Ticket Agency
1777 N. Vine
Hollywood
✆ 469–5889
Diese Agentur ist auf den Raum Los Angeles beschränkt und nimmt – wie auch Ticketron – keine telefonischen Bestellungen entgegen. Am Telefon gibt es aber Auskunft über Zeit und Ort der Veranstaltungen. Spezialisiert auf kulturelle Veranstaltungen wie Ballett, Hollywood Bowl, Music Center, Shubert Theater.

Charge Line
900 Wilshire Blvd.
✆ 688–7380
Karten für nahezu alle Veranstaltungen, telefonische Buchung möglich – aber nur über die größeren amerikanischen Kreditkarten-Institute und Eurocard. Auch telefonische Auskunft.

Feiertage

Neujahrstag (1. Januar)
Martin-Luther-King-Tag (3. Sonntag im Januar)
Presidents' Birthday (3. Montag im Februar)
Memorial Day (letzter Montag im Mai)
Unabhängigkeitstag (4. Juli)
Labor Day (1. Montag im September)
Columbus Day (2. Montag im Oktober)
Thanksgiving (4. Donnerstag im November)
Veterans Day (11. November)
1. Weihnachtstag (25. Dezember)

Auch wenn es keine gesetzlichen Feiertage sind, sollte man die folgenden Tage kennen: St. Valentine's Day (Februar), Mother's Day (Juni), Father's Day (Juni), Halloween (31. Oktober: Der Feiertag der »Hexen« – Kinder mit Laternen und hohlen Kürbissen gehen als Monster und Hexen verkleidet von Tür zu Tür und erwarten Süßigkeiten).

Fernsehen / Radio

Fernseher und Radio können brauchbare Lernmaschinen sein, um Ihr Hörverständnis fürs amerikanische Englisch zu verbessern.

Die TV-Programme stehen jeden Tag in der Zeitung. Die Wochenendausgaben bringen das komplette Wochenprogramm – ebenso die TV-Guides, die es z. B. an allen Supermarkt-Kassen gibt.

TV-KANÄLE

Channel 2 CBS
Channel 4 NBC bundesweite Gesellschaften
Channel 7 ABC
Channel 5, 9, 11 und 13 sind lokale Sender
Channel 28 ist der einzige Kanal ohne Werbespots (mit Dick Cavett Talk Shows)
Channel 22 Fußballbundesliga
Channel 30 religiöse Programme
Channel 34 in spanischer Sprache

NACHRICHTENSENDUNGEN

Auf den Hauptkanälen 2, 4 und 7: um 17 Uhr für eine Stunde; um 18 Uhr eine Stunde; zwischen 19 Uhr und 19.30 Uhr; 23 Uhr Spätnachrichten.

RADIO

Die führenden Radiostationen in L. A., geordnet nach ihrer Hörerzahl:

Station/Frequenz	Programmtyp
KNX 1070 AM	Nachrichten
KFWB 980 AM	Nachrichten
KABC 790 AM	Talk Shows, Sport
KFI 640 AM	Top 40
KBIG-FM 104.3	Beautiful music
KHJ 930 AM	60er und 70er Jahre Hits
KMET-FM 94.7	Progressive rock
KLOS-FM 95.5	Album rock
KMPC 710 AM	Evergreens
KTNQ 1020 AM	Spanische Hits

Frauenorganisationen

Beste Informationsquelle und Kontaktadresse für alle die Frauenbewegung betreffenden Fragen:

Woman's Building
1700 N. Spring Street
Los Angeles (Downtown) 90012
✆ 221–6161

Das **California Institute of the Arts** in Valencia (siehe »San Fernando Valley«) spielt eine gewichtige Rolle in der Entwicklung der amerikanischen **Frauenkunst.** Studentinnen unter Leitung von Judy Chicago initiierten hier 1972 das legendäre Projekt *Womanhouse,* das sogenannte *Haus der Frau.* Ein leerstehendes Haus in L. A. wurde unter feministischen Gesichtspunkten umgestaltet. Resultat: Raum für Raum wurden die Rollen der Frau innerhalb der vier Wände verdeutlicht. – Das Mammutprojekt *The Dinner Party*, das Judy Chicago mit 500 Helferinnen über fünf Jahre erarbeitete, entstand in Santa Monica, bevor es in San Francisco und anderen US-Museen ausgestellt wurde.
Feministische Bücher, Frauenzeitschriften und Adressenlisten wie etwa die »The Woman's Yellow Pages« sind in Frauenbuchläden zu haben, z. B. im **Sisterhood Bookstore**, 1351 Westwood Blvd., ✆ 477–7300.
Die **Westside Women's Clinic,** 1711 Ocean Park Blvd., Santa Monica, ✆ 450–2191, bietet ärztliche Hilfe und Beratung: Geburtenkontrolle, Schwangerschaftstests und -abbrüche. Als Notruf, bei Vergewaltigungen etwa, existiert die *Rape Crisis Line* 392–8381, die 24 Stunden besetzt ist. Sie können diese Nummern auch wählen, wenn Sie als Alleinstehende in der Stadt Probleme oder Fragen haben.

Feministische Zeitschriften und Magazine: **Ms., Mother Jones, Now Times Newsletter, Lesbian News.** Lesben-Lokale:

Oxwood Inn
13713 Oxnard Blvd.
Van Nuys (San Fernando Valley)
✆ (818) 997–9666
Lesben-Bar

Kunstobjekt aus dem »Haus der Frau«

Friseure

Die meisten größeren Warenhäuser haben eigene ›Beauty Salons‹, die Haare schneiden, waschen, legen und färben. Zum Beispiel: Broadway, Bullock's, May Co., Robinsons. Wer es besonders schick will, egal ob Männlein oder Weiblein:

Vidal Sassoon Salon
405 N,Rodeo Drive
Beverly Hills
✆ 274–8791

Antonio's Hair Fashion
1267 Westwood Blvd.
West Los Angeles
✆ 479–8767

Raymond of London II
1281 Westwood Blvd.
Westwood
✆ 477–6665

Führungen/Sightseeing

Touren, Rundfahrten und Besichtigungen finden Sie jeweils unter den einzelnen Regionen.

STADTRUNDFAHRTEN

Gray Line
1207 W. 3rd St.
Los Angeles 90017
✆ 481–8400
Hat ein Angebot von 24 Busrundfahrten zu allen touristischen Attraktionen von Los Angeles; z. B. Grand Tour of Los Angeles, ›Movie Stars‹ Homes.

Büros: Disneyland Hotel, Bonaventure Hotel und andere große Hotels.

Bitten Sie um telefonische Auskunft, wann und an welchem Hotel welche Rundfahrt beginnt.

Gay Scene

Informationsquelle für alles, was die Gay Scene betrifft: **Gay Community Center and Lesbian Resource Program,** 1213 N. Highland Ave., Hollywood 90038, ✆ 464–7400

Bevorzugte Schwulen-Viertel sind West Hollywood (Volksmund: *boys town),* der Silverlake District und Long Beach. Beliebte Strände: Will Rogers State Beach und Venice.

Das **Gay Community Services Center** kann eine reichhaltige Auswahl an Motel-, Bar- oder Disco-Empfehlungen geben. Dreimal im Jahr erscheint »The Blue Book« neu, der Führer für Schwule und Lesben durch L. A. (Payne Publications)

HOTELS

Saharan Motel
7221 Sunset Blvd.
Los Angeles 90046
✆ 874–6700

Tropicana Motel
8585 Santa Monica Blvd.
West Hollywood 90069
✆ 652–5720

DISCOS

Circus Disco
6648 Lexington Ave.
Hollywood
✆ 462–1291
Lange Warteschlangen am Wochenende; *male* und *female.*

Studio One
652 N. La Peer Dr.
W. Hollywood
✆ 659–0471
Extravagante *male* Disco.

BUCHLÄDEN

A Different Light
4014 Santa Monica Blvd.
Hollywood
✆ 668–0629

Geld

Die meisten Banken in Los Angeles sind Mo–Do von 10–15 Uhr geöffnet, freitags von 10–18 Uhr. An Samstagen und Sonntagen sind sie geschlossen.

Daß es Probleme gibt, wenn man auf Reisen kein Geld hat, liegt auf der Hand. Daß man aber auch in Schwierigkeiten kommen kann, wenn man (ausländisches) Geld genug hat, erlebt man in den USA immer wieder. Also auch in Los Angeles. Neun von zehn Banken wechseln überhaupt keine ausländische Währung in Dollars um. Und wo man es macht, tut man sich sehr schwer und verlangt erst einmal den Reisepaß. Es empfiehlt sich also, einen Teil seines Geldes als **Reiseschecks auf Dollarbasis** von einer großen amerikanischen Bank (First National, Citicorp, American Express) bei sich zu haben. Man kann sie leicht in Hotels oder Restaurants in Bargeld verwandeln; in Banken dagegen meist nur bis zu einer bestimmten Summe (oft nur $ 100).

Euroschecks sind in den USA nichts wert; die **Eurocard** wird inzwischen fast überall wie eine amerikanische Kreditkarte (AE, MC, Visa) akzeptiert.

Die Wechselstube **Deak Perera** im Terminal 2 von LAX ist täglich von 7–23 Uhr geöffnet. Geldumtausch außerdem bei **American Foreign Exchange,** World Travel Center, Suite 120, 350 S. Flower St., Downtown L.A., ✆ 626–0255

MÜNZEN

dollar ($) – 100 cents (c)
quarter – 25 c
dime – 10 c
nickel – 5 c
cent – 1 c

SPRACHE

Banknote/Schein – bill
Münze – coin
Währung – currency
einen Scheck einlösen – to cash a check
Wechsel-/Kleingeld – change

Kinder

REISEN MIT KINDERN

Kinder werden überall mit der gleichen Höflichkeit behandelt wie Erwachsene. Jeder hat Verständnis für das Schreien eines Babys, die Wutanfälle des Vierjährigen oder die Muffigkeit der Teenager.

In jedem Restaurant gibt es Eßstühlchen für die Kleinen, und eine Speisekarte bekommen alle vorgelegt, die nur annähernd ohne diesen Stuhl sitzen können. Ein Hinweis im Restaurant darauf, daß ein Kind Geburtstag hat, und wenig später wird unaufgefordert ein Stück Torte mit einer brennenden Kerze von der Bedienung an den Tisch gebracht. Ohne zusätzliche Kosten, als Service des Hauses.

In den Vergnügungsparks stehen Kinderkarren zur freien Benutzung bereit, und in den Motels wird niemand schief angeschaut, der nach einem zusätzlichen Kinderbett fragt. Es wird schnell und manchmal gegen einen geringen Aufpreis ins Zimmer gebracht.

Die Spiel- und Sportmöglichkeiten an der Pazifikküste sind enorm. Vom Surfkursus über das Drachenfliegen, vom Tennis- bis zum Segellehrgang oder der Modellbauklasse wird alles angeboten, was Kinder sich wünschen.

Los Angeles, eine Traumstadt für Kinder? Ja, aber angesichts der riesigen Entfernungen sollten Eltern sich überlegen, ob sie die damit verbundenen Autofahrten ihren Kindern zumuten wollen.

Europäer sind es nicht gewöhnt, so viel Zeit in der Enge eines Autos zu verbringen. Sie haben Schwierigkeiten damit, daß sie kaum etwas alleine unternehmen können. Und das weniger wegen der eventuellen Verständigungsschwierigkeiten. Vielmehr deshalb, weil es kaum Entfernungen gibt, die zu Fuß zu bewältigen sind. Supermarkt, Kino, Eisgeschäft, Kinderdisco, Rollschuhbahn, Zoo oder Disneyland, hin und wieder weg kommt man nur mit dem Auto. Öffentliche Transportmittel gibt es zwar, aber sie erfordern sehr, sehr viel Zeit.

Selbst in den Schwimmbecken der meisten Motels dürfen sich auch die besten minderjährigen Schwimmer nur im Beisein der Eltern tummeln. Aus versicherungsrechtlichen Gründen.

Wollen die Eltern abends ausgehen, müssen sie einen Babysitter bestellen. Ein kalifornisches Gesetz schreibt vor, daß niemand, der jünger als 14 ist, abends alleine bleiben darf. Ein kinderfreundliches Gesetz, das auch der ständigen Erdbeben- und Feuergefahr dieses Landes Rechnung trägt.

Kalifornische Eltern sind das Vorplanen gewöhnt. Ihre Kinder akzeptieren Babysitter genauso wie stundenlange Autofahrten. Bei Europäern ist das anders. Und das kann dann leicht dazu führen, daß Reibereien, Spannungen und Konflikte zwischen Kindern und Eltern oder Mutter und Vater die Reise zu einer wirklichen Strapaze werden lassen. *(Hanne Zens)*

AUSFLUGSZIELE UND ATTRAKTIONEN

Los Angeles Zoo
5333 Zoo Drive
Los Angeles
✆ 666–4090
Täglich 10–17 Uhr.
Auf dem 50 ha großen Gelände liegen Gehege für rund 2000 Säugetiere, Vögel und Reptilien. Besonders hübsch ist das Koala-Bär-Gehege. Kinderzoo zum Anfassen und Streicheln für die Kleinen.

Descanso Gardens
1418 Descanso Drive
La Canada
✆ (818) 790–5571
Täglich 9–17 Uhr.
Viel Platz zum Laufen und Gucken: Blumen, Pflanzen; Vögel und Enten zum Füttern – und ein hübsches japanisches Teehaus.

Santa Monica Playhouse & Group Theatre
1211 4th Street
Santa Monica ✆ 394–9779
Sa, So gewöhnlich um 13 und 15 Uhr.
Kleines Theater mit Stücken und Musicals für Kinder. Erkundigen Sie sich nach Anfangszeiten.

»Herbie« in Disneyland

Silent Movie Theatre
611 N. Fairfax
Los Angeles
✆ 653–2389
Mo–Sa 19–22 Uhr
Filmprogramme aus der Stummfilmära: Chaplin, Laurel + Hardy, Mary Pickford etc.

Los Angeles Children's Museum
310 North Main St.
Los Angeles
✆ 687–8800
Ein bißchen wie eine Kulisse für Sesamstraße. Im Workshop können die Kinder z. B. lernen, wie man Kerzen etc. herstellt. Mi 14.30–16.30, Sa + So 10–16.30 Uhr

MUSIK

Los Angeles Philharmonic Symphonies for Youth
Musik Center
Dorothy Chandler Pavillion
135 N. Grand Ave.
Los Angeles
✆ 972–7200

Spezielles, einstündiges Musikprogramm für Kinder und Jugendliche von 6–14 Jahren: Konzert, Tanz, Pantomime, Puppentheater etc. Vier bis sechs Aufführungen an einem Samstag in den ersten Monaten des Jahres.

BUCHLÄDEN + SPIELWAREN-GESCHÄFTE

The Children's Book and Music Center
2500 Santa Monica Blvd.
Santa Monica
Kinderbücher, Instrumente, Schallplatten.

The Penny Arcade Store
409 No. Camden Drive
Beverly Hills
Spielplatz für große und kleine Kinder. Spezialität: alte Spielzeuge zum Aufziehen und alte Münzautomaten. Mo–Sa 10–17 Uhr.

Toyorama Toys
2018 Westwood Blvd.
Westwood

BABYSITTING

Unter den staatlich zugelassenen Vereinigungen ist **Baby Sitter Guild.** Ein Anruf informiert über den nächsten Babysitter in Ihrer Gegend (in Hollywood z. B. 469–8246). Andere Auskünfte auch bei: **Community Service Agency,** 14606 Victory Blvd., Van Nuys, ✆ (818) 873–1515. Viele Hotels haben Babysitter für Gäste. Preise variieren, je nach Alter und Anzahl der Kinder und der Entfernung des Wohnorts. Mindestzeit: 4 Stunden: Minimalpreis $ 3.50 pro Stunde und mehr.

In Einkaufszentren gibt es keine Kinderhorte und Spielecken; dafür aber meist in Parks und an den Badestränden.

EISDIELEN

Swensen's Ice Cream Factory
1051 Broxton Ave.
Westwood

Kinos

L.A. ist die Weltmetropole der Kinos. Premieren sind an der Tagesordnung. Hollywood, Beverly Hills und Westwood haben die meisten Premierentheater. Z. B.:

Egyptian Theatre
6708 Hollywood Blvd.

Hollywood
✆ 467–6167

Mann's Chinese Theater
6925 Hollywood Blvd.
Hollywood
✆ 464–8111

Cinerama Dome
6360 Sunset Blvd. (Ecke Vine St.)
Hollywood
✆ 466–3401

Century Plaza
2040 Avenue of the Stars
Century City (Beverly Hills)
✆ 553–4291

Village Theatre
961 Broxton Ave.
Westwood
✆ 208–5576

Eintrittspreise in der Regel zwischen $ 4 und $ 6. Billiger gibt es klassische Filme älteren Datums in den *revival houses* zu sehen, die unseren Programmkinos vergleichbar sind. Etwa:

Nuart Theatre
11272 Santa Monica
Blvd.
West L.A.
✆ 478–6379

Fox Venice
620 Lincoln Blvd.
Venice
✆ 396–4215

Etwas Besonderes bietet:
Silent Movie Theatre
611 N. Fairfax
Wilshire District ✆ 653–2389
Chaplin, Valentino, Laurel und Hardy werden hier in *Honky-tonk*-Atmosphäre regelmäßig gezeigt. Mo–Sa 7–22 Uhr.

Klima/Kleidung

Wetter scheint es in Los Angeles nicht zu geben. Und es ist tatsächlich nur der gelegentliche Smog, der das Klima der Stadt von dem Zustand trennt, den die meisten für ideal halten. Die jährliche Regenmenge beträgt durchschnittlich nur rund 33 cm, und das meiste davon fällt zwischen November und März. Der Winter ist mit seinen 16–24 Grad Tagestemperaturen für europäische Verhältnisse außerordentlich mild.

F°	104	100	90	86	80	70	68	50	40	32
C°	40	37,8	32,2	30	26,7	21,1	20	10	4,4	0

(Für Kopfrechner: Um Fahrenheit-Angaben in Celsiusgraden auszudrücken, ziehen Sie 32 von der Fahrenheitzahl ab und errechnen davon fünf Neuntel!!!) Die Umstellung der USA auf das metrische System hat zwar begonnen, wird aber wohl noch lange Zeit in Anspruch nehmen. An den meisten Anzeigetafeln für die Temperaturen (an Banken und öffentlichen Gebäuden z. B.) gibt es in Los Angeles aber schon Fahrenheit- **und** Celsius-Zahlen.

Monatliche Durchschnittstemperaturen in Los Angeles (gemäß US Weather Bureau):

	Jan	Feb	Mär	Apr	Mai	Jun	Jul	Aug	Sep	Okt	Nov	Dez
Höchstwerte	65	66	69	71	74	77	83	83	82	77	73	68
Tiefstwerte	47	48	50	53	56	59	63	63	61	57	52	49

Grad Fahrenheit

Im Sommer können manche Tage – besonders in Küstennähe – bewölkt oder neblig sein – bis spätestens Mittag aber hat sich der Dunst verzogen. Die heißesten Monate sind gewöhnlich August bis November, wenn die heißen und trockenen Santa-Ana-Winde von der Wüste her nach Westen wehen. Die Luft ist dann in der Stadt am klarsten; die Wald- und Buschbrandgefahr entsprechend groß. (Apropos: Achten Sie bei Fahrten durch die Canyons dringend darauf, um Gottes Willen keine brennenden Zigaretten oder Streichhölzer aus dem Auto zu werfen.)

Das ganze Jahr über gibt es in Los Angeles und Südkalifornien praktisch keine Kleiderordnung: jede lässige, bequeme Kleidung geht. Leichte Baumwoll- oder Strickkleidung paßt zu allen Jahreszeiten. Im Winter sollten Sie mehr Wolliges, Pullover, vielleicht auch einen dünnen Regen- bzw. Wettermantel dabei haben. Etwas Warmes zum Überziehen empfiehlt sich außerdem das ganze Jahr über für abends und nachts. Grenzen der Lässigkeit: kaum ein Coffee Shop oder Restaurant erlaubt Gästen den Eintritt, wenn sie barfuß daherkommen.

Wer sich in Los Angeles neu einkleidet, bekommt es mit den in den USA üblichen Kleidergrößen zu tun:

Kragen/Collars

Deutsch	35–36	37	38	39	40/41	42	43
Amerikanisch	14	14½	15	15½	16	16½	17

Strümpfe/Stockings

Deutsch	35	36	37	38	39	40	41
Amerikanisch	8	8½	9	9½	10	10½	11

Schuhe/Shoes

Deutsch	36	37	38	39	40	41	42	43	44	45	46	47
Amerikanisch	5	5¾	6½	7¼	8	8¾	9½	10¼	11	11¾	12½	13¼

Literaturszene

Beyound Baroque Foundation
681 Venice Blvd.
Venice
✆ 822–3006
Kostenlose Lesungen von Lyrik und Prosatexten: Fr 20.00 Uhr. An jedem Mittwoch, 20.00 Uhr, trifft sich hier der Venice Poetry Workshop (✆ 822–3006): Lesungen und Arbeitsgespräche der Schriftsteller (auch für Besucher offen).

George Sand
9011 Melrose
Los Angeles
✆ 858–1648
Lesungen: So 16.30 Uhr in der literarischen Buchhandlung. Sonstige Veranstaltungen erfahren Sie durch Anruf.

S.P.A.R.C. – Dichterlesung
685 Venice Blvd.
Venice
✆ 822–9560 oder 399–3319
Im alten Gefängnis von Venice veranstaltet Israel Halpern Lesungen neuer amerikanischer Poeten wie Clayton Eshleman, Eloise Klein Healy, Tim Joyce – aber auch von Poeten aus Korea, Jugoslawien, Indien, Frankreich, England und Mexiko.
Di 20 Uhr

California Historical Society
✆ 651–5655
Bietet individuelles Tourenprogramm: eine literarische Rundreise zu Hollywood-Schauplätzen, die in den Werken von Raymond Chandler, F. Scott Fitzgerald, Nathanael West und Joan Didion vorkommen; außerdem Führungen über Friedhöfe, durch Kirchen Hollywoods, den ungewöhnlichen Vorort Pacific Palisades.

Maße und Gewichte

Es werden noch viele Jahre ins Land gehen, bevor in den USA das Dezimalsystem eingeführt ist. Bis dahin muß man sich wohl oder übel mit den landesüblichen Abmessungen vertraut machen:

Längenmaße
1 inch (in.) = 2,54 cm
1 foot (ft.) = 0,3 m
1 yard (yd.) = 0,9 m
1 mile = 1,6 km

Flächenmaße
1 square foot = 930 cm^2
1 acre = 0,4 Hektar (= 4047 m^2)
1 square mile = 259 Hektar (= 2,59 km^2)

Hohlmaße
1 pint = 0,47 Liter
1 quart = 0,95 l
1 gallon = 3,79 l

Gewichte
1 ounce (oz.) = 28,35 gr
1 pound (lb.) = 453,6 gr
1 ton = 907 kg

Temperaturskala (Fahrenheit/Celsius) und Kleidergrößen: siehe »Klima/Kleidung«

Presse/Zeitschriften/ Karten

Am unentbehrlichsten und billigsten ist die **Calendar** Beilage der Wochenendausgabe der **Los Angeles Times** als Info-Quelle für Filme, Konzerte, Theater, Shows etc. Zugleich bietet sie Essays und Kritiken zur Kulturszene.

Aktuelle Information liefern die **Los Angeles Times** am Morgen und der **Herald Examiner** am Abend – obwohl die fast zu 80 % aus Anzeigen bestehen. Außerdem gibt es für das San Fernando Valley die **Daily News,** für die spanischsprechende Bevölkerung **LA Opinion** und die Zeitung für Schwarze **Los Angeles Sentinel,** überhaupt das größte Blatt seiner Art im Westen der USA. Weitere Zeitungen: **Evening Outlook** (Santa Monica), Untergrund- und religiöse Blätter.

Sunset, Los Angeles, California sind monatliche Zeitschriften über das gesellschaftliche und kulturelle Leben der Region. Daneben gibt es jede Menge Wochenzeitungen, die kostenlos in Buchhandlungen, Cafés und Restaurants mit vorwiegend jugendlichem Publikum verteilt werden. Sie haben meist nur einen Leitartikel, aktuelle Veranstaltungskalender und Listen mit Kino- und Konzertprogrammen. Beispiele: **L. A. Weekly, Reader.**

An allen größeren Kiosken oder in Buchhandlungen liegen die wöchentlichen Musikzeitschriften **Billboard** und **Cashbox.** Einmal im Monat erscheint **Songwriter,** ebenso die spezielleren Blätter **Jazz, Guitar Player, Keyboard** und **Frets. The Music Connection** ist ein lokales Wochenblättchen mit Alternativtips für die Szene; und **Rolling Stone** kennt jeder.

Straßenkarten sind an den meisten Tankstellen zu haben, außerdem in Buchläden, beim AAA oder im Visitors Bureau. Die besseren Sport- und Campinggeschäfte haben meist professionelle Karten von Parks, Seen, Bergpfaden etc. Sehr detailliert und in den meisten Buchhandlungen erhältlich: der **Popular Street Atlas.**

The Los Angeles Central Library
630 W. 5th St.
Downtown
Nach einem Brand 1986 erst einmal geschlossen.

Restaurants/Bars

Rund 30000 Restaurants wetteifern in Los Angeles um die Gunst der Gaumen. Das kulinarische Füllhorn bietet Küchen und Gerichte aus aller Herren Länder – von koreanischem BBQ über die *nouvelle cuisine* und Croissant-Kultur zu rheinischem Sauerbraten, von mexikanischen *fajitas,* chinesischen *dim sum,* Thai-Speisen und jüdischen Matzoball-Suppen zu rohköstlichen Salaten und Körnertellern.

Eine erstaunliche Karriere machen inzwischen die Sushi-Bars. Mehr noch: L.A. gilt z.Zt. als amerikanische Hauptstadt dieses japanischen Typs von Schlemmerlokal. Zu den Leckerbissen der rohen Fischstückchen gesellen sich noch die ästhetischen Reize ihrer Zubereitung. *Food art* wäre kein schlechter Name für die eßbaren Kunststückchen der japanischen Küchenmeister.

Aus essen zu gehen, ist in L. A. (mehr noch als in den USA sonst schon) an der Tagesordnung. Wichtige Bereiche des gesellschaftlichen Lebens kreisen um die stilisierte Nahrungsaufnahme. In der Regel dient das Treffen zum Lunch den Geschäften, das zum Dinner der Pflege der persönlichen Beziehungen.

Bei so großer Auswahl liegt es nahe, daß sich die Etablissements nicht nur durch ihre Rezepte, sondern auch durchs Dekor zu profilieren suchen. Speisen »im Stile von« war in dieser Region immer schon in. Sonnenuntergänge, Ausblicke auf glitzernde Lichterteppiche, Mariachi-Bands oder elisabethanische Lautenklänge – in jedem Fall werden Mahlzeiten zu kleinen Gesamtkunstwerken. Manche Küchenchefs arbeiten gleich mit Designern aus der Filmbranche zusammen, um ihr Lokal so bühnenreif zu machen, daß sie als Erlebnisräume wirken. Klar, daß man sich bei so viel Kulissenzauber einen Tisch reservieren lassen muß. In den meisten besseren Restaurants sollten Sie das fürs Abendessen überhaupt tun.

Im allgemeinen verbreiten die Lokale kalifornische Zwanglosigkeit. Ausgenommen die *Top Gourmet Restaurants* – zu erkennen an den $$$-Zeichen. Hier besteht man auf formaler Kleidung, Anzug und Krawatte. Üblich ist dort auch ein Minimum-Trinkgeld von 20%: 15% für den Kellner und 5% für seinen Assistenten.

Die ungefähren Preisgruppen für eine Hauptmahlzeit (also nicht für Frühstück oder Imbiß, die billiger sind): **$ = preiswerte Gerichte unter $ 10; $$ = mittelteuer $ 10–20; $$$ = teure Adressen, d. h. über $ 20.**

BARS

Bars bieten – wie sonst in den USA auch – zwischen ca. 16–19 Uhr Drinks billiger an. Deshalb nennt man diese Zeitspanne völlig zu Recht *happy hours.* Meist gibts sogar noch was zum Knabbern kostenlos. Die Qualität der Drinks hängt von dem ab, der sie mixt. Normalerweise setzen sich die am häufigsten bestellten so zusammen:

Pina Colada
Ananas, Kokosnuß und Rum

Margarita
Tequila, Limone, »Triple Sec«; entweder »on the rocks« (mit Eisstückchen) oder »blended« (breiig geschlagenes Eis)

Strawberry Margarita
zusätzlich mit Erdbeeren

Tequila Sunrise
Orangensaft und Tequila; ganz schön stark.

Screwdriver
Orangensaft und Wodka. Stark.

Daiquiri
Früchte und Rum

Strawberry Daiquiri
Erdbeeren und Rum

Wallbanger
Wodka, Orangensaft, »Galliano« Likör

Mai Tai
Drei Sorten Rum, Früchte, Seven-Up, Stark.

Whiskey Sour
Bourbon und Zitronensaft

Vodka Gimlet
Wodka und Limonensaft. Stark.

Singapore Sling
Gin, Likör, Früchte. Sehr süß.

Sport und Erholung

Die XXIII. Olympischen Spiele von 1984 haben nur die Spitze des Eisbergs gezeigt: Sport wird in L.A. überhaupt und das ganze Jahr über groß geschrieben. Klima, natürliche Bedingungen und vorzügliche Sportanlagen fördern die Lust am sportlichen Wettkampf.

In der Stadt der großen Entfernungen und der vielen Einzelgänger bringt die sportliche Welle bisweilen Schwung ins gesellschaftliche Leben. Ob Geschäftskontakte, erotische Abenteuer oder Anschluß an eine Gruppe – der Sport macht's möglich.

Auskünfte über aktuelle sportliche Veranstaltungen und besondere Erholungsmöglichkeiten erteilen:

City of Los Angeles
Department of Parks and Recreation
200 N. Main St. (13. Stock)
City Hall East
✆ 485–5515

L.A. County
Parks and Recreation Department
433 S. Vermont Ave.
✆ 738–2961

ZUSCHAUERSPORT

Baseball

Mit einem Hot Dog und einem Bier kann eigentlich für Sie kein Spiel dieser amerikanischen Nationalsportart schiefgehen. Karten verkaufen Ticketron, Mutual und die Stadionkassen. Die Saison: April – frühen Oktober. Die Clubs:

Los Angeles Dodgers
Dodger Stadium (nördl. v. Downtown)
1000 Elysian Park Ave.
✆ 224–1500

California Angels
Anaheim Stadium
2000 State College Blvd.
Anaheim
✆ (714) 634–1002

BASKETBALL

Los Angeles Lakers
The Forum
3900 W. Manchester Ave. (Ecke Prairie Ave.)
Inglewood
✆ 674–6000
Saison: Oktober–April

EISHOCKEY

The Los Angeles Kings
The Forum
3900 W. Manchester Ave.
Inglewood
✆ 674–6000
Saison: Oktober–April

FUSSBALL *(Soccer)*

The Los Angeles Kings
Memorial Coliseum (Olympiastadion) (oder in der Halle: Memorial Sports Arena)
Exposition Park
✆ 748–6131
Johan Cruyff war hier mal Kicker.

The California Surf
Anaheim Stadium oder Long Beach Arena (Ecke Ocean- und Long Beach Blvd.)
✆ (714) 545–0551

PFERDESPORT

Die meisten Rennbahnen verfügen neben Wettbüros über Restaurants, Läden und Picknickplätze. Eintritt: $ 4 – $ 8

Hollywood Park
1050 S. Prairie Ave.
Inglewood
✆ 419–1574
Saison: April–Juli; August–Dezember

Los Alamitos
4961 Katella Ave.
South Bay
✆ 431–1361
Rennsaison: Mai–August, Dezember–Februar, Februar–Mai

Santa Anita Park
Huntington Drive und Baldwin Ave.
Arcadia
✆ (818) 574–7223
Saison auf der Olympiabahn: Oktober–April

SPORT ZUM MITMACHEN

Für Gymnastik-Gurus und Fitness-Fanatiker gilt, was sich die Tourismusindustrie für ganz Los Angeles als Werbeslogan ausgedacht hat: »L.A.'s the Place«.

AEROBICS / BODYBUILDING

Gold's Gym
364 Hampton Dr.
Venice
✆ 392–6004
Berühmte Bodybuilding-Adresse. $ 7 pro Tag

Main St. Dance Studio
2215 Main St.
Santa Monica
✆ 399–9313
Tägl. Aerobic-Stunden; samstags A. zu *live African music*

World Gym
812 Main St./Ecke W. Washington Blvd.
Venice
✆ 399–9888
Bodybuilding

ANGELN

Zum Angeln in der Brandung *(surf fishing)*, an den Felsen *(rock fishing),* auf dem Ozean, an Piers, die in Privatbesitz sind, braucht man einen Angelschein *(state fishing license),* der in jedem größeren Geschäft für Angler- und Fischereibedarf erhältlich ist.

Ohne Lizenz kann man an allen öffentlichen Piers angeln, so z. B. **Newport Beach** (McFadden Place), **Balboa** (zwei Piers an der Halbinsel), **Huntington Beach** (Main St.), **Seal Beach** (Main St.) **Long Beach** (Belmont Pier, 39th Place), **Cabrillo Beach** (Stephen M. White Drive, San Pedro), **Redondo Beach** (südlich von King Harbor), **Hermose Beach** (Pier Ave.), **Manhattan Beach** (Manhattan Beach Blvd.), **Venice** (Washington Blvd.), **Santa Monica** (Colorado Ave.)

Private Piers und sonstige Fischplätze:

Huntington Beach – *Surf fishing.*

Long Beach – Vor der Küste, in der Nähe der Piers, ankert ein Fischereiboot. Tageslizenz erforderlich.

Cabrillo-Beach – Fischen im Brackwasser und *rock fishing* an der Küste der Halbinsel Palos Verdes.

Hermosa Beach – *Surf fishing* im Nordwesten vom Pier.

Marina del Rey – *Rock fishing* an den Buhnen des Ballona Creek und im Hafen. Piers alle privat: Eintritt und Lizenz erforderlich.

Will Rogers State Beach – Nördlich von Santa Monica: *rock fishing.*

Malibu – Privater Pier am Pacific Coast Highway. Eintrittsgebühr und Angelschein erforderlich.

Paradise Cove – Nördlich von Malibu, Abzweigung vom Pacific Coast Highway.

BERGWANDERN

Trails, Touren und Infos:

Sierra Club
2410 Beverly Blvd.
✆ 387–4287

GOLF

Wer in den USA Golf spielt und warum: das ist ein großes kulturpolitisches Thema. Hier genügt es zu sagen, daß Golf eine der beliebtesten aktiven Sportarten in den USA ist – weit weniger exklusiv als hierzulande.

In L.A. stehen Dutzende von Plätzen zur Verfügung. Leider sind nicht alle öffentlich. Der Automobilklub (AAA) besitzt ein ausführliches Verzeichnis aller Golfplätze in Südkalifornien. Auch die Spezialgeschäfte geben Auskunft. Schläger kann man auf den Plätzen mieten. Z. B. beim

Holmby Park Golf Curse
601 Club View Drive
West L.A. (Nähe Sunset/Wilshire),
der besonders für Anfänger geeignet ist. (832-yard-Platz mit 18 Löchern). – Ebenfalls öffentlich:

Rancho Park Golf Course
10460 West Pico Blvd.
West L.A.

Im **Griffith Park** gibt es allein 3 öffentliche Golfplätze.

JOGGING

Was früher *rock around the clock* war, ist inzwischen für viele zum *jog around the block* geworden. Wo? Außer den Freeways überall, wo's beliebt. Abends sieht man übrigens manchmal »verkehrssichere« Renner: sie tragen Katzenaugen auf Hosen und Schuhen.

RADFAHREN

South Bay Bicycle Path – ein Radweg, der jedem Radler das Herz höher schlagen läßt. Er verläuft an der Pazifikküste von Santa Monica bis Palos Verdes (Länge: ca. 30 km). Viele Radverleihe auf der Strecke, besonders in Venice und Santa Monica.

REITEN / MIETPFERDE

Gebiet/Stall	Gelände	Öffnungszeiten
Bar'S' Stables 850 Riverside Dr. Glendale ✆ (818) 242–8443	Griffith Park	täglich 7.30–15.30 Uhr
Sunset Ranch 3400 N. Beachwood Dr. Hollywood ✆ 469–5450	Berglandschaft mit Ausblicken auf die Stadt	8–17 Uhr täglich
Malibu Riding Club 33905 Pacific Coast Hwy. Malibu ✆ 457–9783	Berglandschaft	9.00–17.00 von Di–So
Palos Verdes Stables 4057 Via Opata Palos Verdes ✆ 378–3527	Halbinsel Palos Verdes	täglich 9–17 Uhr

ROLLSCHUHFAHREN

Einige von unzähligen Leihfirmen:

Road Skates International
105 Windward Ave.
Venice

United Skates of America
Ocean Front Walk
Venice

Außerdem Verleih bei **46 Windward Avenue** und **505 Edgewater, Newport Beach.**

Bei folgenden Rollschuhbahnen schließt der Eintrittspreis den Rollschuhverleih ein:

Roller Skatium
2517 W. Washington

Northridge Skateland
18140 Parthenia St.
Northridge

SURFING

Unter Kennern beliebte Surfstellen an den Stränden L.A.'s: **Huntington Beach** (in Pier-Nähe), **Santa Monica Beach** (Ende Ocean

Park Blvd.), **Venice** (Ende Rose Ave.), **Leo Carrillo State Beach** (Südende) und **Malibu Surfrider State Beach.**

Kurse, Geräte, Verleih, Reparaturen:

Natural Progression Surfboards
1734 Colorado Blvd.
Santa Monica
✆ 829–5952

WINDSURFING

Wind Surfing West
4047 Lincoln Blvd.
Marina del Rey
✆ 821–5501
Kurse und Bretter

Sprachführer

Schulenglisch kann in den USA leicht zur Fremdsprache werden. Damit dies nicht geschieht, hier einige Vergleiche zwischen britischem und amerikanischem Englisch. Links: B. E.; rechts: A. E.

AUTO/STRASSE/VERKEHR

windscreen (Windschutzscheibe)	windshield
wing/mudguard (Kotflügel)	fender
lorry (Lastwagen)	truck
moped	motorbike
motorway	freeway/highway
number plate (Nummernschild)	license plate
overtake (überholen)	pass
pavement (Bürgersteig)	sidewalk
petrol (Benzin)	gas (-oline)
reversing lights (Rücklichter)	back up lights
roundabout (Kreisverkehr)	traffic circle
silencer (Auspuff)	muffler
car park (Parkplatz)	parking lot
cul-de-sac (Sackgasse)	dead end
diversion (Umleitung)	detour

dual carriageway	divided highway
petrol station (Tankstelle)	gas station
gear lever (Gangschaltung)	gear shift/stick shift

HOTEL/WOHNEN

tap (Wasserhahn)	faucet
lift	elevator
reception (Empfang)	front desk
caretaker (Hausmeister)	janitor
cooker (Ofen/Herd)	stove
rubbish (Müll)	garbarge/trash
cupboard (Schrank)	closet
first floor	second floor
flat (Wohnung in einem Mietshaus)	apartment
garden	yard
hoover (Staubsauger)	vacuum cleaner

RESTAURANT/ESSEN

liver sausage (Leberwurst)	liverwurst
pudding (Nachtisch)	dessert
queue (Schlange, Reihe)	line
to queue (sich anstellen)	to stand in line/line up
spirits (Alkohol)	liquor
chips (Pommes Frites)	French fries
sweets (Süßigkeiten)	candy
lavatory/toilet/W. C.	bathroom/restroom

BAHN/FLUG

single ticket (Fahrkarte)	one way ticket
return ticket (Rückfahrkarte)	round trip ticket

POST/TELEFON

telegram	wire
trunk call (Ferngespräch)	long distance call
personal call	person-to-person call
parcel	package
post	mail
postal code (Postleitzahl)	zip code

to ring up (anrufen) . . . . to call/phone
kiosk (Telefonzelle) . . . . booth
reverse charges (R-Gespräch) . . . . call collect

VERSCHIEDENES

solicitor (Rechtsanwalt) . . . . lawyer/attorney
trousers (Hose) . . . . pants
centre (Innenstadt) . . . . downtown
chemist's (Apotheke/Drogerie) . . . . drugstore/pharmacy
cinema (Kino) . . . . theatre/theater
film . . . . movie
fortnight (14 Tage) . . . . two weeks
gangway (Mittelgang im Flugzeug) . . . . aisle
handbag (Handtasche) . . . . purse

Deutsche Wörter und Namen, die Sie in Los Angeles ruhig gebrauchen können:

Gestalt	Diesel	Schnorrer
Rucksack	Delikatessen	schmalzig
Hinterland	Wanderlust	Weltschmerz
Blitz(krieg)	bla bla	Schatz
Weltanschauung	Auf Wiedersehen	Pumpernickel
Zeitgeist	Gesundheit	Brezel
Volkswagen	Sauerkraut	kaputt
Knackwurst	Sauerbraten	Schnitzel
Frau	Heidelberg	Frankfurter
Hausfrau	Fritz	Angst

Abkürzungen und deren voller Wortlaut:

BBQ . . . . Barbecue
X-ing . . . . crossing (Kreuzung)
ped x-ing . . . . pedestrian crossing (Fußgängerübergang)
gym . . . . gymnasium (Turn- und Sporthalle)
demo . . . . demonstration tape (Vorführband)
UCLA . . . . University of California at Los Angeles
LAPD . . . . Los Angeles Police Department
RTD . . . . Rapid Transit District (Busunternehmen)
Fwy . . . . Freeway
X-mas . . . . Christmas
P.O. Box . . . . Post Office Box (Postfach)
DJ . . . . Disc jockey
B.L.T. . . . . Bacon, lettuce, and tomato (Sandwich mit Schinken, Salat und Tomaten)
ID . . . . Identification (Ausweis)

Dept.	Department
WASP	White Anglo Saxon Protestant (Bevölkerungsgruppe)
AWOL	Absence without leave (in der Armee: Urlaub ohne Erlaubnis) und American Way of Life
MD	medical doctor (Arzt)
PhD	doctor of philosophy (Doktor der philosophischen Fakultät)
POW	Prisoner of war (Kriegsgefangener)
MA	Master of Arts (akademischer Titel)
BA	Bachelor of Arts (akademischer Titel)
PR	Public Relations
Blvd.	Boulevard
Ave	Avenue
Dr	Drive
Terr	Terrace
U-Turn	wenden um 180° mit dem Auto
D.A.	District Attorney (Bezirksstaatsanwalt)
limo	Limousine (nicht: Limonade)
lab	laboratory
pro	professional
prof	professor
hon	honey (Liebchen, Schätzchen)
chick	chicken (Mädchen)

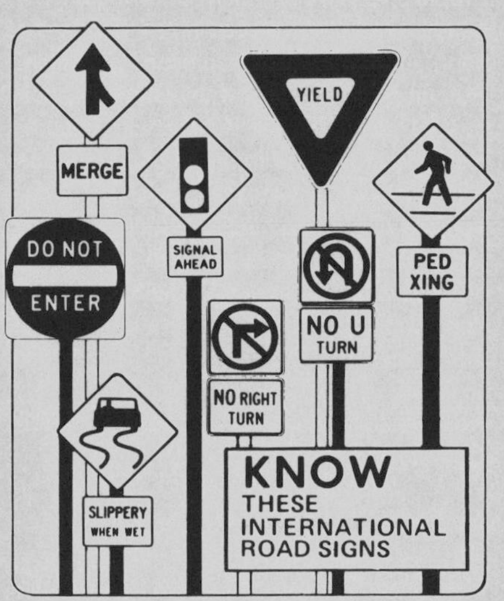

Seltsame Schreibweisen:
nite (night)
while-u-wait (while you wait)
thru traffic (through traffic; Durchgangsverkehr)

Telefon

Los Angeles ist die Stadt der Entfernungen. Häufiges Telefonieren ist deshalb kein Luxus, sondern ein Weg, Wege zu sparen. **Rufen Sie so oft es geht vorher an.** Auf-Gut-Glück-Ausflüge enden leicht vor verschlossenen Türen. Lassen Sie sich am besten auch gleich sagen, auf welchen Straßen Sie zum Ziel kommen: »How would I get there, please? I am in ... right now.« Merken Sie sich vor allem die Freeway-Abfahrten (off-ramps, exits).

Achtung: Seit Januar 1984 gelten für den Großraum L.A. **zwei verschiedene Vor-**

wahlnummern *(area codes):* die **213** bzw. die **818.**

Die 818 ist neu und gilt u. a. für Pasadena, North Hollywood, Burbank, San Fernando Valley, Glendale.

Die traditionelle 213 gilt nach wie vor für u. a. Downtown, Hollywood, Beverly Hills, Westwood, Venice, Santa Monica, Culver City, Marina del Rey, Long Beach.

Alle in diesem Buch angegebenen Rufnummern, denen keine Vorwahl vorangestellt ist, gehören zum 213-Netz.

Kostenloser Schutzengel des Telefonbenutzers ist der Operator (»0«). Wenn Sie ein Problem haben oder auch nur vermuten: zögern Sie nicht, die »0« zu wählen. Er oder sie kann eine Menge: Gespräche vermitteln, Rufnummern oder Vorwahlnummern *(area codes)* nennen, über Kosten von Gesprächen beraten oder Ihnen sogar Geld aus dem Münztelefon zurückgeben, wenn der Apparat Geld verschluckt hat oder Sie eine falsche Nummer gewählt haben. US-Telefone können faszinierende Spielzeuge sein. Zum Beispiel kann man sich auch in einer Telefonzelle anrufen lassen.

Notrufe: für Feuer, Polizei, Notarzt über den Operator (»0«).

Auskunft: Innerhalb Ihres Bereichs 411

Für andere Fernsprechnetze: wählen Sie die »**1**«, dann den gewünschten *area code* und die Nummern **555–1212.**
Auskünfte über die gebührenfreien »800«-Nummern unter: **1–800–555–1212.**

ANRUFE VOM PRIVATTELEFON

Innerhalb Ihres Ortsbereichs und *area code* können Sie alle 7stelligen Nummern selbst anwählen. Bei Nummern **außerhalb** wählen Sie zuerst die »1«, dann die Rufnummer. (zum Beispiel: von Los Angeles aus eine x-beliebige Nummer in San Diego: 1–619–238–4711) Das Rufzeichen besteht aus langen Tönen, die in Abständen folgen (–––); die Besetztzeichen *(busy signal)* sind kurze Töne in schnelleren Abständen (- - - -).

Den Operator können bzw. müssen Sie vor allem bei drei Gesprächsformen anrufen und einschalten.

1. bei R-Gesprächen *(collect call):* »I'd like to place a collect call to ...« Nennen Sie dem Operator Ihren Namen und Ihre Rufnummer.
2. bei einem *»person to person«* Ferngespräch: »I'd like a long distance call to ... person to person, please.« Nennen Sie den Namen der gewünschten Person. Denn nur, wenn *diese* sich meldet oder ans Telefon kommt, brauchen Sie zu bezahlen: (Empfehlenswert bei Gesprächen nach Übersee.)
3. bei einem *»station to station« Ferngespräch nach Übersee:* »I'd like a long distance call to ... station to station, please.« Hier bezahlen Sie, sobald das Gespräch zustande kommt, und zwar unabhängig davon, wer sich am anderen Ende der Leitung meldet.

ANRUFE AUS DER TELEFONZELLE

Anders als in Europa gibt es in den USA unvergleichlich viel mehr öffentliche Telefonzellen: an Tankstellen, in Restaurants, Supermärkten, Geschäften und praktisch an jeder Ecke. Dagegen haben Postämter keine Münztelefone, weil die Telefongesellschaften privat organisiert sind.

Tragen Sie immer genügend Kleingeld mit sich. Werfen Sie zwei *dimes* ein und warten Sie auf das Freizeichen *(dial tone):* dann können Sie die 7stellige Nummer wählen. Für Gespräche außerhalb Ihres *area code* wählen Sie zunächst die »1«, dann den gewünschten *area code* und danach die Nummer. Sollte das Gespräch mehr kosten, als Sie in Münzen vorgelegt haben, kommt das Geld zurück und eine Stimme meldet sich, die Ihnen den vorzulegenden Mindestbetrag nennt. Nach 3 Minuten Sprechzeit wird man Sie auffordern, erst einmal wieder nachzuwerfen – und so weiter. Auch R-Gespräche sind von der Telefonzelle aus – unter Einschaltung der »0« – möglich.

FERNGESPRÄCHE

Wählen Sie nach der »1« den jeweiligen *area code* und dann die Rufnummer. Zum Beispiel: San Diego (619) oder Santa Barbara (805).

Eine Besonderheit stellt der Code »800« dar: er ist die Vorwahlnummer für gebührenfreie Gespräche *(toll free)*. Viele Hotel- oder Autoverleihketten haben sie als Kundenservice. Sie könnten mit der 800-Nummer von Los Angeles aus ein Hotelzimmer in Chicago bestellen; die Gebühren trägt das Hotel.

ANRUFBEANTWORTER

Mehr und mehr Angelenos betreiben auch privat einen *answering service* in Form eines Anrufbeantworters. Seien Sie also auf gespeicherte Freundlichkeiten *(recorded messages)* gefaßt. Sie sind in der Regel leicht verständlich.

Telegramm

Ein Telegramm können Sie bei der nächstgelegenen Vertretung der **Western Union Telegraph Company** aufgeben. Deren Adresse bzw. Telefonnummer findet sich in den weißen Telefonbuchseiten unter »Western ...«. Die Downtown-Zweigstelle der Western Union in Los Angeles (741 South Flower St., ✆ 627–4321) ist 24 Stunden geöffnet, die übrigen Zweigstellen zu den üblichen Geschäftszeiten. Achtung: **Postämter haben keinen Telegrammdienst.**

Trinkgeld

Auf den Rechnungen, die man in Restaurants oder Cafés erhält, sind Trinkgelder *(tip)* nicht enthalten. Normalerweise wird ein Trinkgeld von 15 % erwartet. Man läßt das Geld auf dem Tisch liegen, wenn man geht. In Bars, wenn man nicht gerade an der Theke hockt, gelten 50 c pro Drink als großzügig, d. h. 15 % als knauserig.

Bei Kofferträgern sind, je nach Hotelklasse, 50 c – $ 1 angemessen. Taxifahrer erwarten in L.A. 20 %; Zimmermädchen, wenn man länger als eine Nacht bleibt, 2–3 Dollar pro Tag. An Tankstellen sind Trinkgelder nicht üblich.

Universitäten

Mit seinen 15 Hochschulen und 46 Colleges kann sich L.A. mit anderen Universitätszentren der USA durchaus messen. Auch qualitativ. Ihr durchschnittlich hoher Standard widerlegt also, was böse Zungen immer wieder gern behaupten: Professoren in Los Angeles, wenn sie sich nicht gerade heimlich mit Studentinnen treffen, verdösen ihre akademischen Pflichten unter Palmen.

University of California, Los Angeles (UCLA), 405 Hilgard Ave., Los Angeles 90024. ✆ 825–4321. Wurde 1919 gegründet und hat zur Zeit 32 000 Studenten.

University of Southern California
(USC), University Park, Los Angeles 90007. ✆ 743–2388. Gegründet 1880; Studentenzahl: 28 000.

California Institute of Technology
(Cal Tech), 1201 East California Blvd., Pasadena 91125. ✆ (818) 795–6811. Technische Hochschule von Weltrang. Gegründet: 1891. Studentenzahl: 1700.

California State University, Long Beach
(CSU Long Beach), 1250 Bellflower Blvd., Long Beach 90840. ✆ 498–4121. Gegründet 1948. Studentenzahl: 33 000.

Unterkunft

Motels, Hotels und Resorts finden Sie unter »Unterkunft« in den einzelnen Regionen.

Bei der Zimmerbestellung gilt in Los Angeles derselbe Sprachgebrauch wie in den USA sonst auch: ein *»single«* ist ein Raum für eine Person (ganz gleich, ob das Bett groß genug für zwei ist), ein *»twin«* ist ein Raum mit zwei Betten für 2 Personen, ein *»double«* ein Raum mit einem großen Bett für zwei Personen; ein *»triple«* ist für drei Personen gedacht (Bettformen unterschiedlich), »family« ist für drei Personen und mehr. Wenn Sie in terminologische Verwirrung geraten sollten, können Sie sich aber auch anders ausdrükken, zum Beispiel: »one room, two persons, one bed«, je nachdem.

Hotelketten *(chain hotels)* haben den Vorteil, daß zumindest die größeren unter ihnen gebührenfreie 800-Telefonnummern für Reservierungen unterhalten.

Reservierungen werden bis 18.00 Uhr berücksichtigt. Die Zeit, Ihr Zimmer zu räumen *(check-out time)* ist meist 12 Uhr am nächsten Tag. Die meisten Hotels haben Neonzeichen mit »vacancy« (Zimmer frei) bzw. »no vacancy« draußen angebracht, die vom fahrenden Auto gut zu lesen sind. Selbstverständlich können Sie sich vor der Anmietung das Zimmer zeigen lassen; in Zweifelsfällen sollten Sie das sogar tun. Bezahlt wird grundsätzlich im voraus. Doch zuvor sollten Sie fragen, ob es nicht Spezialraten für längere Aufenthalte gibt. Manche Motels, besonders in Strandnähe, gewähren spürbare Preisnachlässe, wenn man eine Woche oder länger bleibt.

Die angegebenen Preise gelten für einen »double room«, nicht pro Person. $ = 20–40 Dollar; $$ = 40–60 Dollar; $$$ = 60–100 Dollar; $$$$ = über 100 Dollar – stets ohne Frühstück. Einzelreisende zahlen nur geringfügig weniger.

JUGENDHERBERGEN

Sie führen in den USA immer noch eine Art Schattendasein – im Vergleich zu Europa. Auf den neuesten Stand über verfügbare Jugendherbergen bringt Sie ein Anruf beim Los Angeles Council, ✆ 831–8846. Außerdem gibt der Y.M.C.A. Auskunft über preiswerte Übernachtungsmöglichkeiten: ✆ 489–3200

Limit für Übernachtungen in Jugendherbergen: 3 Tage. Preise pro Nacht unter $ 10. Schriftliche Anmeldung ratsam:

L.A. International Hostel
1502 Palos Verdes Drive North
Harbor City 90710
✆ 831–8109
Südlich von Downton, in der Nähe von Palos Verdes. 3 Schlafräume mit je 25 Betten für »males« und »females«. Aufenthaltsdauer hier: im Sommer 4 Tage, im Winter 6 Tage für Mitglieder. 2 und 3 Tage für Nichtmitglieder. Check-in bis 22.30 Uhr.

Westchester Y.M.C.A.
8015 S. Sepulveda Blvd. ✆ 776–0922

Los Angeles 90045
Vom 1. Juni bis 15. September; zwei Schlafräume zu je 15 Betten.

Hollywood Y.M.C.A.
1553 N. Hudson Ave.
Hollywood 90028
Ganzjährig, zwei Schlafräume mit je 46 Betten.

CAMPING

In der Umgebung von Los Angeles gibt es zwei Sorten von Campingplätzen: die in Privatbesitz und solche, die vom Staat oder Bund verwaltet werden. Die privaten *campinggrounds* akzeptieren normalerweise Voranmeldungen, halten den Platz aber nur bis 18 Uhr frei; die öffentlichen verfahren in der Regel nach der Devise, »wer zuerst kommt, bekommt einen Platz«. Aber hier gibt es auch Ausnahmen, denn einige kann man durch die Ticketron Agentur reservieren lassen (✆ 642–5708 in Los Angeles). Die Benutzerkarten werden acht Wochen im voraus verkauft und sind oft schon am ersten Tag vergriffen, besonders während der Hochsaison zwischen Juni und September und für die beliebtesten Standorte – die entlang der Pazifikküste.

Unerläßlich ist ein Verzeichnis der Campingplätze in Südkalifornien. Empfehlenswert ist »Sunset Western Campsites«, der in allen größeren Buchhandlungen oder direkt vom Verlag zu haben ist (Lane Publishing Co., 85 Willow Road, Menlo Park, CA 94025).

Der U.S. Forest Service gibt eine Liste der Zeltgelegenheiten in den Nationalparks heraus. Hauptgeschäftsstelle für Kalifornien: 630 Sansome Street, San Francisco, CA 94111, ✆ (415) 556–0122.

Die Ausstattung der *campgrounds* reicht vom simplen Zeltplatz bis zum perfekt versorgten Areal für Wohnwagen und Camper. Die Campingführer geben genaue Auskunft über die Verfassung jedes Platzes. Die Preise schwanken zwischen »frei« und $ 10.00

Einige Campingadressen

Anaheim Vacation Park
331 N. Beach Blvd.
Anaheim 92801
✆ (714) 821–4311
Pool, Waschsalon, Duschen, Spielplatz.
Nicht für Zelte

Malibu Beach RV Park
25801 Pacific Coast Hwy.
Malibu 90265
✆ 456–6052
Viel Platz, Duschen, Waschsalon, Zelte OK

Veranstaltungskalender

Januar

Chinesisches Neujahrsfest *(Chinese New Year)* in Chinatown: Drachenparade, Laternenumzug, Knallfrösche und Kracher. Information: Chinese Chamber of Commerce, 970 N. Broadway, Suite 220, Los Angeles, ✆ 617–0396.

Hundeschau *(All-Breed Dog Show)* im Los Angeles Convention Center. ✆ 748–8531.

Rosenparade in Pasadena. Der spektakuläre Umzug beginnt am Neujahrstag um 8.30 Uhr.

Walfisch-Schau *(whale watching)*. Bootsfahrten werden in den Häfen und von Sportfischereigesellschaften angeboten.

Februar Boots- und Autoausstellung: beide in Los Angeles Convention Center. ✆ 748–8531.

Winter-Festival in Laguna Beach: Surfing, Sandburgenbauen, Folkloretänze, Kunstgewerbe *(arts and crafts)*. Auskunft: Laguna Beach Chamber of Commerce, 205 North Coast Highway, Laguna Beach 92652. ✆ (714) 494–1018.

März Einsegnung von Tieren an der Olvera Street: vor der Plaza Kirche am Samstag vor Ostern um 13.30 Uhr. Der alljährliche Ritus datiert bis ins 4. Jahrhundert zurück, als der Schutzheilige des Königreichs der Tiere, San Antonio de Abad, die Tiere in jedem Frühjahr einsegnete – ihrer Fruchtbarkeit und Gesundheit wegen. Bei der Zeremonie defilieren alle möglichen Tierarten vorbei, um den Segen zu erhalten.

April Drachenfestival in Long Beach für große und kleine Kinder am Strand, am Ende von Junipero Avenue. Information: Long Beach Chamber of Commerce, 180 E. Ocean Blvd., Long Beach, 90802, ✆ 436–3645.

Mai Folklore-Festival an der UCLA: Musikaufführungen, Volkstänze und Kunstgewerbe. Auskünfte bei McCabe's Guitar Shop in Santa Monica.

Cinco de Mayo Feiern (überall in Südkalifornien) am 5. Mai in den Gemeinden der Mexiko-Amerikaner. In Los Angeles: Olvera Street, Pueblo Park, Marina del Rey, Newport Beach. Der Tag soll an den Unabhängigkeitskampf der Mexikaner erinnern: durch Paraden, Feuerwerk und Mariachi-Bands.

Juni Großes Straßenfest in Hollywood im Barnsdall Park: Kunstmarkt und Entertainment. Information: Barnsdall Park, 4800 Hollywood Blvd. ✆ 660–4254.

Juli Am 4. Juli: Feiern zum nationalen Unabhängigkeitstag – d. h. Parties und Feuerwerk überall, vor allem Disneyland, Queen Mary, Magic Mountain.

Der Ringling Brothers Circus gibt Vorstellungen im Inglewood Forum, Anaheim Convention Center und der Long Beach Arena. Auskünfte bei der Pressestelle des Zirkusunternehmens (vgl. Tageszeitungen).

»Symphonien unter den Sternen« im Freilichtkonzertsaal der Hollywood Bowl. Seit über 50 Jahren eine attraktive Abendgestaltung. Information: Hollywood Chamber of Commerce, 6290 Sunset Blvd., Los Angeles 90028, ✆ 469–8311

Grand Prix Fahrradrennen in Manhattan Beach über eine Rennstrecke von 100 km.

Laguna Beach Kunst-Festival. Das Besondere: daß sich auf dem Straßenkunstmarkt die Einwohner von Laguna Beach abends verkleiden und in Bilderrahmen berühmte historische Gemälde posierend nachstellen. Kümmern Sie sich rechtzeitig um Eintrittskarten für die abendlichen Kunststückchen bei: Festival of Arts, 650 Laguna Canyon Road, Laguna Beach 92651.

Topanga-Banjo-Fiddle-Wettbewerb auf den Sportanlagen von UCLA. Auskunft bei McCabe's Guitar Shop, ✆ 828–4497.

August Internationales *Surf Festival* in Redondo-, Hermosa-, Torrance- und Manhattan Beach. Auskunft: Hermosa Beach Chamber of Commerce, P.O. Box 404, Hermosa Beach 90254.

Little Tokyo Nisei Week Festival im japanischen Stadtteil *Little Tokyo*. Karate-, Judo- und Schwertkampfwettspiele, Straßenparaden und Gaudi. Information: Japanese Culture Community Center, 244 S. San Pedro St., Room 504. ✆ 626–5116.

Internationales Kalifornisches See Festival in Long Beach: Bootsrennen, Burgenwettbewerb, Kunstmarkt. Auskunft: Long Beach Chamber of Commerce, 180 E. Ocean Blvd., Long Beach 90802, ✆ 436–3645.

September *Santa Monica Cat Show,* die größte Katzen-Schau im amerikanischen Westen. Dauer: 2 Tage am 3. Wochenende im September. Auskunft bei der Santa Monica Chamber of Commerce.

4. September: Geburtstagsparty der Stadt Los Angeles. Am Abend gibt es auf der Olvera Street ein Musikprogramm, mexikanische Tänze und Feuerwerk.

15. und 16. September: Feiern zum Tag der Mexikanischen Unabhängigkeit. Gesangs- und Tanzvorführungen, Mariachi-Musik und viel Knallerei in der Olvera Street und im El Pueblo Park.

Sportfest in Santa Monica *(Santa Monica Gymfest)*. Sportliche Wettbewerbe am Strand südlich vom Pier. Auskunft: Santa Monica Convention and Visitors Bureau.

Oktober Eröffnung der Musik- und Theatersaison. Das Los Angeles Philharmonic Orchestra spielt von Oktober bis Mai im Dorothy Chandler Pavilion. Die Theateraufführungen der Center Theatre Group werden im Ahmanson Theatre gezeigt und weitere Schauspielaufführungen sind im Mark Taper Forum zu sehen. Programm und Auskunft: Music Center Ticket Office, 135 North Grand Ave., Los Angeles, CA 90012. ✆ 972–7611.

Segelregatta in der Marina del Rey *(Home Port Regatta Race)* am zweiten Sonntag des Monats.

Oktoberfest in Santa Monica. Drei Tage dauern die feuchten Festivitäten am Flughafen von Santa Monica. Höhepunkt: eine Schau historischer Flugzeugtypen. Oktoberfest auch im Alpine Village.

Kunstmarkt in Westwood *(Westwood Village Arts and Crafts Show)*. Am ersten Wochenende des Monats jeweils von 10 Uhr bis Sonnenuntergang. Über 500 Ausstellungen und ein reiches Unterhaltungsprogramm (Puppenbühnen, Pantomimen, Musikgruppen).

November Beginn der Opernsaison. Gastspiele der New York City Oper im Dorothy Chandler Music Pavilion. (Von Anfang November bis Anfang Dezember) Für Karten wenden Sie sich schriftlich an Music Center Opera Association, 135 North Grand Ave., Los Angeles, CA 90012 oder telefonisch an Music Center Ticket Office unter ✆ 972–7611.

Nikolaus-Parade in Hollywood. Umzug mit mehr als 5000 Mitwirkenden – darunter Film- und TV-Stars: am letzten So. im Monat ab 19 Uhr.

Dezember *Las Posadas*, die spanische Weihnachtsfeier in der Olvera Street um die Weihnachtszeit. Genau neun Tage vor Weihnachten gibt es noch eine Las Posadas-Feier im El Pueblo Park.

Verkehrsmittel

Seit langem träumen und reden die Angelenos von einem neuen, öffentlichen Verkehrsnetz: Statistiken werden erhoben, Untersuchungskomitees ein- und wieder abgesetzt, aber nichts Konkretes zeigt sich. Ein Blick auf die Straßenkarte von Los Angeles genügt, um zu ahnen, warum.

BUSSE

Bleiben also fürs erste die Busse. Das Verkehrsunternehmen RTD (Rapid Transit District) ist für ganz Los Angeles County zuständig.

Southern California Rapid Transit District (RTD)
425 S. Main St.
Los Angeles 90013
✆ 626–4455
Schickt auf Anfrage Broschüren, Strecken- und Fahrpläne. Info-Stand im ARCO-Tower, Downtown

Zusätzlich haben selbständige Städte wie Torrance, Long Beach, Culver City und Santa Monica ihre eigenen Buslinien. Die Beste unter ihnen ist das »blue bus system« von und in Santa Monica.

Santa Monica Municipal Bus Lines
City of Santa Monica
1620 Sixth Street
Santa Monica 90401
✆ 451–5445

Wenn Sie also in West Los Angeles ihr Standquartier aufschlagen, haben Sie dadurch Vorteile: die Verbindungen zwischen Venice, Ocean Park, Santa Monica und Westwood Village sind brauchbar. In dichter Folge befahren sind Wilshire Blvd., Pico Blvd., Santa Monica Blvd. und Ocean Park Blvd. Halten Sie stets abgezähltes Fahrgeld bereit; kein Geldwechsel beim Fahrer. RTD-Fahrpreise sind in der Regel 50 c.

Greyhound und Continental Trailways Busse
Für größere Entfernungen und Ausflüge immer noch die ökonomische Alternative zum Flugzeug. Nachteile: lange Fahrzeiten und nicht sehr bequeme Busse, gelegentlich unzuverlässige Fahrpläne. Zwei Preisbeispiele: Los Angeles – San Diego $ 9.00 (einfach); Los Angeles – San Francisco $ 26.00 (einfach).

Greyhound Bus Lines
6th and Los Angeles Streets
Los Angeles (Downtown)
✆ 620–1200
Auf Anruf: Strecken, Pläne

Continental Trailways
800 N. Alameda St.
Los Angeles (Downtown)
✆ 742–1200
Per Anruf: Strecken, Pläne

ZÜGE

Informationen und Reservierungen bei **Amtrak** im **Union Passenger Terminal,** 800 N. Alameda St., Downtown, ✆ 624–0171 und (800) 252–9477

Los Angeles–San Francisco: täglich 10 Uhr (Ankunft in Santa Barbara z. B. 12.30 Uhr). Fahrzeit ungefähr 11 Stunden. Die Fahrt mit dem »Coast Starlight« hat viele Stops, geht aber meist an schönen Aussichten vorbei. Das gilt besonders für die Küste zwischen Santa Barbara und San Luis Obispo, die mit dem Auto überhaupt nicht zugänglich ist.

Los Angeles–San Diego: Fahrzeit 2¾ Stunden. Hält in Fullerton, Santa Ana, San Juan Capistrano, San Clemente, Oceanside, Del Mar. Täglich alle 2–3 Stunden.

Los Angeles–Las Vegas: Der neue »Desert Wind« fährt von Los Angeles nach Las Vegas, von dort nach Salt Lake City und Odgen, Utah. Fahrzeit ca. 8 Stunden. Reservierung empfehlenswert.

TAXIS

Am einfachsten läßt sich ein *taxicab* telefonisch bestellen. Cabs warten an Flugplätzen und vor großen Hotels. Um die Telefonnummern eines Taxiunternehmens zu finden, das Ihren Bereich bedient, fragen Sie am besten in Ihrem Hotel oder sehen in die »Gelben Seiten« des Telefonbuchs unter *taxicabs,* oder rufen die Telefon-Information unter 411 an.

Einige Taxi-Unternehmen:

Firma	**Telefon**	**besonders für den Bezirk**
Celebrity Cab	278–2500	Hollywood, Beverly Hills
Santa Monica Checker	394–1144	Santa Monica, Malibu, Culver City
United Independent	653–5050	Downtown, East L.A., Hollywood
Yellow Cab	481–2345	Downtown, Hollywood
City Cab	870–3333	Downtown
Independent Cab	385–8294	Inglewood, Hawthorne
City Cab (West L.A.)	822–7777	West L.A.

Zollbestimmungen

Bei Fragen zu amerikanischen Zollbestimmungen setzen Sie sich mit Ihrem nächstgelegenen amerikanischen Konsulat in Verbindung oder schreiben Sie an: U.S. Customs, P.O. Box 7118, Washington, D.C. 20044. In Los Angeles erteilt Auskunft: **US Customs Service, 350 S. Figueroa St., Room 307, World Trade Center, ✆ 688–4793.**

Als zollfrei bei Eintritt in die USA gelten zur Zeit:
– 200 Zigaretten oder 50 Zigarren oder

- 1500 gr Tabak
- 1 Liter Alkohol
- Geschenkartikel im Wert bis zu $ 100.00 unter der Voraussetzung, daß Sie mindestens 72 Stunden in den USA verbringen.

Unerbittlich reagieren amerikanische Zollbeamte auf Pflanzen, Gemüse, Obst, Fleisch (also auch auf Ihre Lieblingswurst). Dagegen erscheinen Backwaren, Käse und Süßigkeiten (ohne alkoholische Füllung) unbedenklich. Hunde und Katzen sind als Besucher willkommen – mit einer tierärztlichen Bescheinigung, daß sie keine auf Menschen übertragbaren Krankheiten haben.

Als Nicht-Amerikaner können Sie Ihr Auto zollfrei mitbringen: zum persönlichen Gebrauch. Diese Erlaubnis gilt ein Jahr. Danach muß der Wagen den amerikanischen Sicherheits- und Abgaskontrollen unterzogen werden.

DOWNTOWN-INFORMATIONEN

Die folgenden Informationen beziehen sich auf die Gebiete **Civic Center, Chinatown, Japantown** (Little Tokyo), **East L.A.** und **Exposition Park.** Für die Fußgängererkundung von Downtown vgl. Karte auf S. 48/49

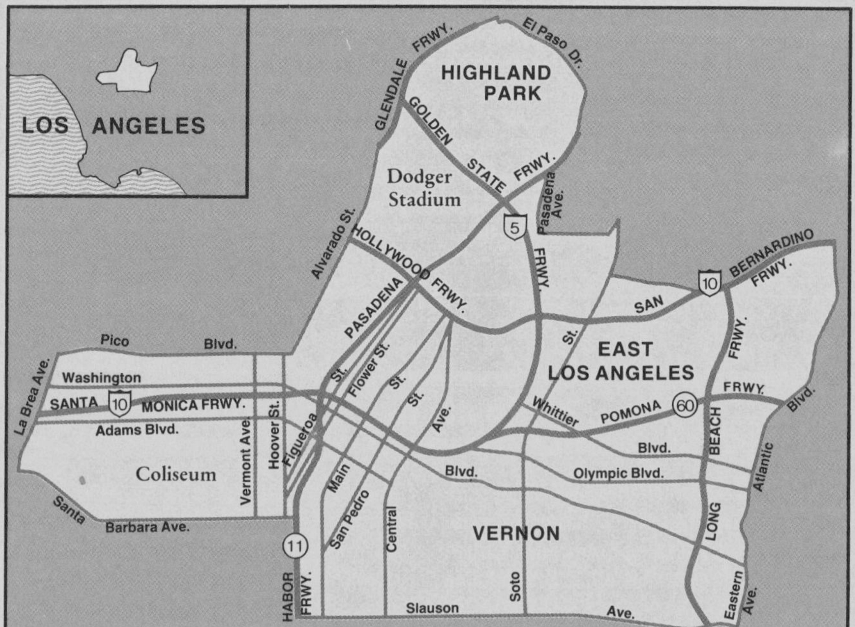

Bequem und für nur 25 c fährt der **Downtown Minibus** (ca. alle 8 Minuten Mo–Sa) durch die Innenstadt, u. a. zu folgenden Zielen: Broadway Plaza, Library, ARCO Plaza, World Trade Center, Music Center, City Hall, Little Tokyo, Olvera Street, Union Station und Chinatown.

Einkaufen

ARCO Plaza
5th St., Ecke Flower St.
(oder) 6th St., Ecke Flower St.
Unterirdisches Einkaufszentrum: Mode, Galerie, Buchhandlung, Restaurants und das Touristenbüro.

Broadway Plaza
700 W. 7th St.
Mehr als 30 Geschäfte, u. a. Broadway, Magnin's, Radio Shack.

Grand Central Public Market
317 Broadway
Stets belebter Bazar zwischen Broadway und Hill St. mit Obst, Gemüse und Theken mit mexikanischen Gerichten. Mo–Sa 9–16 Uhr.

World Trade Center
333 S. Flower St.
Fußgängerbrücken verbinden das Einkaufszentrum mit dem Bonaventure Hotel und den Bunker Hill Towers. Internationales Shopping Center; auch Geldwechsel möglich.

Downtown Minibus: Route

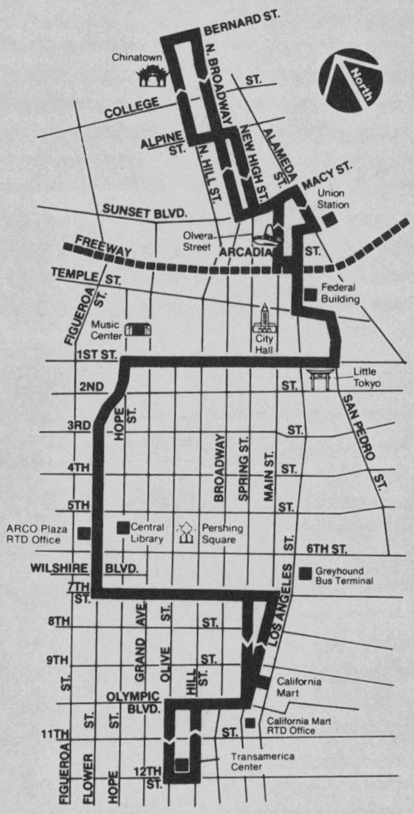

Führungen

Kostenlose Führungen durch den alten spanischen Stadtkern, den **El Pueblo de Los Angeles State Historic Park** (Di–Sa, ✆ 625–5045), das **Music Center** (Mo–Do, Sa, ✆ 972–7483) und **City Hall** (Mo–Fr ✆ 485–4423)

Los Angeles Times
202 W. First Street ✆ 972–5757
Mo–Fr 15 Uhr: zeigt eine kostenlose Führung, wie die größte Tageszeitung von L.A. gemacht wird. Telefonische Voranmeldung empfehlenswert.

Kirchen

KIRCHEN MIT GOSPEL MUSIC

Die schwarze Gospel Musik hat die Gesangsstile von Jazz, Blues und Pop beeinflußt. Die Gottesdienste der Schwarzen dauern zwei bis drei Stunden. Sie werden normalerweise nicht von Weißen besucht; dennoch spricht nichts dagegen, einer solchen Messe beizuwohnen – Zurückhaltung und Taktgefühl vorausgesetzt.

Cornerstone Institutional Missionary Baptist Church
4394 W. Washington Blvd.
✆ 732–3553
Gottesdienste So: 11, 19.30, 21.00 Uhr.

Page Temple Church of God in Christ
La Salle Ave. (Adams Blvd.)
✆ 733–9691
Gottesdienst So um 11 Uhr.

Temple Ministry Baptist Church
8734 S. Broadway
✆ 758–3134
Herrlicher Gospelchor mit Reverend James Cleveland.

West Angeles Church of God in Christ
3045 South Crenshaw Blvd.
✆ 733–8300
Sonntagsmessen um 8, 11 und 20 Uhr.

MARIACHI-MESSEN

St. Joseph Church
218 East 12th Street
Los Angeles
✆ 748–5394
Messe in spanischer Sprache sonntags 10 Uhr, oft mit einer Mariachi-Band.

Museen / Galerien / Kunstszene

The Museum of Contemporary Art (MoCA)
250 S. Grant Ave.
✆ 621–2766
Mo geschl. Ansonsten 11–20 Uhr, Do u. Fr bis 20 Uhr. Eintritt.

California Museum of Science and Industry
700 State Drive
Exposition Park
✆ 744–7400
Geöffnet täglich 10.00–17.00 Uhr
Eintritt frei
Ständige Ausstellung über Mathematik, Energie, Landwirtschaft, Raum und Kommunikation. Die Besucher können selbst an den Ausstellungsstücken hantieren: zum Beispiel Spielchen mit dem Computer anstellen. Besonders für Kinder zu empfehlen. Nebenan die Hall of Health, in der Ausstellungsstücke zur menschlichen Physiologie präsentiert werden. Naturwissenschaftliche Workshops für Kinder werden samstags angeboten. Informieren Sie sich per Telefon.

Natural History Museum of Los Angeles County
900 Exposition Blvd.
Exposition Park
✆ 744–3411
Ausgestellt sind Fossilien prähistorischer Tiere, archäologische Sammlungen und geologische Funde.
Geöffnet Di–So 10 bis 17 Uhr.

Southwest Museum
234 Museum Drive
Highland Park
✆ 221–2163
Indianerkulturen des Südwestens: u. a. Navajo-Teppiche, Keramik, Tipi der Blackfoot etc. Das Museum liegt wie eine Festung auf einem Hügel, ein alter Aufzug führt hinauf. Erreichbar über den Pasadena Freeway, nördlich von Downtown. Di–So. Von Mitte August bis Mitte September geschlossen. Eintritt frei.

Children's Museum
310 N. Main St.
Los Angeles Mall
✆ 687–8800
Kindermuseum. Mi, Do 14–16, Sa, So 10–17 Uhr. Näheres siehe unter »Kinder« im allg. Info-Teil.

The Museum of Neon Art
704 Traction Avenue
✆ 617–1580
Neons und kinetische Kunst.

The Japanese American Cultural and Community Center
244 S. San Pedro St.
Little Tokyo
✆ 628–2725
Wechselnde Ausstellungen und einführende Kurse in japanische Kulturtechniken.

Plaza de la Raza
3540 N. Mission Rd.
South East Central LA.
✆ 223–2475
An einem kleinen Park gelegener Komplex mit Theater, Klassenzimmer und Büro für L.A.'s spanisch sprechende Bevölkerung: Musicals, Tanz, Drama, Festivals.

GALERIEN

In den letzten Jahren hat sich Downtown zunehmend als Kunstzentrum und Kunstmarkt profiliert – mit vielen Studios, Galerien, kleinen Theatern, Cafes und Sushi-Bars in alten Fabriken und Lagerhallen, z. B. Factory Place, Omar- oder Boyd Streets.

Cirrus Gallery
542 S. Alameda
✆ 680–3473
Galerie in einer ehemaligen Suppenfabrik. Di–Sa 11–17 Uhr.

De Gooyer Gallery
1308 Factory Place
(bei Alameda St., Nähe 6th St.)
✆ 623–8333
Avantgarde-Galerie im 5. Stock einer ehemaligen Fabrik. Di–Sa 11–17 Uhr.

LACE (Los Angeles Contemporary Exhibitions)
1804 Industrial (zwischen 6th u. 7th St.)
✆ 624–5650
Di–Sa 11–17, So 12–17 Uhr.
Ein guter Ausgangspunkt für weitere Erkundungen: hier gibt es eine ausgezeichnete Karte von Downtown mit Galerien, sehenswerter Architektur, Restaurants. Sonderveranstaltung jedes Jahr: »Open Studio Tours«, eine Führung durch mehr als 40 Studios in Downtown.

Nachtleben / Musikklubs / Unterhaltung

Casey's Bar
613 S. Grand Ave.
Erinnert an den Typ der irischen Pubs in New York.

Madame Wong's
949 Sun Mun Way
(am Broadway-Tor in Chinatown)
Ein New Wave Club, der hoffentlich überlebt.

Al's Bar
305 S. Hewett St.
✆ 687–3558
Legendäre Rockbar mit flippigem Künstlerpublikum.

Variety Arts Center
940 S. Figueroa St.
✆ 923–9100
Cabaret, Varieté, Tanz, Akrobatik.

Parks

Echo Park
Glendale Blvd.
zwischen Hollywood Fwy. und Sunset
Halbtropisches und Lotos-Teich. Am Echo Park Lake, der im vorigen Jahrhundert die umliegenden Farmen bewässerte, kann man heute Boote leihen.

Elysian Park
zwischen Golden State- und
Pasadena Fwys. (beim Dodger Stadium)
Zweitgrößter Park im Gebiet von L.A. mit Hügeln und Tälern, Picknickplätzen, Wanderwegen, Kinderspielplatz.

Exposition Park Rose Garden
Exposition Park
900 Exposition Blvd.
(zwischen Figueroa und Menlo)
Einer der größten Rosengärten der USA mit etwa 16000 Büschen und 190 verschiedenen Sorten. Nähe Coliseum, dem Olympiastadion von 1932 und 1984 mit 91000 Sitzplätzen.

Restaurants

Atomic Café
422 E. 1st St.
Evergreen unter den Kult-Cafés in Japantown mit der besten New Wave Jukebox. Nachts um 2 Uhr ist die Stimmung am besten.

Beaudry's
Bonaventure Hotel
5th St./Figueroa St.
✆ 624–1000
Elegantes Restaurant – wegen seiner einmaligen Lage im Bonaventure Hotel. Französische bzw. europäische Küche. ($$$)

Bernard's
Biltmore Hotel
515 S. Olive St.
Gilt als bestes französisches Restaurant. Exzellente Küche, kapriziert auf Fischgerichte. Ausgezeichneter Service – im historischen Biltmore Hotel (1923) mit sehenswerter spanischer Lobby. So geschl. ($$$)

Gorky's
536 E. 8th St.
✆ 627–4060
Neuester Hit: 24 Stunden geöffneter, preiswerter *Coffee shop* in ehemaliger Fabrikhalle. Die russische Avantgarde sorgt für das nötige Flair. Künstlertreff. ($)

The Grand Avenue Bar
Biltmore Hotel
515 S. Olive St.
Überwältigendes Lunch-Buffett mit exotischen Leckereien. Sa + So geschl. ($$)

Horikawa
111 S. San Pedro St.
(gegenüber vom japanischen Kulturzentrum) ✆ 680–9355

Geräumiges, anerkannt gutes japanisches Restaurant. Sa + So kein Lunch. ($$)

Grandview Gardens
944 N. Hill St.
✆ 624–6048
Gute kantonesische Küche, Cocktail Lounge. ($$)

Green Jade
750 N. Broadway
Chunsan Plaza
Küche: Mandarin und Hunan. ($)

Miriwa
750 N. Hill St.
✆ 687–3088
Kantonesische Gerichte. Bar. ($$)

The Original Pantry Café
877 S. Figueroa (9th St.)
Coffee shop aus der guten alten Zeit, ohne Firlefanz. 24 Stunden geöffnet.

Rex
517 S. Olive St.
Oviatt Building
✆ 627–2300
Eins der schönsten und besten Restaurants im Art Deco-Stil mit italienischer *nuova cucina.* Lunch Mo-Fr, Dinner Mo-Sa. ($$$)

Top of the Five
Bonaventure Hotel
404 S. Figueroa St.
✆ 624–1000
Luxus-Restaurant im 35. Stock mit Blick bis zum Pazifik – bei klarem Wetter. Cocktail Lounch eine Etage tiefer – mit 360°-Panoramablick über L. A. ($$$)

The Tower
Transamerica Center
1150 S. Olive St.
✆ 746–1554
Hoch oben auf einem Wolkenkratzer: hervorragende französische Küche. Beliebter Treffpunkt für Geschäftsleute und Kongreßbesucher, L. A.'s Showpiece der *haute cuisine.* ($$$)

Sehenswürdigkeiten

Vgl. auch die »weißen« Kapitel über Downtown, Chinatown, East Los Angeles, Japantown, Wandmalerei und die Watts Towers; außerdem die im »gelben Teil« unter »Architektur« erwähnten Baudenkmäler.

Carroll Avenue
1300er Häuserblock
Downtown
(Anfahrt: z. B. vom Hollywood Fwy den Exit Glendale, dann Bellevue rechts, links auf Edgeware bis Carroll)
Carroll Avenue gehört zu Angeleno Heights, eine der ersten Vorstädte von Los Angeles (um 1880) mit heute zahlreichen restaurierten viktorianischen Villen. Touren veranstaltet die Carroll Avenue Foundation (vgl. Abb. S. 42/43). ✆ 250–5976

Casa de Adobe
4603 N. Figueroa St.
Downtown
Nachbildung einer spanischen Hazienda des Kolonialstils (1880). Besichtigung Mi, Sa, So 14–17 Uhr.

Dunbar Hotel
4225 S. Central Ave.
South and East Central L. A.

Das erste Hotel in den USA, das 1928 für Schwarze gebaut wurde, die in den 30er Jahren wegen der Vorurteile keine adäquate Unterkunft auf Reisen finden konnten. Viele prominente Schwarze übernachteten hier. Zur Zeit wird das Hotel in ein Kulturzentrum verwandelt.

East Los Angeles Murals (Wandbilder)
Estrada Courts Housing Project: Olympic Blvd. und Grande Vista Ave; Brooklyn Ave Ecke N. Soto St., N. Gage Ave und Gifford Ave; First St. zwischen Lorena St. und Indiana St.; Whittier Blvd. zwischen S. Soto St. und Atlantic Blvd.; Ramona Gardens Housing Project: Alcazar St. zwischen Marchison St. und Indiana St.

Farmer John's Pig Mural
3049 E. Vernon Ave.
Vernon
Die riesige Fleischverpackungsfirma liegt hinter einer Mauer, die mehrere Straßenblocks umfaßt und mit Landschaftsidyllen und Schweinchen bemalt ist.

Olvera Street and El Pueblo de Los Angeles State Historical Park
zwischen Sunset Blvd. u. Main Street, der Plaza und Los Angeles Street, Downtown
Visitor Information Center:
130 Paseo del Plaza
✆ 628–1274
Hier wurde die Stadt Los Angeles gegründet: Plaza, Olvera Street (1930 wieder aufgebaut) und einige historische Gebäude. Mit vielen mexikanischen Kunstgewerbe- und Essens-Ständen ist Olvera Street der Hauptanziehungspunkt für Touristen.

Pio Pico State Historic Park/Casa de Pio Pico
6003 Pioneer Blvd.
Whittier
Adobe-Hacienda »El Ranchito« von 1850. Öffnungszeiten: Haus Mi–So 13–16 Uhr; Park Mi–So 10–17 Uhr, Eintritt

Viktorianische Häuser
800. und 1000. Block von South Bonnie Brae Street (Nähe Alvarado St.).

Theater/Konzerte

Ahmanson Theatre
im Music Center
✆ 410–1062
2100 Sitze für Musicals und Broadway-Stücke.

Dorothy Chandler Pavilion
im Music Center
Grand Ave. und 1st St.
✆ 972–7611
Stammsitz des Los Angeles Philharmonic Orchestra (3250 Sitze). Operngastspiele im November (New York City Oper). L. A. besitzt kein eigenes Ensemble.

Mark Taper Forum
im Music Center
750 Sitze: intime Kammerspielbühne.

Unterkunft

Biltmore Hotel
515 S. Olive St.
(am Pershing Square)
Los Angeles 90013
✆ 624–1011 + 800–252–0175
Historischer Bau und zeitgemäßer Komfort, schönste Hotel-Lobby in L. A.; Gourmet-Restaurant; prächtige Bar; Coffee Shop. ($$$$)

Biltmore Hotel

The Westin Bonaventure Hotel
404 S. Figueroa St.
Los Angeles 90071
✆ 624–1000 + 800–228–3000
Fünf zylindrische Turmbauten, 35 Stockwerke, 1500 Zimmer. ($$$$)

New Otani Hotel & Garden
1st + Los Angeles Sts.
Downtown (Little Tokyo)
✆ 629–1200 + 800–252–0197
Mit japanischem Restaurant und Garten: mitten in der Stadt eine Oase der Ruhe mit Wasser, Grün und Steinen. ($$$)

Los Angeles Hilton Hotel
930 Wilshire Blvd.
Los Angeles 90017
✆ 629–4321
Nähe Harbor Fwy, 850 Zimmer. ($$$)

Rainbow Hotel
536 S. Hope St.
Los Angeles 90071
✆ 627–9941
Angenehmes, sauberes Mittelklasse-Hotel. ($$)

New Olympian Hotel/Rodeway Inn
1903 W. Olympic Blvd.
Los Angeles 90006
✆ 385–7141 + 800–252–0489
Nicht weit vom Harbor Fwy, 150 Zimmer. ($$)

HOLLYWOOD-INFORMATIONEN

Der für die folgenden Informationen gewählte Einzugsbereich steckt das Gebiet von Hollywood so ab: im Norden durch die Berge (einschließlich Griffith Park), im Süden durch Beverly Boulevard, im Westen durch die Stadtgrenze von Beverly Hills (Doheny Drive) und im Osten durch Glendale Blvd. bzw. Alvarado Street.

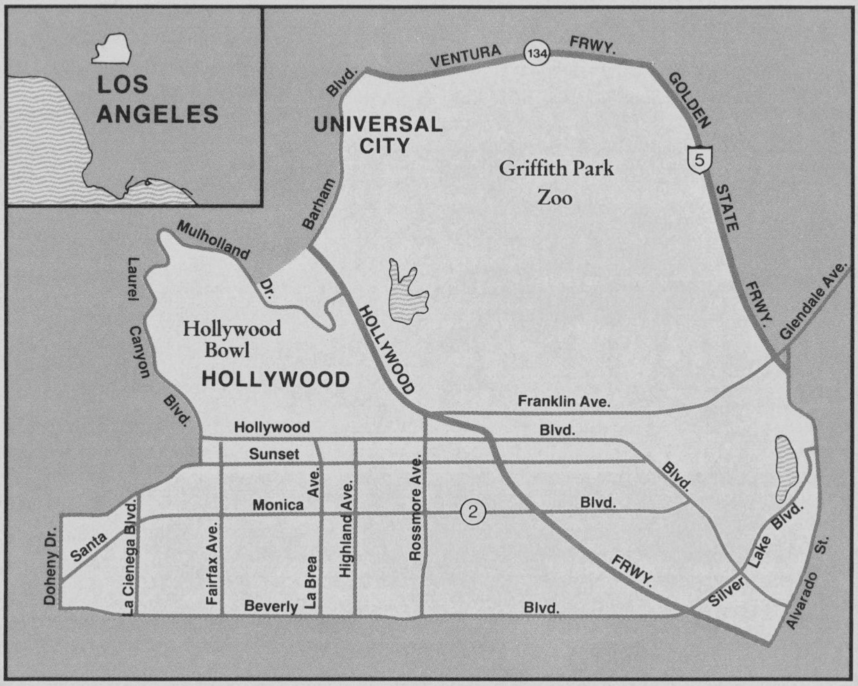

Einkaufen

EINKAUFSZENTREN UND GESCHÄFTSSTRASSEN

Beverly Center
(Ecke La Cienega + Beverly Blvds.)
Weitläufiger Einkaufskomplex mit Boutiquen, Kaufhäusern, Restaurants, Kinos.

La Cienega Boulevard
(zwischen Melrose Ave. + Santa Monica Blvd.)
Antiquitäten, Kunst, dekorative Kleinigkeiten.

Melrose Avenue
zwischen Fairfay + La Cienega Blvd.:
Antiquitäten und Second-Hand-Läden
zwischen Fairfax + La Brea Aves.:

Hier flaniert die modische Jugend – Schuhe, Kleider, Platten, Schmuck, Friseure, Antiquarisches. Läden meist im keimfreien High Tech Look. Sehr *in* für alle, die sich Rodeo Drive (noch) nicht leisten können.

BÜCHER/ZEITSCHRIFTEN

Bodhi Tree
8585 Melrose Ave.
Der Laden in einem alten stuckverzierten Haus bietet eine enorme Auswahl an Büchern über Mystik, Religion, Psychologie, östliche Philosophie und Okkultismus.

Crown Books
7916 Sunset Blvd.,
(Ecke Fairfax)
(Filialen auch im übrigen Los Angeles)
Buchhandlungskette, die Rabatt auf neue Bücher gewährt; auch auf Taschenbücher.

B. Dalton Pickwick
6743 Hollywood Blvd.
✆ 208–7395
Auch: 904 Westwood Blvd., Westwood, Los Angeles 90024
✆ 477–9573.
Pickwick, gegründet 1937 von Louis Epstein, hatte schon große Anziehungskraft auf F. Scott Fitzgerald, Nathanael West und Charlie Chaplin und ist heute noch eine der größten und bekanntesten Buchhandlungen in L. A.

George Sand Books
9011 Melrose Ave.
(beim Pacific Design Center)
✆ 858–1648
Literarisch orientiert; interessantes Sortiment.

Larry Edmund's Bookshop
6658 Hollywood Blvd.
✆ 463–3273
Die größte Sammlung von Film- und Theaterbüchern in L. A. Es ist *der* Laden für alles, was Hollywood betrifft: Bücher, Poster, Filmfotos, etc.

Universal News Agency
1655 N Las Palmas Ave.,
täglich 7–24 Uhr
Hier bekommen Sie Nachrichten von zu Hause: Zeitungen und Magazine aus ganz Europa und den USA finden Sie im Ständer an der Ecke Las Palmas-/Hollywood Blvd., in der Nähe von Pickwick.

World Book & News
1652 Cahuenga Blvd. (nahe Hollywood Blvd.)
Diesen Zeitschriftenstand gibt es seit 1936 und er ist der einzige mit einem Billboard. Nationale und internationale Zeitungen, Magazine, auch Paperbacks. 24 Std. geöffnet.

SCHALLPLATTEN

Los Angeles bietet hier einiges. Ein Blick ins Telefonbuch ist überflüssig, denn Platten sind praktisch überall zu haben: in kleinen Läden ebenso wie in den musikalischen Supermärkten der großen Ladenketten **The Wherehouse, Licorice Pizza, Music Plus, Big Ben's** und **Tower Records.**

Wer Jagd auf »oldies« machen will, sollte den einschlägigen Flohmarkt besuchen. Er findet an jedem ersten Samstagabend im Monat in Hollywood statt: auf dem Parkplatz gegenüber dem Capitol Records Gebäude, gleich nördlich von Hollywood Blvd. und Vine. Auf Raritäten können Sie sich gefaßt machen: beim Plattenangebot genauso wie bei der Zusammensetzung des Publikums. Zur selben Zeit findet ein zweiter Flohmarkt statt: Hollywood Palladium, 6215 W. Sunset Blvd. (Ecke Vine St.), Hollywood.

Record Depot Inc.
1604 N. Highland Ave.,
Hollywood
Gute Adresse für Disco-Platten.

Tower Records
8801 W. Sunset
∅ 657–7300
Erstklassiger Plattenladen, 10–24 Uhr.

Vinyl Fetish
7305 Melrose Ave.
∅ 935–1300
Exzellente Auswahl an Punkplatten.

HOLLYWOOD–MEMORABILIEN

Back Lot Books & Movie Items
7278 A Sunset Blvd.
Fundgrube für Filmfans: Szenenfotos, Magazine, Soundtrack-Alben, Autobiografien, Poster etc. – Achtung: Nur Sa 10–17 Uhr geöffnet!

Führungen/Sightseeing

Gray Line Tour No. 2
1207 West Third St.
Gray Line Busbahnhof
Downtown
∅ 481–8400
Hollywood und Beverly Hills: ungefähr 4 Stunden mit kurzen Stopps bei der Hollywood Bowl und dem Chinese Theater; Lunchpause im Farmers' Market.

Hollywood Fantasy Tour
1721 N. Highland Ave.
∅ 469–8184
Tour im Doppeldeckerbus durch das vergangene Glamour-Hollywood: z. B. die ehemaligen Villen von Marilyn Monroe, Errol Flynn etc.

Starline Tours No. 1
6845 Hollywood Blvd.
Chinese Theater
∅ 463–3131
Besichtigungstrips in kleinen Gruppen: Star-Villen, Universal-Studios, Nachtklubs (etwa 2 Stunden). Treffpunkt an allen großen Hotels und am Chinese Theater. Die Fahrten beginnen halbstündig.

Museen / Galerien / Kunstszene

MUSEEN

Municipal Art Gallery
Barnsdall Park
4800 Hollywood Blvd.
∅ 662–8131
Di–So 12.30–17 Uhr
Eine öffentlich geförderte Galerie zeitgenössischer, lokaler Künstler. Einfallsreiche Führungen für Kinder.

GALERIEN

Rosamund Felsen
669 N. La Cienega Blvd.
∅ 652–9172
Di–Sa 11–17 Uhr

Janus
8000 Melrose Ave.
∅ 658–6084
Di–Sa 10.30–17.30 Uhr

Ulrike Kantor
800 N. La Cienega Blvd.
∅ 273–5650
Di–Sa 11–17 Uhr

SONSTIGES

American Film Institute
2221 N. Western Ave.
Los Angeles 90027
✆ 856–7787
U.a. öffentliche Bibliothek (Mo–Fr 10.30–17.30 Uhr) für Studien zu Film, Fernsehen, Video, Theater. Zahlreiche Film- und Videoveranstaltungen und Seminare. Programm auf telefonische Anfrage.

Spotlight Tattoo
5855 Melrose Ave.
✆ 871–7600
Der »King of the Rock 'n' Roll Tattoo« macht gute Tätowierungen zu guten Preisen: ca. $ 20 für ein kleines Detail, künstlerisch anspruchsvolle Arbeiten für ca. $ 50 pro Stunde.

Nachtleben / Bars / Musikklubs

The Body Shop
8250 Sunset Blvd.
West Hollywood
Eintritt: $ 4 und 2 Drinks: *striptease* am laufenden Band. Eine Adresse für viele, denn der Sunset und Hollywood Blvd. wimmeln von Striplokalen und Pornokinos.

Circus Disco
6648 Lexington Ave.
Hetero- und Homosexuelle bilden eine wilde Menge, dem Namen des Etablissements angemessen. Mo geschl. Mindestalter: 21.

Club Lingerie
6507 Sunset Blvd.
Top-Musik in kleinem Klub – von Reggae, Rhythm & Blues bis zu New Wave. Viele der hier auftretenden Künstler sind bekannte Größen geworden.

Cock 'n' Bull Restaurant
9170 Sunset Blvd.
Bar. Journalisten-Treff.

The Comedy Store
8433 Sunset Blvd.
✆ 656–6225
Top-Entertainer.

The Improvisation
8162 Melrose Ave.
✆ 651–2583
Unterhaltungsprogramm mit Komödianten und Gesangstars.

Osko's Disco
333 S. La Cienega Blvd.
Gemütliche Sofas, 2 Tanzflächen. Am Wochenende bis 4 Uhr morgens. Mindestalter: 21 Jahre.

The Roxy
9009 Sunset Blvd.
✆ 878–2222
Größerer Art-Deco-Klub – mit Stars, die für kleinere Häuser zu groß sind, die aber Riesenarenen noch nicht vollkriegen.

The Troubadour
9081 Santa Monica Blvd.
✆ 276–6168
War einmal der berühmteste Klub in L.A.: Elton John, die Eagles spielten hier vor ihrer großen Zeit. Jetzt Programm mit lokalen Bands.

Whiskey A Go Go
8901 Sunset Blvd.
✆ 652–4202
(Schon ziemlich) berühmte Bands.

Yamashiro Skyroom
1999 N. Sycamore Ave.
Von der Bar aus ein spektakulärer Blick auf Hollywood.

Parks

Barnsdall Park
4800 Hollywood Blvd.
Der Park datiert bis 1918 zurück, als Architekt Frank Lloyd Wright hier den Auftrag für den Bau eines Kunstzentrums erhielt. Fertig wurde das sogenannte Hollyhock House, Wrights erstes Gebäude in Los Angeles und auch das erste seiner bekannten Zementblock-Häuser. Der Bau ist heute Teil des städtischen Kunst- und Kunstgewerbezentrums, das eine Galerie und ein Theater beheimatet. Kostenlose Führungen durch das Hollyhock House Di, Do und am ersten Sonntag jeden Monats von 10–13 Uhr. Öffnungszeiten des Kunstzentrums: Di–Sa 9–17.30; der Galerie Di–So 12–17 Uhr.

Griffith Park
Eingänge: Western Ave., Los Feliz Blvd., Vermont Ave., Riverside Drive
Der Park bringt die Hügelkette im Norden direkt an die Stadt heran. Als größter städtischer Park in den USA birgt er eine Reihe besonderer Attraktionen. Zunächst den Los Angeles Zoo. Außerdem gibt es Golfplätze, Tennis- und Picknickplätze und ein altmodisches Karussell. Sehenswert das Observatorium mit Teleskop und Planetarischem Theater. (Bei Dunkelheit auch eindrucksvoller *vista point* für Hollywood und Downtown.) »The Ferndell«, ein Weg mit vielen Farnen, lädt zum Spazieren und Meditieren ein (Ferndell Dr.).

Restaurants

Café Figaro
9010 Melrose Ave.
Populäres Café und deshalb immer voll. Guter Cappuccino, Espresso und Kaffee. Auch als Eßlokal empfehlenswert.

Dar Maghreb
7651 Sunset Blvd.
✆ 876–7651
Marokkanisches Essen (mit allen 10 Fingern) in authentischer Atmosphäre und Innenarchitektur. ($$)

Green's Soul Food
6357 Yucca St.
Eins der besten Lokale für amerikanische Hausmannskost und Soul Food, die Küche der ehemaligen schwarzen Sklaven.

Hampton's
1342 N. Highland Ave.
Amerikanisch: 25 verschiedene Hamburger, Self-Service-Salat-Bar, Lunch unter freiem Himmel *(outdoor patio). ($)*

Hard Rock Café
Beverly Center
(Ecke Vicenti und Beverly Blvds.)
Szene-Cafeteria im Stil des *roadside diner* aus den 50er Jahren mit lauter Musik, Flippern, Hamburgern etc. ($$)

Imperial Gardens
8225 Sunset Blvd.
West Hollywood
Japanische Spezialitäten. Sushi-Bar. ($$$)

Katsu
1972 Hillhurst Ave.
Zur Zeit wohl die ungewöhnlichste Sushi-Bar in L.A. im High Tech Design. An der Theke kann man den Zubereitungskünsten zusehen und sich alles aussuchen. Wenn Sie zwischen 18 und 19 Uhr kommen, brauchen Sie vielleicht nicht zu warten. Lunch Mo–Fr, Dinner Mo–Sa. ($$)

La Strada
3000 Los Feliz Blvd.
Zur italienischen Küche wird auch leichte Opernkost serviert. ($$)

Le Dome
8720 Sunset Blvd.
✆ 659–6919
Französisches Restaurant mit ungewöhnlicher Einrichtung und interessanten Menus. Besonders bei Leuten aus der Musikbranche »in«. So geschl. ($$$)

Lucy's El Adobe
5536 Melrose Ave.
Hervorragende mexikanische Küche, die auch Ex-Gouverneur Brown, Orson Welles, Warren Beatty u. a. zu schätzen wissen. ($)

Mischa's
7561 Sunset Blvd.
✆ 874–3467
Cabaret-Restaurant mit russischer Musik und Speisekarte. ($$)

Moun of Tunis
7445 1/2 Sunset Blvd.
✆ 874–3333
Marokkanische u. tunesische Gerichte. ($$)

Musso & Frank Grill
6667 Hollywood Blvd.
✆ 467–7788
Traditionelles amerikanisches Speiselokal (seit 1919), *hangout* für Autoren und Schallplattenleute. So geschl. ($$)

The Palm
9001 Santa Monica Blvd.
West Hollywood
✆ 550–8811
Berühmt und hochgelobt für Steaks, Nova Scotia Hummer und New Yorker Atmosphäre, d. h. munterer und geräuschvoller als die kalifornische Art zu speisen. Spezialität: Sirloin Steaks – die besten weit und breit. ($$$)

Scandia Restaurant
9040 Sunset Blvd.
✆ 272–9521
Eleganter Treff für Gourmets skandinavischer Geschmacksrichtung. Gilt als eines der feinsten Restaurants in L.A. Strikte Kleiderordnung. Mo geschl. ($$$)

Spago
1114 Horn St. (Sunset)
✆ 652–4032
Zur Zeit »in«: modern und laut mit kalifornischer, italienischer und französischer Küche. Meist lange Wartezeiten. Trotzdem: jeder geht zu »Spago«, weil jeder zu »Spago« geht. ($$–$$$)

Twin Dragon
8597 W. Pico Blvd.
Gerichte aus Shanghai. Spezialität: *chicken;* Cocktails. ($–$$)

Sehenswürdigkeiten

Crossroads of the World
6671 Sunset Blvd.
Das Gebäude, wie ein Schiff gebaut, war schon zu seiner Entstehung 1936 eine Touristenattraktion. Heute Bürokomplex.

Griffith Observatory and Planetarium
Mount Hollywood/Griffith Park

(Nordende von Vermont Ave.)
✆ 997–3624
Vorführungen und Laser-Shows für Sci-Fi-Fans. Bei Dunkelheit schöner Blick auf die Lichterstadt.

Hollywood Boulevard
Walk of Fame (zwischen Sycamore Ave. und Vine St.)
Bürgersteige sind hier mit Sternen verziert, die die Namen berühmter Stars aus dem Schaugeschäft tragen. Freitags- und Samstagsabends gehören die Gehwege in der Nähe von Mann's Chinese Theater den rhythmischen Robotern der *flash-* und *breakdancers,* meist junge Schwarze und Chicanos.

Hollywood Bowl
2301 N. Highland Ave.
✆ 876–5400
Amphitheater in den Bergen mit über 17000 Sitzplätzen. Täg. 9–17 Uhr von Juli–Sept. Gute Idee für ein Picknick. Populäre Sommermusik: Philharmonisches, Jazz, Folk und Rock.

Hollywood Memorial Park Cemetery
6000 Santa Monica Blvd.
(zwischen Van Ness und Gower Sts.)
Gräber von Robert Valentino, Peter Lorre, Cecil B. De Mille, Tyrone Power.

Mann's Chinese Theater
6925 Hollywood Blvd.
✆ 464–8111
Leckerbissen für Liebhaber exotischer Kinoarchitektur.

Mount Hollywood Drive
Dieser *scenic drive* im westlichen Teil von Griffith Park bietet eine gute Sicht ins San Fernando Valley, besonders das Stück zwischen Griffith Park Drive und Vista del Valle. Auch die Western Canyon Road im Park eröffnet eindrucksvolle Panoramen beim Blick nach Süden. (Man erreicht sie von der Western Avenue.) Die Ranger Station (Crystal Springs Drive) verteilt Straßenkarten.

Mulholland Drive
Schöne Höhenstrecke mit weitem Blick auf das Los Angeles Basin und das San Fernando Valley. Anfahrt über den Hollywood Blvd. und dann Laurel Canyon nach Norden.

Pacific Design Center
8687 Melrose Ave.
Riesiger Glaspalast, im Volksmund der »Blaue Wal« genannt. Groß- und Einzelhandel der Design- und Innenarchitekturbranche. Nachts verwandelt Neonlicht den Bau in einen Bahnhof fürs Raumschiff Enterprise.

Sowden House
5121 Franklin Ave.
Ungewöhnliches Wohnhaus, von F. L. Wright entworfen.

Sunset Strip
Paradestrecke für Autopromenaden zwischen Doheny Drive (Westen) und Crescent Heights (Osten): Schallplatten, Striptease, Musikklubs, Restaurants und riesige Reklametafeln.

Lektüre für den Rückspiegel.
Entwurf: Ed Ruscha

Theater

Beste Auskunftsquellen über das laufende Programm: die Tageszeitungen bzw. die *Calendar Section* und *Los Angeles Times.*

The Cast Theatre
804 N. El Centro Ave.
✆ 462–0265
Kleineres Theater: Musicals, Gastspiele.

James Doolittle Theater
1615 N. Vine St.
✆ 642–6666
Komödien und Musicals täglich abends; wöchentlich zwei Matineen.

Las Palmas Theatre
1642 N. Las Palmas
✆ 461–2755
Kleines, experimentelles Theater.

Pantages Theatre
6233 Hollywood Blvd.
✆ 216–6666
Viele Musicals – direkt vom Broadway. Theaterbau für Art-Deco-Fans.

Unterkunft

Best Western Hollywood
6141 Franklin Ave.
Hollywood, CA 90028
✆ 464–5181
Reservierungen: 800–528–1234
Zwei Blocks östlich von Vine Street, 88 Zimmer. ($ und $$)

Beverly Laurel Motor Hotel
8018 Beverly Blvd.
Hollywood, CA 90048
✆ 651–2441
$ und darüber.

Chateau Marmont Hotel
8221 Sunset Blvd.
Hollywood 90046
✆ 656–1010
Schloßartiges Gebäude auf einem Hügel oberhalb des Sunset Strips, wo einst Greta Garbo und Erroll Flynn wohnten. ($$$$)

Zahlreiche **preiswertere** ($–$$) **Motels** auf dem **Sunset** – etwa zwischen Crescent Heights und Highland Ave.

Hyatt on Sunset
8401 Sunset Blvd.
Hollywood, CA 90069
✆ 656–4101
Reservierungen: ✆ 800–228–9000
Auf dem Sunset Strip; Quartier vieler Rockstars, die auf der Durchreise sind. ($$$)

BEVERLY HILLS UND WILSHIRE DISTRICT-INFORMATIONEN

Der hier erfaßte Stadtbereich umfaßt die Gemeinde Beverly Hills und die Region um den Wilshire Boulevard (und damit Teile von West Hollywood und McArthur Park). Genauer gesagt, der Wilshire District grenzt im Norden an Melrose Avenue, im Süden an den Santa Monica Freeway, im Westen an den La Cienega Boulevard und im Osten an den Harbor Freeway.

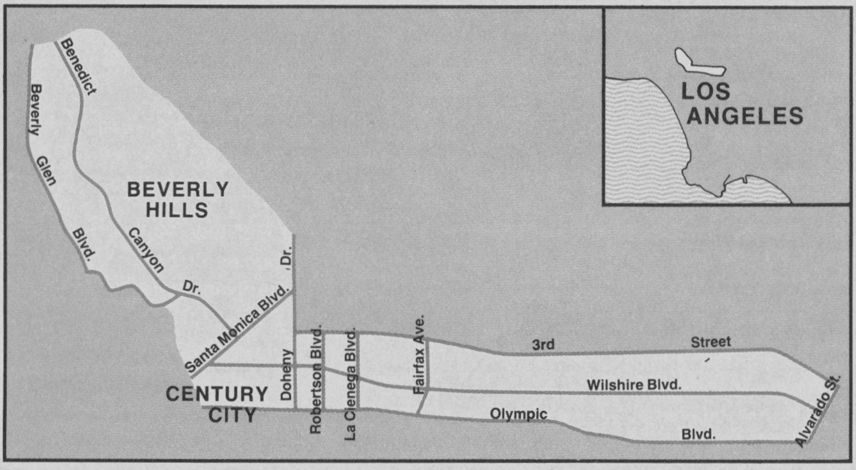

Einkaufen

EINKAUFSSTRASSEN UND -ZENTREN

Century City
Avenue of the Stars
(Abfahrt vom Santa Monica Blvd.)
Einst wirkte hier die 20th Century Fox, bis ihnen der Grund und Boden zu teuer wurde. Imposantes Einkaufszentrum mit Restaurants, Kinos, Theater.

Farmers Market
6333 W. 3rd St. und Fairfax Ave.
Wilshire District
Die Galleonsfigur unter den ständigen Märkten der Stadt, der noch aus der Zeit der Depression stammt, als notleidende Farmer hier ihre Stände aufschlugen. Heute herrscht hier der Überfluß: ein Lebensmittelparadies. Um die Sonnenschirme im Innenhof, wo man die leckeren Sachen gleich verzehren kann, gruppieren sich außerdem Kunstgewerbe- Bekleidungs-, Schmuck- und Andenkenläden. Am ruhigsten ist es hier am frühen Vormittag oder späten Nachmittag. – Mo–Sa 9–20 Uhr im Sommer; 9–18.30 Uhr übrige Zeit des Jahres.

Rodeo Drive
Dreieck von Wilshire Blvd., Little Santa Monica Blvd. und Doheny Drive.
Berühmteste (und teuerste) Konsummeile von L.A.

The Rodeo Collection
421 N. Rodeo Drive
Architektonisch bemerkenswerter Shopping- und Restaurantkomplex mit schönem Innenhof, Brunnen, viel Marmor und Glas (vgl. Farbtafel 16).

Wilshire Boulevard
zwischen Crescent Dr. und Roxbury Dr.
Hier liegen die besten Warenhäuser und renommierte Fachgeschäfte.

Museen / Kunstszene

George C. Page La Brea Discoveries Museum
5801 Wilshire Blvd.
Hancock-Park
✆ 936–2230
Rekonstruierte Eiszeittiere, die aus den umliegenden La Brea Teergruben ausgegraben wurden.

Prähistorische Tiere verfingen sich im Teerschlamm, weil sie die glänzenden schwarzen Tümpel für Wasser hielten und steckenblieben. Der schwere Asphalt wirkte als Konservierungsmittel. Besonders für Kinder interessant. Nach dem Museumsbesuch können Sie im Hancock Park einen Bummel machen. – Geöffnet täglich, außer montags, 10–17 Uhr.

Los Angeles County Museum of Art
5905 Wilshire Blvd.
Hancock Park
✆ 857–6111
Die Sammlung umfaßt Werke von der Antike bis zur modernen Kunst. In einem recht netten Café-Restaurant können Sie sich erfrischen. Die besondere Attraktion sind die Straßenkünstler: Mimen, Musiker und Gauk-

Etwas Babylonisches ist schon dran – am neuen Ergänzungsflügel des County Museum of Art

ler, die besonders am Wochenende ihre Kunststücke vor dem Museum vorführen. Geöffnet: Di–Fr 10–17, Sa–So 10–18

Los Angeles Institute of Contemporary Art (LAICA)
2020 S. Robertson Blvd.
Wilshire District
✆ 276–0070
Ausstellungen avantgardistischer Künstler aus Südkalifornien. Buchladen. Di–Sa 12–18 Uhr

Otis Art Institute
Park View Ave./Ecke Wilshire Blvd.
Die Galerie der Schule stellt zeitgenössische Avantgarde-Kunst aus. Mo–Sa 10.30–17 Uhr

Nachtleben/Bars

Bel Air Hotel Bar
701 Stone Canyon Rd.
Bel Air
Für stille, romantische Abende

Polo Lounge
Beverly Hills Hotel
9641 W. Sunset Blvd.
Prominententreff

Rangoon Racquet Club
9474 Santa Monica Blvd.
Viel los, anspruchsvolle Garderobe

Parks

Lafayette Park
2830 W. Sixth St. und 2800 Wilshire Blvd.
Wilshire District
Alter Park mit Tennisplätzen, Picknickmöglichkeiten und einem Garten für Blinde.

MacArthur Park
Wilshire Blvd. zwischen
Alvarado und Park View
Wilshire District
Einer der ersten öffentlichen Parks im Gebiet von L.A. mit seltenen Pflanzen und Bäumen, einem See mit Bootsverleih, Snack Bar und Kinderspielplatz.

Restaurants

Restaurant Row: La Cienega Blvd. zwischen San Vicente und Wilshire Blvds. – hier reihen sich jede Menge Restaurants.

Café Four Oaks
2181 N. Beverly Glen Canyon
Bel Air
✆ 474–9317
Amerikanisches Feinschmeckerlokal mit intimer Atmosphäre. Dinner, *Sunday brunch.* Mo + Di geschl. Tischbestellung erforderlich. ($$)

Café Rodeo
360 N. Rodeo Dr. ✆ 273–0300
Beliebte Adresse für die Einkaufspause und zum *people watching.* Tägl. auch Frühstück. ($$)

Cheesecake Factory
364 N. Beverly Dr.
Quiche, Hamburger, Salate, Käsekuchen, Eis, viele Kaffeesorten. ($)

Chasen's
9039 Beverly Blvd.
✆ 271–2168
Vornehmes Speiserestaurant, das schon ein bißchen von vergangenem Glamour zehrt. Außer dem teuersten Chili-Gericht der Welt serviert man amerikanische und europäische Menüs. Im Schnitt für ca $ 35 pro Gaumen. Mo geschl. ($$$)

El Cholo
1121 S. Western Ave.
Los Angeles
Mexikanisches Restaurant mit traditionellen Gerichten. *Sangria brunch* So 11–15 Uhr. ($)

La Bella Fontana
Beverly Wilshire Hotel
9500 Wilshire Blvd.
✆ 275–4282
Französische Küche im eleganten spanischen Speiseraum. Der Brunnen ist die Hauptattraktion – zusammen mit 6 Prunkleuchtern und einem Dekor, das ganz in abgestuften Rottönen gehalten ist (einschließlich der Servietten, versteht sich). So geschl. ($$$)

La Fonda
2501 Wilshire Blvd.
Los Angeles
✆ 380–5055
Stets überfülltes mexikanisches Lokal mit Mariachi-Musik. Tischbestellung nötig. ($$)

La Scala Restaurant
9455 Little Santa Monica Blvd.
✆ 275–0579
Lieblingsplatz der Beverly-Hills-Schickeria, wenn sie's mal italienisch haben möchten. Spezialitäten: Pasta, Kalbfleisch, *chicken cacciatore,* Gebäck. Der Service ist ein wenig lässig, es sei denn, Sie erscheinen als reich und berühmt. So geschl. ($$$)

Lawry's The Prime Rib
55 N. La Cienega Blvd.
✆ 652–2827
Steak und Beef dominieren die Speisekarte in diesem alteingesessenen Lokal im Stil eines englischen Inn an der *restaurant row,* dem La Cienega Blvd. ($$)

L'Escoffier
Beverly Hilton Hotel
9876 Wilshire Blvd.
✆ 278–4220
Benannt nach dem berühmten französischen Koch – auf der *penthouse level* mit herrlichem Blick nach Süden und auf Century City. Französische und andere europäische Gerichte. Bei sanfter Orchestermusik, an Damast und unter Kandelabern diniert hier die Crème der Angelinos. Maître d', Leo Waters, ist mehrfacher Preisträger für seine kulinarischen Kreationen. So geschl. ($$$)

Sehenswürdigkeiten

Zu den architektonischen Schaustücken gehören u. a. neben den unter »Architektur« bereits erwähnten Bauten von **Bullock's** und des **Pacific Auditorium:** das Kaufhaus **May Co.** (Ecke 6067 Wilshire Blvd.) und das kuriose Hexenhaus und ehemaliger Filmbau **Spadena House** (516 Walden Dr.; vgl. Abb. S. 33)

La Brea Tar Pits
Wilshire Blvd. und Curson Ave.
beim L.A. County Museum
Teergruben und Fossilien aus der Eiszeit, Führungen.

Pickfair
1143 Summit Dr.
Beverly Hills

Die wohl berühmteste Star-Residenz, 1919 von Douglas Fairbanks und Mary Pickford erstanden. – Übrigens: Verzeichnisse und Landkarten über die Villen der Hollywoodstars gibt es außer in Buchhandlungen und Kiosken auch am Straßenrand vom Sunset zwischen Hollywood und Beverly Hills.

Koreatown
Stadtviertel der koreanischen Gemeinde: ungefähr zwischen Vermont Ave., Pico Blvd., 8th St. und Western Ave. Besonders eindrucksvoll: der Markt Ecke 8th St. und Normandie Ave. (vgl. auch S. 65).

Theater

Für Musicals und Theaterstücke haben sich vor allem zwei Bühnen einen Namen gemacht:

Shubert Theatre
2020 Avenue of the Stars
Century City
∅ 553–9000

Wilshire Theatre
8440 Wilshire Blvd.
Beverly Hills
∅ 216–6666

Unterkunft

Ambassador Hotel
3400 Wilshire Blvd.
Los Angeles 90010
∅ 387–7011
(800) 421–0182
Luxusherberge in tropischem Garten von 1921. Die Palm Bar eignet sich gut für Drinks am Nachmittag. $$$$

Beverly Crest Hotel
125 S. Spalding Dr.
Beverly Hills 90210
∅ 274–6801
Preiswertes Hotel in Beverly Hills. $$$

Beverly Hills Hotel
9641 Sunset Blvd.
Beverly Hills 90210
∅ 276–2251
Das berühmte *pink* Hotel, Stelldichein der Stars. $$$ und natürlich $$$$

Beverly Wilshire Hotel
9500 Wilshire Blvd.
Beverly Hills 90212
∅ 275–4282
(800) 282–4804
Erstklassiges Luxushotel. $$$$

WEST L.A.-INFORMATIONEN

Zu West L.A. werden hier die folgenden Gemeinden gezählt: Westwood, Santa Monica, Venice, Marina del Rey, Pacific Palisades, Brentwood, Culver City, Ocean Park und Topanga Canyon.

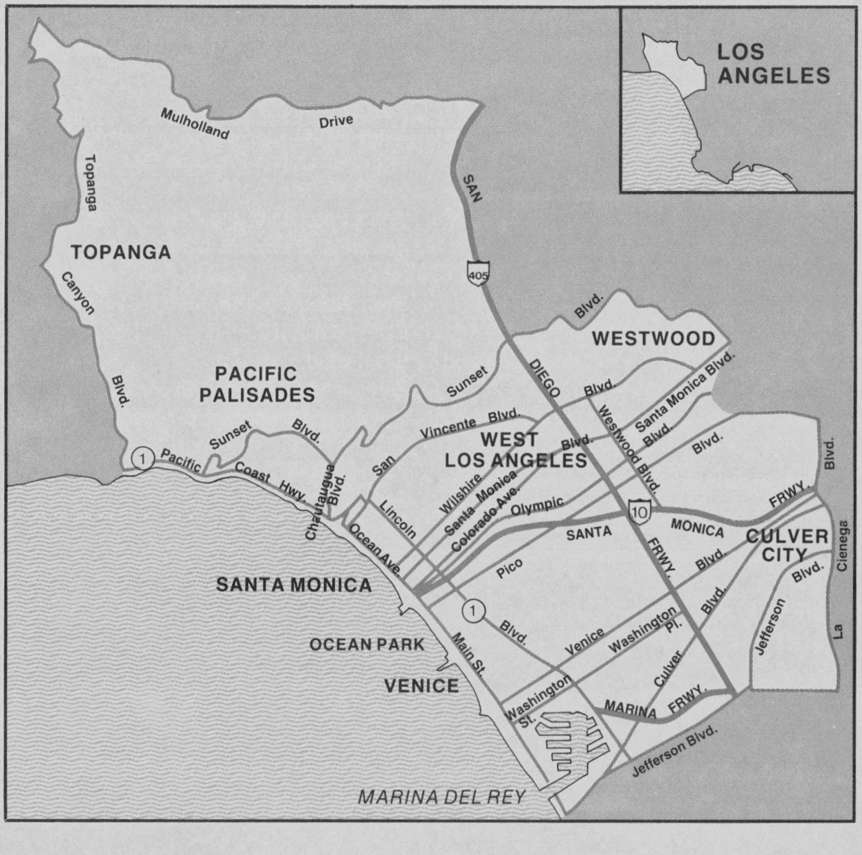

Bars/Musikklubs

At My Place
1026 Wilshire Blvd.
Santa Monica
Jazz- und Rockclub, in dem oft namhafte Studiomusiker der großen Plattenfirmen auftreten.

The Music Machine
12220 W. Pico Blvd.
West L.A.
Vorwiegend junges Publikum lauscht der New Wave Musik; jeden Abend mehrere Bands.

McCabe's Guitar Shop
3101 Pico Blvd.
Santa Monica
✆ 828–4491
Mythos seit den 60er Jahren. Gitarrengeschäft, Musikschule, Konzertsaal. Viele Größen der Folk-Musik treten hier auf.

Baxter's
1050 Gayley Ave.
Westwood
Kellerbar mit nettem Dekor: beliebter *hang out* für die UCLA-Studenten.

Einkaufen

EINKAUFSZENTREN UND HAUPTGESCHÄFTSSTRASSEN

Westwood Village
Aus dem ehemals gemächlichen Studenten- und Einkaufsviertel zwischen Wilshire Blvd., Le Conte, Gayley und Glendon Avenue ist längst eins der heißesten Konsumpflaster L.A.'s geworden. High-Tech-Lokale mit Neondesign und Treckersitzen sind *in,* wo früher die altehrwüdigen Drugstores an der Ecke waren. Abends, zur Kinozeit, ist der Teufel los: Die Bürgersteige reichen für die Menschen nicht; Straßen und Parkflächen nicht für die Regulierung des Autochaos. (Vgl. Farbtafel 1)

Santa Monica Place
315 Broadway zwischen 2nd und 4th Streets
Santa Monica
Weitläufiges, dreistöckiges Einkaufszentrum (Architekt: Frank Gehry) mit Boutiquen, Warenhäusern, Restaurants.

Santa Monica Mall
Fußgängerzone, flankiert mit Geschäften diverser Art: 3rd Street zwischen Wilshire und Broadway.

Main Street
zwischen Ocean Park und Pier Ave.
Santa Monica
Boutiquen, Bars und Restaurants, von denen viele einen *patio* haben.

Brentwood Country Mart
Ecke 26th und San Vicente Blvd.
Brentwood
Zahlreiche Geschäfte, Espresso-Bar, Buchhandlung, Restaurant. So geschl.

Fox Hill Mall
Sepulveda und Slauson Blvd.
Culver City
Großes und beliebtes Einkaufszentrum, wo es von Nüssen über Modisches bis zu elektronischen Spielen für Jugendliche alles gibt.

Westside Pavilion
Pico + Westwood Blvd.
West L.A.
Der letzte Schrei: schickes Einkaufszentrum mit guten Restaurants und teueren Geschäften.

Einkaufsarkaden in Westwood ▷

The Patio
476-7877
Village Clockworks
1093½ No BROXTON
À La Mode
The Nail Garden
Watch & Jewelry
REPAIR
SEIKO
OMEGA
LONGINES

ANTIQUITÄTEN

Die Adressen finden Sie in den »Yellow Pages« des Telefonbuchs, entweder unter »antiques-reproductions« oder »antiques-dealers«. Beim ersten Typ von Geschäften ist Skepsis am Platz, beim zweiten sind echte Stücke schon eher zu erwarten und entsprechend höhere Preise. Viele Läden sind auch sonntags geöffnet.

Hier einige Straßenzüge, wo Sie gleich mehrere Geschäfte beieinander finden:
Main Street (zwischen Ocean Park Blvd. und Marine St.)
West Washington Boulevard (zwischen Venice Blvd. und Main St.)
Wilshire Boulevard (zwischen Barrington Ave. und Bundy Drive)
»Antique Guild« in Culver City (3225 Helms Avenue, Ecke Venice Blvd.)
Einer der größten Handelsplätze für Antiquitäten im alten Gebäude der Helms-Bäckerei. Außerdem: Schmuck-Boutique und Café. Mo–Fr 10–21 Uhr. Sa, So 10–18 Uhr. ✆ 838–3131.

BÜCHER

»Bookshop Row«
Westwood Boulevard,
zwischen Wilshire und Pico Blvd. –
Straße der Buchhandlungen

Change of Hobbit
1853 Lincoln Blvd.
Santa Monica
✆ 473–2873
Größte Science-Fiction-Literatur-Auswahl in L. A. Kunstbücher. Oft Dichterlesungen.

Sisterhood Bookstore
1351 Westwood Blvd., Westwood,
CA 90024, ✆ 477–7300
Alles von und für Frauen: Prosa, Poesie, Geschichts- und Psychologie-Bücher, auch Platten, die man in den meisten Plattengeschäften nicht findet.

LEBENSMITTEL

Mrs. Gooch's Natural Food Store
3476 Centinela Ave.
(beim Santa Monica Airport)
West Los Angeles

Kim's Natural Foods
2008 Westwood Blvd.
West Los Angeles
Große Auswahl an organischen Produkten.

Lindberg Nutrition Service
10250 Santa Monica Blvd.
Beverly Hills
(Century City Mall)
Große Geschäfte mit reicher Auswahl an Nahrungsmitteln und Vitaminen. Ein kleines Restaurant ist auch dabei (mit gesunden Säften – »health juice drinks«).

G & W Vitamins and Health Food
1348 Santa Monica Mall

Paris Pastry Inc.
1448 Westwood Boulevard
Brot und Backwaren im französischen Stil.

Pioneer French Baking Co.
512 Rose Avenue
Venice
Das beste französische Brot in ganz Los Angeles. (Nur bis 17 Uhr geöffnet.)

MODE

Jadis
2701 Main St.
Ocean Park
Ungewöhnlicher Kleiderladen für Frauen. Altes und sehr Altes. Ziemlich teuer, aber sehenswert. Auch Art Deco Möbel.

Pier One Imports
3000 Wilshire Blvd.
Und:
10984 Santa Monica Boulevard
West Los Angeles. Und:
4750 Admiralty Way
Marina del Rey
Preiswertes, internationales Modegeschäft – speziell Importe aus Japan und China. Auch Kleidung aus Indien.

Vans Tennis Shoes
400 Broadway
Santa Monica
Hier gibt es **die** Schuhe für Insider der Rollerskate- und BMX-Szene.

SCHALLPLATTEN

McCabe's Guitar Shop
3101 Pico Blvd.
Santa Monica
Spezialisiert auf Folk.

Tower Records
1028 Westwood Blvd.
Westwood
Erstklassiger Plattenladen. 10–24 Uhr

Parks

Holmby Park
Beverly Glen Blvd.
Zwischen Sunset und Wilshire Blvd.
Geruhsame Nische

University of California at Los Angeles Botanic Garden – Herbarium
UCLA, Botany Building, Mo–Sa 8.00–17.00 Uhr. So 10–16 Uhr. Eintritt frei.
Der Garten befindet sich am Südwestende des Campus in der Nähe von Hilgard und Le Conte. Das ca. 9 Hektar große, canyonartige Gelände bietet an die 3500 Pflanzensorten (meist subtropische Zierpflanzen) und einen Kaktusgarten.

Will Rogers State Historic Park
14253 Sunset Blvd.
Pacific Palisades
Das umfangreiche Parkgelände umfaßt Haus und Stallanlagen des einst sehr berühmten Cowboy-Darstellers und Humoristen Will Rogers. Polospiele Sa 14 Uhr. – Geöffnet tägl. 8–19 Uhr (Sommer) bzw. 8–17 Uhr (Winter). Lunchpakete mitbringen!

Restaurants

Anna's Restaurant
10929 W. Pico Blvd.
West L.A.
✆ 474–0102
Norditalienische Küche, Cocktails. ($$)

Gatsby's
11500 San Vicente Blvd.
Brentwood
✆ 820–1476
Neben dem guten Essen sorgen ein paar Stars oft für zusätzliche Attraktion. So geschl. ($$$)

Gladstones 4 Fish
17300 Pacific Coast Hwy.
Pacific Palisades
✆ GL4-FISH (oder 478–6738)
Es gibt kaum ein Fischrestaurant mit einem besseren Blick aufs Meer. Auch nicht zu verachten: die *happy hour* zum Sonnenuntergang. Tägl. Frühstück, Lunch, Dinner. ($$)

Good Earth Restaurant
1002 Westwood Blvd.
Westwood
Health Food-Gerichte mit und ohne Fleisch. ($)

The Inn of the 7th Ray
128 Old Topanga Canyon Rd.
Topanga
✆ 455–1311
Vegetarische Küche. Lunch und Dinner. Landschaftlich schön gelegen. ($$)

Fuji Gardens
424 Wilshire Blvd.
Santa Monica
✆ 393–2118
Intimes japanisches Restaurant (auch Sushi). ($$)

Junior's
2379 Westwood Blvd.
West L.A.
Amerikanisch-jüdisch: ausgezeichnete Sandwiches (Pastrami) und Salate, Cheese-Blintzes, Borscht, Matzo Ball-Suppen. Frühstück zu jeder Tageszeit. Sehr populär. ($)

Land's End
323 Ocean Front Walk
Venice
✆ 392–3997
Französische Fischmenüs mit Blick auf den Pazifik. ($$)

Michael's
1147 Third St.
Santa Monica
✆ 451–0843
Nobel-Restaurant französischer Prägung für Kenner der nouvelle cuisine – mit Gartenlokal. Mo geschl. ($$$)

Monty's Steak House
1100 Glendon Ave.
Westwood
✆ 208–8787
Spezialitäten: Steaks, BBQ-Rippchen. Bar gut für die happy hours geeignet – nicht zuletzt wegen der schönen Aussicht. Das Restaurant liegt auf dem 21. Stock des Westwood Center-Gebäudes. ($$)

Pelican's Catch
1715 Pacific Ave.
Venice
Frischer Fisch, unprätentiöses Dekor. ($)

Peppone
11628 Barrington Court
Brentwood
Gilt als das beste italienische Restaurant – und ist gar nicht mal so teuer. ($$)

Pioneer Boulangerie and Restaurant
2102 Main St.

Santa Monica
Unten Buffett, oben Dinner, Snacks oder europäisches Frühstück im Hof. ($–$$)

Rose Café
220 Rose Ave. (Ecke Main St.)
Venice
Legere Cafeteria mit herzhaften Sandwiches und Salaten. ($–$$)

Three Dolphin Inn
156 S. Topanga Canyon Blvd.
Topanga Canyon
✆ 455–2138
Ente in Apfelsinensauce, Snapper, Hummer und Hasenbraten. Montagabend: nur mexikanische Küche. Sa u. So Brunch. ($$$)

Zucky's Delicatessen
431 Wilshire Blvd.
Santa Monica
Institution für Liebhaber der amerikanisch-jüdischen Küche. Das Brunch am So ist sehr populär (Warteschlangen). ($)

Sehenswürdigkeiten

Fisherman's Village
13755 Fiji Way
Marina del Rey
Restaurants und Geschäfte direkt am Marina Channel in nachgebauten Holzhäuschen im Stil eines Fischerdorfs. – Kleiner Schaufelraddampfer macht Touren durch den Marina Harbor. Im Sommer stündlich. ✆ 822–1151

Gehry House
1002 22nd Street
Santa Monica
Architekt Gehry hat hier seinen originellen Wohnsitz: ein altes rosafarbenes Haus ist

ringsum mit einer Schicht aus Maschendraht, Metallteilen und anderen industriellen Materialien umspannt. Für viele in dieser ansonsten gediegen wirkenden Wohngegend kein architektonisches Meisterstück, sondern ein Dorn im Auge.

Ocean Front Walk (Venice)
Wenn L.A.'s Spitzname »Zirkus ohne Zelt« zutrifft, dann auf diese rund eine Meile lange Strandpromenade. Stündlich wechselt hier die Szene der Selbstdarsteller, das Programm, die Clowns: Hell's Angel; Penner, die ihren Rausch ausschlafen; Feuerschlukker; hauptberufliche Bettler mit Wickeltüchern, Turban, elektrischer Gitarre (Batterie im Rucksack) und irrem Blick; Ex-Radikale; Gurus und Hellseher; Vietnam-Veteranen; Mieter auf ihren Balkonen, die mit dem Martini-Glas in der Hand blasiert um sich blicken; Dope-Raucher und Polizisten auf Fährrädern und in kurzen Hosen, die vor allem die Schwulen begeistern.

Pacific Palisades
Sehenswertes, betuchtes Wohnviertel am Hang der Santa Monica Berge mit Blick auf den Pazifik. Thomas Mann, Arnold Schönberg, Lion Feuchtwanger lebten u. a. hier.

Westwood Memorial Park and Mortuary
1218 Glendon Ave. (Ecke Wilshire)
Westwood
Letzter Ruheplatz für Marilyn Monroe (vgl. Farbtafel 19).

Theater/Konzerte

Mayfair Music Hall
214 Santa Monica Blvd.
Santa Monica
✆ 451–0621
Musicals und Komödien in der Atmosphäre einer alten englischen Music Hall. Außerdem Bar und Old English Pub. Mo u. Di geschl.

Odyssey Theater
12111 Ohio Ave.
West L.A.
✆ 826–1626
Kleine Theatergruppe mit guten Produktionen von Stücken und Musicals, oft Avantgarde.

Royce Hall
Auf dem Campus der Universität von Kalifornien (UCLA)
405 Hilgard Ave.
Westwood
✆ 825–9261
Konzerte, Ballett, Gastschauspiele.

Westwood Playhouse
10886 Le Conte Ave.
Westwood
✆ 201–5454
Kleines intimes Theater (500 Sitze) für Avantgarde-Stücke.

Unterkunft

Zahlreiche kleine Motels in Ozeannähe finden Sie auf dem Wilshire Blvd. westlich von Westwood und auf der Ocean Ave. in Strandnähe.

Bel Air Hotel
701 Stone Canyon Rd.
Bel Air
✆ 472–1211
Luxushotel inmitten paradiesischer Gärten. Kennedys, Rockefellers, Marlene Dietrich, Grerta Garbo, Marilyn Monroe, Gary Cooper, Sophia Loren usw. haben diese Idylle schon genossen. Exquisites Restaurant. ($$$$)

Bel Air Sands Hotel
11461 Sunset Blvd.
Brentwood 90049
✆ 472–2513
Luxushotel in exklusivem Wohngebiet. ($$$$)

Hotel Carmel
201 Broadway
Santa Monica
✆ 451–2469
Gut geführtes Mittelklasse-Hotel in der Nähe der Santa Monica Mall und Santa Monica Place. ($$)

Howard Johnson's Motor Lodge
5990 Green Valley Circle
Culver City 90230
✆ 800–654–2000
Zuverlässig wie die meisten Hotels dieser Kette. ($$)

Jamaica Bay Inn
4175 Admiralty Way
Marina del Rey 90291
✆ 823–5333
Schöner Blick auf die Marina. ($$$)

Marina City Club Hotel
4333 Admiralty Way
Marina del Rey 90291
✆ 822–0611 (und 800–282–8843)
Exklusives Resort-Hotel gleich beim Jachthafen, zahlreiche Sporteinrichtungen, Restaurants. ($$$)

Miramar Sheraton Hotel
Ocean Ave. + Wilshire Blvd.
Santa Monica 90401
✆ 394–3731 (und 800–325–3535)
Luxus-Resort-Hotel gleich beim Palisades Park am Ozean – mit einem riesigen Feigenbaum aus dem 19. Jahrhundert. ($$$)

Pacific Shores Hotel
1819 Ocean Ave. (Pico Blvd.)
Santa Monica 90401
✆ 451–8711, 241–3848
2 Blocks vom Strand, in der Nähe vom Santa Monica Pier, 24stündiger *coffee shop.* ($$ u. $$$)

Stern's Motel
12658 W. Washington Blvd.
Los Angeles 90066
✆ 306–8243
Mit BBQ-Restaurant, 32 Zimmer. ($)

Royal Palace Westwood
1052 Tiverton Ave.
Los Angeles 90024
✆ 208–6677
In Westwood, 36 Zimmer, z. T. m. Küche. ($$)

Westwood Inn
10820 Wilshire Blvd.
Los Angeles 90024 ✆ 474–1573
Nur ein paar Schritte ins Zentrum von Westwood. ($)

Westwood Marquis
930 Hilgard Ave.
Los Angeles 90024 ✆ 208–8765
Nähe UCLA, 250 Zimmer. ($$$ und $$$$)

PASADENA/GLENDALE-INFORMATIONEN

Die folgenden Informationen beziehen sich auf die Stadtbereiche Pasadena, San Marino, Glendale und Arcadia.

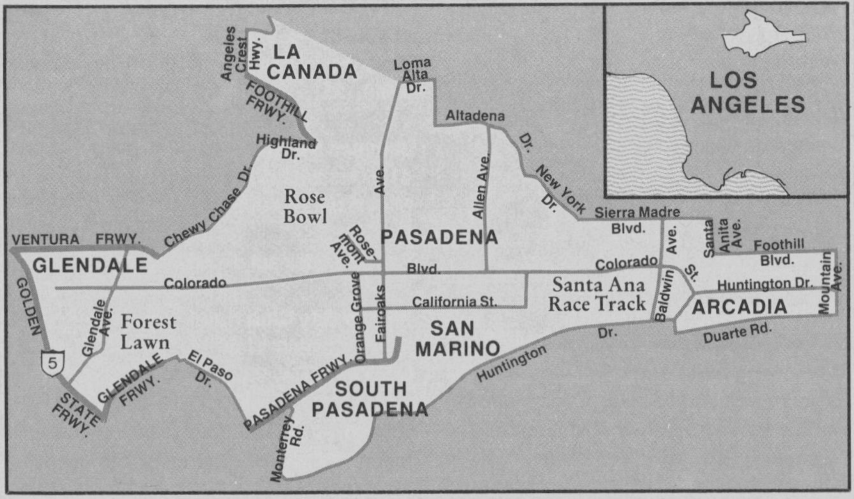

Einkaufen

HAUPTGESCHÄFTSZENTREN

Plaza Pasadena
Green Street
Pasadena
Einkaufszentrum mit kleinen Geschäften und Warenhäusern. Auf die Decke der Eingangshalle hat Terry Schoonhoven das Bild des alten Rathauses gemalt.

Lake Avenue
zwischen California Ave. und Colorado Blvd.
Pasadena
Eine der Haupteinkaufsstraßen mit kleinen Geschäften **Bullock's** und **Magnin's, Street Skates** (492 South Lake St.) verleiht und verkauft Rollschuhe.

Glendale Galleria
Ecke Central und Colorado, Abfahrt Ventura u. Glendale Freeways
Glendale
160 Geschäfte, Boutiquen u. Restaurants. Mo–Fr 10–21 Uhr; Sa 10–18 Uhr; So 12–17 Uhr.

VERSCHIEDENES

Old Town
im Westen begrenzt von Delacey Ave., im Norden von Holly Street, im Osten von Arroyo Parkway und im Süden von Green Antiquitäten-, Geschenkläden und Galerien.

Rose Bowl Flea Market
im Stadion
991 Rosemont Blvd.
Pasadena
Flohmarkt jeden zweiten Sonntag im Monat.

Poo Bah Records
1101 E. Walnut Ave.
Pasadena
Schallplattenladen mit der besten New Wave-Auswahl. Was Sie hier nicht bekommen, gibt es sonst auch nicht. Ebenfalls gute Raggae-Auswahl.

Museen

The Huntington Library, Art Gallery and Botanical Gardens
1151 Oxford Road
San Marino
✆ (818) 405–2100
Geöffnet Di–Sa 13–16.30, geschlossen im Oktober, sonntags nur mit Voranmeldung. Das Grundstück wurde von dem Eisenbahn-Magnaten Henry Huntington zu einem Kulturzentrum ausgebaut. Die Bibliothek zeigt u. a. die Gutenberg-Bibel und die »Canterbury Tales«. Englische Gemälde aus dem 18. und 19. Jahrhundert bilden die Hauptsammlung der Kunstabteilung, unter anderem »The Blue Boy« von Thomas Gainsborough.

Norton Simon Museum of Art
411 W. Colorado Blvd.
Pasadena

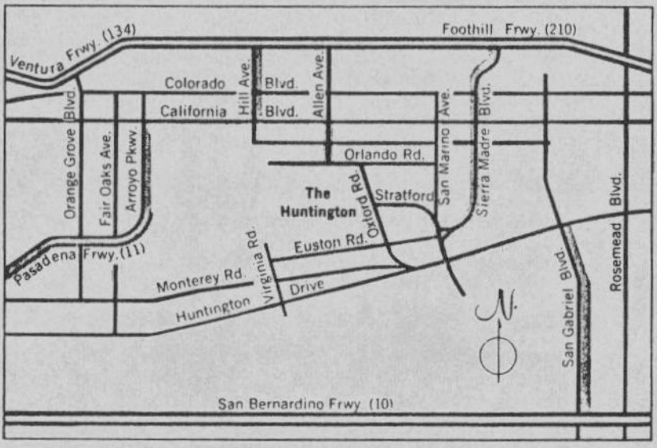

✆ (818) 449–6840
Geöffnet Do–So 12.00–18.00
Eine Sammlung, die von indianischer und asiatischer Skulptur bis zu europäischen Alten Meistern und deutschen Expressionisten reicht; außerdem ein Skulpturen-Park. Kenner sagen, die Kunstsammlung sei weit bedeutender als die des Getty-Museums, mit dem sich das Simon-Museum, Gerüchten zufolge, dereinst zusammentun will.

Pacific-Asia Museum
46 N. Los Robles Ave.
Pasadena
✆ (818) 449–2742
Das 1924 errichtete Gebäude im traditionellen chinesischen Stil zeigt wechselnde Ausstellungen aus dem Fernen Osten und Pazifik. Mi–So 12–17 Uhr

Parks / Gärten

Brand Library
1601 W. Mountain St.
Glendale
Das exotische Gebäude, das an einen indischen Pavillon erinnert, enthält eine öffentliche Bibliothek. Im weit ausgedehnten, schön angelegten Park läßt sich gut ein Picknick veranstalten.

Descanso Gardens
1418 Descanso Dr.
La Canada
Hauptattraktion: 100 000 Kamelien aus aller Welt, 6000 Rosenbüsche u. a. Dazu ein fernöstliches Teehaus. Auch Führungen.

Los Angeles State and County Arboretum
301 N. Baldwin Ave.
Arcadia
Oft verfilmtes Gelände: exotischer Park, sehenswerte *Queen-Anne*-Villa, Snackbar. (Nördl. des San Bernardino Fwy, östlich von Pasadena)

Restaurants

Acapulco
2936 E. Colorado Blvd.
Pasadena
Legeres, mexikanisches Restaurant. So–Do 11–22 Uhr; Fr. + Sa 11–24 Uhr, So Brunch 10–15 Uhr

Beadle's Cafeteria
850 E. Colorado Blvd.
Pasadena
Zuverlässiges Restaurant mit amerikanischer Küche. ($)

The Chronicle
897 Granite Dr. 6 (direkt von der South Lake St.)
Pasadena
✆ (818) 792–1179
Elegantes Dinieren in restauriertem viktorianischem Gebäude. Gute Weinkarte. ($$)

Mauro's
514 S. Brand Blvd.
Glendale
✆ (818) 247–5541
Elegantes, italienisches Restaurant. Di–So, nur Dinner. ($$$)

Miyako
139 S. Los Robles
Pasadena
✆ (818) 681–3086
Japanisches Restaurant. Spezialität: Sukiyaki. ($$)

Panchito's
261 S. Mission Dr.
San Gabriel
✆ (818) 289–9201
Mexikanisches Restaurant. Mo geschl., Sa + So kein Lunch. ($$)

Saw Mill
340 S. Lake Ave.
Pasadena
Steaks und Fischgerichte, Salatbar, Bar mit offenem Kamin. Lunch Mo–Sa 11–16 Uhr; Dinner So–Do 16–22.30; Fr, Sa 16–23.30 Uhr. ($–$$)

Two Panda Restaurant
830 N. Lake Ave.
Pasadena
✆ (818) 798–1509
Die Attraktion hier ist die Bedienung: zwei Roboter, Tanbo R-1 und Tanbo R-2 servieren nicht nur Dinner, sondern holen nach Aufforderung Wasser, Strohhalme etc. Sie können sprechen, singen lachen und – wenn genügend Platz ist – sogar tanzen.

Sehenswürdigkeiten

Vgl. das Kapitel »Pasadena« im »weißen« Teil.

Derby House
2535 Chevy Chase Dr.
Glendale
Für Frank Lloyd Wright-Fans: Gebäude von 1926 in seiner präkolumbianischen Design-Phase. Ebenfalls in der Nähe: **Calori House,** 3021 E. Chevy Chase Dr. und **Lewis House,** 2948 Graceland Way.

Statue in Forest Lawn

Forest Lawn
1712 South Glendale Ave.
Glendale
✆ (818) 254–3131
Friedhof berühmter Hollywood-Stars. Eingang: direkt nördlich der Kreuzung San Fernando Rd. und Glendale Blvd. Eine Karte gibt es am Eingang; einen »Kunstführer« im Verwaltungsgebäude.

La Miniatura
645 Prospect Crescent
Pasadena
Ebenfalls ein schönes Beispiel der präkolumbianischen Bauphase von F.L. Wright (1923).

Mission San Gabriel Archangel
537 West Mission Dr.
San Gabriel

Diese Mission wurde 1771 gegründet und beherbergt heute Gemälde, Bücher, Indianerkunst. Im Glockenturm hängen noch 6 alte Glocken aus dem 18. Jh. Ein Gottesdienst in spanischer Sprache, manchmal mit Mariachi-Musik, findet sonntags um 9.30 Uhr statt.

Besichtigungen tägl. von 9.30–16 Uhr. Geringer Eintritt. Mo geschl.

Unterkunft

Imperial 400 Hotel
1203 E. Colorado Blvd.
Pasadena 91106
✆ (818) 449–3170
Reservierungen:
✆ 800-531-5300
50 Zimmer, sehr preiswert. ($)

Pasadena Hilton Hotel
150 S. Los Robles Ave.
Pasadena 91101
✆ (818) 577–1000
Direkter Busdienst zum Hotel vom Flughafen, 256 Zimmer. ($$$)

SAN FERNANDO VALLEY–INFORMATIONEN

Das San Fernando-Tal, oft gehässig »Schlafzimmer« von Los Angeles genannt, umfaßt hier die Gemeinden Reseda, Woodland Hills, Canoga Park, Sherman Oaks, North Hollywood, Studio City und Burbank.

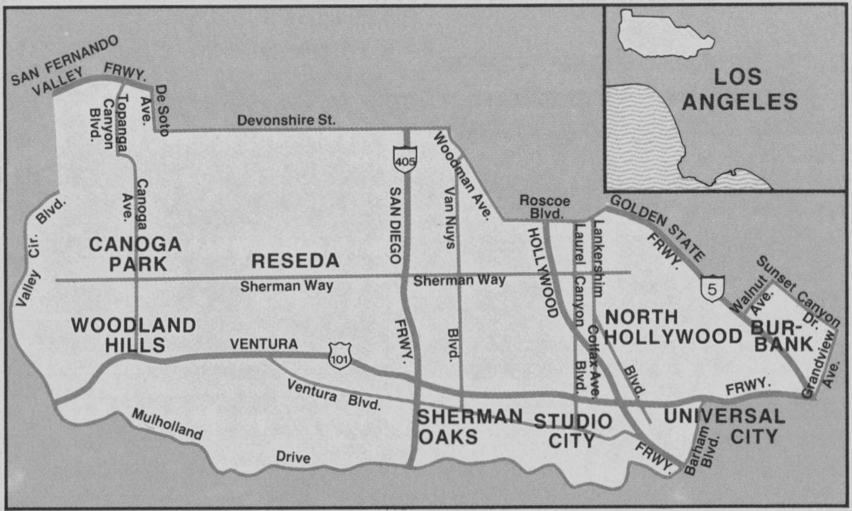

Einkaufen

Fashion Square
zwischen Woodman und Hazeltine auf dem Riverside Drive
Sherman Oaks
Eine der ersten großen Shopping Plazas der Gegend mit zahlreichen Geschäften u. Kaufhäusern.

Woodland Hills Promenade
zwischen Oxnard und Erwin Streets auf dem Topanga Canyon Blvd.
Schickes überdachtes Einkaufszentrum mit **Saks Fith Avenue, Bullock's** und zahlreichen luxuriösen Geschäften.

Antiquitäten:
Sherman Way zwischen Canoga Ave. und Topanga Canyon Blvd.
Canoga Park
An die 30 Antiquitätengeschäfte reihen sich hier aneinander.

Museen / Kunstinstitute

Museum of Coca-Cola Memorabilia
11650 Riverside Dr.
North Hollywood
✆ (818) 980–3444
Artikel aller Art – meist auch käuflich. Mo–Sa 11–16 Uhr

California Institute of the Arts
24700 McBean Parkway
Valencia, 91355
✆ (805) 255–1050
Privates Kunstinstitut, von Walt Disney u. a. gegründet: Konzert- und Tanzaufführungen ebenso wie Ausstellungen und Happenings. (Siehe *L.A. Times* oder Anruf.) Führungen (Theater, Druckerei, Graphik-Workshop, Fotogalerie) Mo–Do 10.30 und 13.30 Uhr; Fr um 10.30.

Musikklubs

Baked Potato
3787 Cahuenga Blvd. (West)
North Hollywood
Hauseigene Band, manchmal Gaststars: Jazz.

Bla Bla Café
12446 Ventura Blvd.
Studio City
Rock, Folk, New Wave.

The Country Club
18415 Sherman Way
Reseda
Nachtclub mit 1000 Plätzen, C&W-Musik, Rock, New Wave. Restaurant und Bar. Mo geschl.

Donte's
4269 Lankershim Blvd.
North Hollywood
Jazzlokal, meist Big Bands im Stil der 40er Jahre.

The Palomino
6907 Lankershim Blvd.
North Hollywood
Die größten Namen der C&W-Szene treten hier auf. Karten besser vorher besorgen.

Restaurants

Bill White's Foods for Health
14543 Ventura Blvd.
Sherman Oaks

Health Food Restaurant mit Lebensmitteln: gesund und lecker. ($)

Chadney's
3000 W. Olive Ave.
Burbank
✆ (818) 843–5333
Steakhaus mit freundlicher Atmosphäre und vielen Mitarbeitern der NBC gegenüber. Mo geschl. ($$)

Lannathai
4457 Van Nuys Blvd.
Sherman Oaks
Thai-Restaurant mit 86 Gerichten. ($)

La Serre
12969 Ventura Blvd.
✆ (818) 900–0500
Für viele ist dieses französische Restaurant das beste im Valley. Haute Cuisine in einem eleganten Greenhouse. So geschl. ($$$)

Szechuan Garden
128 S. Victory Blvd.
Burbank
Einfaches, chinesisches Restaurant. Tägl. geöffnet. Sa, So kein Lunch. ($–$$)

Weinstube
17739 Sherman Way
Reseda
✆ (818) 345–1994
Ein hier viel gelobtes Restaurant mit deutscher Küche. Mi u. Di geschl. Nur Dinner. ($$)

Sehenswürdigkeiten

The Burbank Studio
4000 Warner Blvd.
Burbank
✆ (818) 954–1744
Zweistündige Führungen durch das Film- und Fernsehgelände von Columbia / Warner Brothers nur nach Voranmeldung ein paar Tage vorher. Touren: Mo–Fr 10 und 14 Uhr.

Six Flags Magic Mountain
26101 Magic Mountain Parkway
Valencia
✆ 805–367–5965
Von Ende Mai bis Anfang September tägl. geöffnet 10–24 Uhr (an Sonntagen bis 22 Uhr). Im Winter Sa u. So geöffnet;

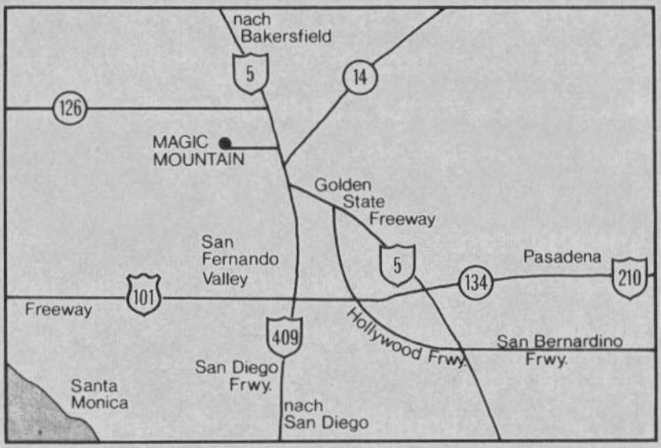

Vergnügungspark für die ganze Familie im San Fernando Valley, die I-5 in Richtung Bakersfield bis Valencia:

Mission San Fernando Rey de Espana
15151 San Fernando Mission Blvd.
San Fernando Valley
✆ (818) 361–0186
Sehenswerte Missionskirche, 1797 gegründet. Außerdem: Kloster, Museum, Indianisches Kunsthandwerk, Weinkellerei und schöne Gartenanlagen. Besichtigungen tägl. von 9–16 Uhr gegen einen kleinen Eintritt.

NBC Television Studios
3000 W. Alameda Ave.
Burbank
✆ (818) 954–1744

Besichtigungen Mo–So 9–16 Uhr: Garderoben, Make-up-Räume, Kulissen, Spezialeffekte. Anfahrt: Ventura Fwy nach Norden, Abfahrt Buena Vista.

Universal Studios Tour
100 Universal City Plaza
Universal City
✆ (818) 508–9600
Führungen durch das Filmstudiogelände tägl. 10–16 Uhr. Sehr lange Wartezeiten im Sommer und an Wochenenden. Anfahrt L.A.: Hollywood Freeway nach Norden, Abfahrt ›Lankershim Blvd.‹

Unterkunft

Royal Oaks Motel
4747 N. Sepulveda Blvd.
Sherman Oaks
✆ (818) 789–7131
Ein Block südlich von US 101, 70 Zimmer. ($ und mehr)

Valley Hilton
15433 Ventura Blvd.
Sherman Oaks 91403
✆ (818) 981–5400
Am Schnittpunkt von I-405 und US 101 – verkehrsgünstig. ($$)

South Bay-Informationen

Die hier unter »South Bay« zusammengefaßten Gebiete erstrecken sich südlich vom Flughafen LAX: Hawthorne, San Pedro, Anaheim und die Küstenorte Hermosa-, Redondo-, Huntington- und New Port Beach sowie Palos Verdes und Long Beach.

Einkaufen

Del Amo Fashion Center
3525 Carson St. zwischen
Hawthorne und Madrona
Torrance
Ausgedehntes Einkaufscenter mit 350 Geschäften, darunter die großen Warenhäuser und 30 Restaurants.

Forest Avenue Mall
332 Forest Ave.
Newport Beach
Galerien, Boutiquen, Restaurants etc. einige Blocks vom Meer entfernt.

Zed Records
1940 Lakewood Blvd.
Newport Beach
Auf dem ehemaligen Holzplatz sind jetzt Geschäfte, Boutiquen, Galerien, Restaurants untergebracht. In der Nähe des Ozeans.

Lumberyard Plaza
384 Forest Ave.
Newport Beach
Auf dem ehemaligen Holzplatz sind jetzt Geschäfte, Boutiquen, Galerien, Restaurants untergebracht. In der Nähe des Ozeans.

Führungen / Touren

Balboa Pavilion
400 Main St.
Balboa
Sightseeing Bootsfahrten durch die Newport Bay, Preise und Abfahrtszeiten telefonisch.

Ports O'Call Village
Los Angeles Harbor
Berth 77, San Pedro
✆ 831–0287
Ein- und anderthalbstündige Rundfahrten durch den Hafen von Los Angeles und Long Beach. Helikopterrundflüge.

Queen Mary Tour
Pier J
Long Beach
✆ 435–3511
Besichtigungsgang durch den ehemaligen Luxusdampfer täglich 10.00–16.30 Uhr. Kabinen, Swimming Pool, Schiffahrtsmuseum, Restaurants. Anfahrt: Long Beach Freeway nach Süden, Abfahrt ›Queen Mary‹.

Museen

Charles W. Browers Museum
2002 N. Main St.
Santa Ana, ✆ (714) 972–1900
Geöffnet: Di–Sa 9–17 Uhr, So 13–17 Uhr
Eintritt frei.
Dieses Museum ist in einem dreistöckigen Gebäude im spanischen Adobe-Stil eingerichtet und zeigt frühe kalifornische und indianische Funde.

Musikszene / Nachtleben

Comedy and Magic Club
1018 Hermosa Ave.
Hermosa Beach
✆ 372–1193
Gastvorstellungen des berühmten »Magic Castle« Clubs, Top-Zauberer in Hollywood.

Concerts by the Sea
100 Fisherman's Wharf
Redondo Beach
✆ 379–4998
Jazz, Top-Namen.

The Lighthouse
30 Pier Ave.
Hermosa Beach
✆ 372–6911
Ältester Jazzclub in Südkalifornien. (Auch für Personen unter 21 Jahren.)

Sweetwater,
265 N. Harbor Dr.
Redondo Beach
✆ 372–0445
Musikkneipe.

Natur- und Tierparks / Erholung

El Dorado Park
7550 E. Spring St.
Long Beach ✆ 425–8569
Park und Erholungsgebiet mit Wander- und Radwegen, Boot- und Rollschuhverleih, Golf, Tennis und einem Vogelhaus.

Huntington Beach Area
Hier wurden die ersten Surf-Wettbewerbe

abgehalten, nachdem 1907 dieser Sport von Hawaii importiert wurde. Gut zu beobachten vom Pier aus.

Sherman Foundation Center
2647 E. Pacific Coast Hwy.
Corona del Mar
Attraktiver botanischer Garten mit ungewöhnlichen Blumen. Im »tea garden« gibt es Kaffee und Kuchen. Tägl. 10.30–16 Uhr

South Coast Botanic Garden
26300 S. Crenshaw Blvd.
Palos Verdes Peninsula
Tägl. 9–17 Uhr; Eintritt
Der über 80 Hektar große Garten versammelt Pflanzen, Bäume und Buschgewächse aus Afrika, Australien, Mexico, Asien und Südamerika. Im Mai blüht hier alles – ein Farbenspiel, bekannt unter dem Namen »Fiesta de Flores«.

Restaurants

The Cellar
305 N. Harbor Blvd.
Fullerton
✆ (714) 525–5682

Bucht von Palos Verdes

Empfehlenswertes Restaurant im Keller der »Villa del Sol« mit »nouvelle cuisine«. So geschl. Mo nur Dinner. $$$

Crab Cooker
2200 Newport Blvd.
Newport Beach
Beliebtes und stets überfülltes Fischrestaurant. Keine Reservierungen. Tägl. geöffnet, So kein Lunch. $$–$$$

Fisherman's Wharf
Monstad Pier
Redondo Beach
Der Pier dreht sich um Fisch: gekauften, gefangenen, zu essenden. Fischmarkt, Angeln, Fischrestaurants, Läden. Tägl. 11–18 Uhr, Fr–Sa 11–20 Uhr.
Anfahrt: Vom L.A. Airport S-1 (Sepulveda Blvd.) nach Süden, über Manhattan und Hermosa Beach hinaus, bis Cataline Blvd. Hier rechts und der Beschilderung folgen.

La Rive Gauche
320 Tejon Street
Palos Verdes
✆ 378–0267
Französisches Restaurant. Tägl. geöffnet. Mo kein Lunch. $$/$$$

Poor Richard's Kitchen
1198 S. Coast Hwy.
In der Village Fair Mall
South Laguna Beach
✆ (714) 497–1667
Steaks und Fischgerichte draußen im Patio mit Blick aufs Meer. $$

Princess Louise Restaurant
Berth 94
San Pedro
✆ 831–2351
Das Schiff pendelte einst zwischen Britisch Kolumbien und Alaska. Heute ist es ein erfolgreiches Restaurant. Tägl. geöffnet. $$

Sehenswürdigkeiten

Chrystal Cathedral
12141 Lewis St./4201 Chapman Ave.
Garden Grove (Nähe Disneyland)
Hypermodene Glasarchitektur von Philip Johnson. Die 40 Meter hohe, sternförmig ausgelegte, 1980 eröffnete Kirche hat 3000 Sitzplätze. Festlicher Höhepunkt im Kirchenjahr: die Weihnachtsfeier in Gottes größtem Glashaus – mit Engeln und echten Kamelen, Lämmern, Pferden, Ziegen und 16 Chören. Führungen Mo–Sa 9–16.30, So 13–16.30 Uhr. (Vgl. Farbtafel 31).

Ports O'Call Village
San Pedro
✆ 831–0287
Fischerdorf mit skandinavischer Imitationsarchitektur: Gute Fischrestaurants, Andenken- und Kunstgewerbeläden, u. a. Helikopterflüge über den Hafen. Anfahrt: Harbor Freeway nach Süden bis Exit Harbor Blvd., dann weiter südlich bis 6th Street.

Queen Mary
Pier J
Long Beach
(Siehe: Führungen)

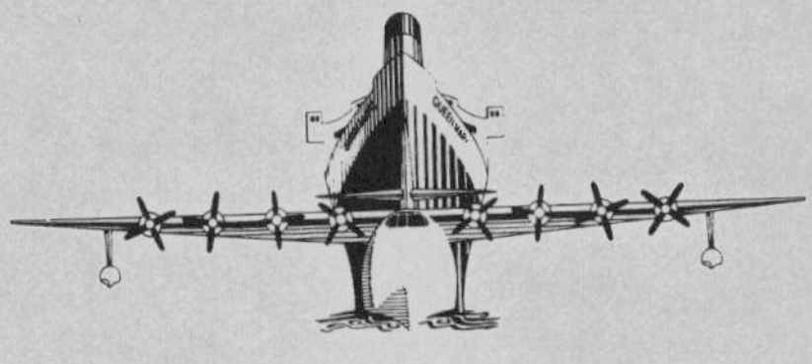

Spruce Goose
bei der »Queen Mary«
Unter einem riesigen domartigen Zelt steht dieses Monster von einem Flugzeug – mit einer Spannweite von 91 Metern und 8 Propellermaschinen. Der Erbauer der *Holzente* ist der legendäre Millionär Howard Hughes, der 1947 sogar eine ganze Meile damit flog. Das war's dann. Fortan machte der als Truppentransporter geplante Riesenvogel nur noch Karriere als Touristenattraktion. Übrigens: das Ding besteht überhaupt nicht aus Nadelholz *(spruce)*, sondern aus Birke.

Vincent Thomas Bridge
Verbindet Harbor Boulevard in San Pedro mit der Seaside Ave. auf Terminal Island. – Eine Fahrt über die Brücke bietet einen großzügigen Blick über das Hafengelände.

Unterkunft

Beachtown Motel
4201 E. Pacific Coast Highway
Long Beach 90804
✆ 597–7701
An der SR 1 am Lakewood Blvd., 49 Zimmer. ($)

Hyatt House Hotel at L.A. Airport
6225 W. Century Blvd.
Los Angeles 90045
✆ 670–9000
✆ 800–228–9000
Luxus-Hotel, schalldichte Räume. ($$$)

Marriott Hotel
5855 W. Century Blvd.
Los Angeles 90045
✆ 641–5700
✆ 800–228–9290
Luxuriöses Flughafenhotel. ($$$)

Newport Channel Inn
6030 W. Pacific Coast Highway
Newport Beach 92663
✆ (714) 642–3030
In Strandnähe, 30 Zimmer. ($)

Queen Mary Hotel
P.O. Box 8
Long Beach 90801
✆ 435–3511
✆ 800–352–7883
An Bord der H.M.S. Queen Mary, 384 Zimmer. ($$ und $$$)

Queensway Hilton
700 Queensway Drive
Long Beach 90801
✆ 435–7676
Knapp einen Kilometer nördlich der »Queen Mary«, 200 Betten. ($$$)

Vergnügungsparks

Disneyland
1313 So. Harbor Blvd.
Anaheim 92803
✆ (714) 999–4565
✆ (213) 626–8605
Sommer: 9–24 Uhr täglich; Winter: Mo–Fr. 10–18 Uhr, Sa + So 9–19 Uhr.
Anfahrt: von Downtown aus ca. 40 km auf der I-5 nach Osten bis (exit) Ball Road oder Katella Avenue, danach beschildert.

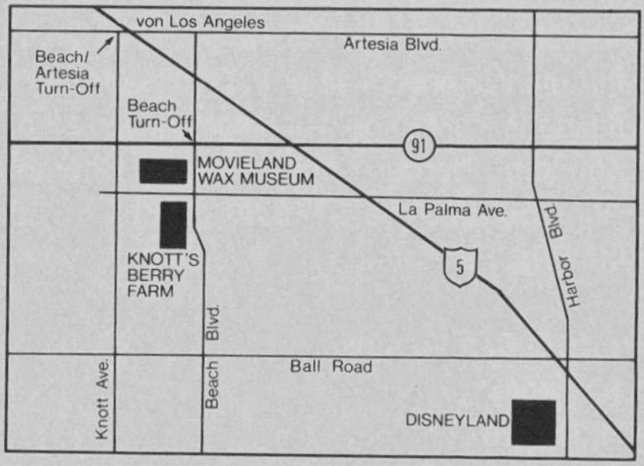

Knott's Berry Farm
8039 Beach Blvd.
Buena Park
✆ (714) 220–5220
Sommer: Tägl. 10–23 Uhr
Winter: 10–18 Uhr (Fr + Sa, 10–22 Uhr)

Fotonachweis

Bildarchiv Preußischer Kulturbesitz S. 139, 140
Kent Brownridge, Los Angeles Farbtafel Nr. 8
Christine Depaep, Los Angeles S. 74/75, 145
Department of Transportation, Los Angeles S. 30, 32/33, 42/43, 206/207, 226
Disneyland, Anaheim S. 255
Foster & Kleiser, Los Angeles S. 218, 292. – Farbtafel Nr. 26
J. Paul Getty Museum, Malibu S. 21
Greater Los Angeles Visitors & Convention Bureau S. 40, 91 u., 101 u., 132, 134/135, 181 u., 190/191, 219. – Farbtafeln Nr. 2, 11, 12, 31, 45, 53, 64
Huntington Library, San Marino S. 220 o.
Knott's Berry Farm, Buena Park S. 205, 208 o. – Farbtafel Nr. 67
Andreas Landshoff Productions, Amsterdam S. 38
Los Angeles Philharmonic Association S. 88 u.
Los Angeles Public Library S. 17 o., 22, 27, 29, 158/159, 198, 199 o., 200, 201
Lion Country Safari, Laguna Hills S. 209
Walt Mancini, Pasadena S. 220 u., 221
Marina City Hotel, Los Angeles S. 182 o.
Michael Montfort, Hollywood S. 144, 146
Kurt Jochen Ohlhoff, Hannover S. 225, 242
Palm Springs Convention Center S. 228 u., 229
John Pastier, Los Angeles S. 10/11. – Farbtafeln Nr. 68–70
Queen Mary Tour, Long Beach S. 208 u.
San Diego Convention & Visitors Bureau S. 232
San Francisco Museum of Modern Art S. 248 o.
Horst Schmidt-Brümmer, Köln S. 1, 14/15, 17 u., 18, 20/21, 23 l., 31, 34, 35, 36/37, 39, 42/43 u., 46/47, 50, 51, 55, 56/57, 60/61, 68, 69, 70/71, 73, 76, 79 o., 80, 82, 83, 88 o., 89, 90, 91 o., 104/105, 106/107, 108, 109, 110 r., 111, 129, 137 m., 147, 148/149, 150/151, 152/153 o., 154/155, 156/157, 177, 179, 180/181 o., 184/185, 186 u., 188, 189, 192, 193, 194–195, 196, 197 o., 198/199 u., 202, 203, 204, 206, 209, 212, 213, 214, 216, 217, 222, 223, 224, 227, 228 o., 230, 231, 248, 257, 263, 266, 285, 291, 301, 306, 311, 312, 318. – Farbtafeln Nr. 3–7, 9, 14–18, 20–23, 25, 27, 29, 30, 32–37, 39–44, 46–52, 54–63, 65, 66, 71
Andreas Schulz, Köln S. 66, 92, 110 l., 210/211, 304/305. – Farbtafel Nr. 19
Security Pacific National Bank, Los Angeles S. 24, 98/99, 130/131
Karl Teuschl, München S. 34 m., 42/43 o., 295, 302. – Farbtafel Nr. 10
Universal Studios, Inc., Universal City S. 96, 97, 315. – Farbtafel Nr. 24

University of California at Los Angeles, Special Collections S. 137, 142
Vista Point Verlag, Köln S. 252
Gudrun Wasmuth, Los Angeles S. 19, 23 r., 44, 45, 52, 72, 77, 78, 79 u., 84, 93, 95, 101 o., 102, 133, 138, 152/153 u., 182 u., 183, 186/187 o., 197 u., 285. – Farbtafel Nr. 38
Helmut Weihsmann, Wien Farbtafeln Nr. 1, 13, 28

Diverse Textbeiträge in diesem Buch stammen von folgenden Autoren:

Stephen O. Lesser lebt als Publizist in West Los Angeles. Er entstammt einer alten Filmproduzentenfamilie. Unter anderem studierte er Geschichte an der UCLA und an der Universität von Stanford. Mitarbeit bei »Richtig reisen: New Mexico« und »Richtig reisen: Kalifornien«. – **John Pastier,** langjähriger Architekturkritiker bei der »Los Angeles Times«, arbeitet heute als Berater bei städtischen Bauprojekten und für Architektenfirmen. – **Gudrun Wasmuth** lebt und arbeitet in Los Angeles. Neben ihren Fachpublikationen im pädagogischen Bereich veröffentlichte sie im DuMont Buchverlag »Richtig reisen: New Mexico«, »Richtig reisen: Kalifornien«, »Richtig reisen: New Orleans und die Südstaaten« und »Richtig reisen: Texas«. Außerdem hat sie an dem Band »Richtig reisen: Hawaii« mitgearbeitet.

Danksagung

Ich bedanke mich auch bei allen anderen Mitarbeitern für ihre Beiträge zu einem so komplexen Thema wie Los Angeles. An erster Stelle **Andreas Schulz** für seine Anregungen, Verbesserungsvorschläge und herstellerische Leistung, die die »Big Orange« auf dem Präsentierteller eines vorzüglichen Layouts in Buchform genießbar macht. Schließlich auch Bill Arey, Greater Los Angeles Visitors and Convention Bureau; Bill and Genee Fadiman, Bel Air; Marta Mierendorff und Walter Wicclair, Hollywood; Lionel Menuhin Rolfe, Hollywood – außerdem **Gerda Rebensburg,** Köln, für ihre schönen Karten.

Register

Ortsregister

Namensregister

»Richtig reisen«

Ägypten
Algerische Sahara
Amsterdam
Arabische Halbinsel
Australien
Bahamas
Von Bangkok nach Bali
Belgien mit dem Rad
(Sommer '88)
Berlin
Bornholm (Frühjahr '88)
Budapest
Cuba
Elsaß
Ferner Osten
Finnland
Florida
Frankreich für Feinschmecker
(Sommer '88)
Friaul – Triest – Venetien
Graz und die Steiermark
Griechenland
Delphi, Athen, Nord- und Mittelgriechenland, Inseln
Griechische Inseln
Großbritannien
Hawaii
Holland
Hongkong
Mit Macau und Kanton
Ibiza/Formentera
Nord-Indien
Süd-Indien
Indonesien (Sommer '88)
Irland
Istanbul
Jamaica
Kairo
Kalifornien
Kanada und Alaska
Ost-Kanada
West-Kanada und Alaska
Kreta
»Richtig wandern«: Kykladen
London
Los Angeles
Madagaskar
Malediven
»Richtig wandern«: Mallorca
(Frühjahr '88)
Marokko
Mauritius
Mexiko
Moskau
München
Nepal
Neu-England
Neuseeland
New Mexico
Santa Fé – Rio Grande – Taos
New Orleans
und die Südstaaten Louisiana, Mississippi, Alabama, Tennessee, Georgia
New York
Norwegen
Ostafrika
Kenya und Tanzania mit Uganda, Rwanda und Burundi
Paris
Paris für Feinschmecker
Philippinen
Portugal
Réunion
»Richtig wandern«: Rhodos
Rom
San Francisco
Die Schweiz und ihre Städte
Seychellen
Sizilien
Sri Lanka (Ceylon)
Südamerika 1
Kolumbien, Ekuador, Peru, Bolivien
Südamerika 2
Argentinien, Chile, Uruguay, Paraguay
Südamerika 3
Brasilien, Venezuela, die Guayanas
Texas
Thailand
Toscana
»Richtig wandern«: Toscana und Latium
Türkei
Tunesien
Venedig
Wallis
Wien (Frühjahr '88)
Zypern